中国ミッションスクールの研究

――増補改訂 米中教育交流史研究序説――

佐藤 尚子 著

阿部 洋 編

龍溪書舎

目　　次

　　　　　　　　　　　　　　　　　　　　　　　　　　　　　　　　頁

序　章　　問題の所在及び先行研究……………………………………5

第1章　　キリスト教学校の設立 …………………………………11
　　第1節　清末民初における近代教育の成立と展開 …………11
　　　　Ⅰ　アヘン戦争から日清戦争まで ………………………11
　　　　Ⅱ　日清戦争から辛亥革命まで …………………………12
　　　　Ⅲ　辛亥革命から五・四運動まで ………………………15
　　第2節　宣教会による教育事業の開始 ………………………18
　　第3節　中国高等教育への進出 ………………………………24

第2章　　キリスト教学校の特権的発展 …………………………43
　　第1節　1920年代初頭における中国教育の改革 ……………43
　　　　Ⅰ　ジョン・デューイの中国訪問 ………………………44
　　　　Ⅱ　1920年代初頭の教育改革 ……………………………46
　　第2節　中国政府の対キリスト教学校政策 …………………52
　　第3節　1920年代初頭のキリスト教学校 ……………………55
　　第4節　「中華基督教教育会」の活動 …………………………65

第3章　　教育権回収運動下のキリスト教学校 …………………69
　　第1節　1920年代後半におけるナショナリズム教育 ………69
　　　　Ⅰ　教育権回収運動とはなにか …………………………70
　　　　Ⅱ　新文化運動における反宗教思想 ……………………70
　　　　Ⅲ　共産党主導による反キリスト教学生運動 …………72

目　　次

　　　　Ⅳ　国家主義派の教育権回収運動……………………………76
　　第2節　教育権回収運動の高揚とキリスト教学校 ………80
　　　　Ⅰ　キリスト教学校における一斉退学闘争 ……………80
　　　　Ⅱ　政府による登録規定の公布 …………………………86
　　第3節　北伐下のキリスト教学校………………………………92
　　　　Ⅰ　北伐と教育権回収運動 ………………………………92
　　　　Ⅱ　地方政府のキリスト教学校規制策 …………………94
　　　　Ⅲ　キリスト教学校の閉鎖 ………………………………96

第4章　国民政府治下におけるキリスト教学校……………………105
　　第1節　私立学校登録規定の内容 ……………………………105
　　　　Ⅰ　1925年以前の状況 ……………………………………106
　　　　Ⅱ　北京政府の規定 ………………………………………107
　　　　Ⅲ　広東国民政府の規定 …………………………………108
　　　　Ⅳ　南京国民政府の規定 …………………………………110
　　第2節　キリスト教学校の登録 ………………………………112
　　　　Ⅰ　遅れた対応―1925年以前― ………………………112
　　　　Ⅱ　多様な登録規定―1925年から1927年― …………113
　　　　Ⅲ　登録の完成―南京政府成立後― …………………115
　　第3節　中国の私立学校としての再出発 ……………………118
　　　　Ⅰ　宗教教育をめぐる問題 ………………………………118
　　　　Ⅱ　「中国化」をめぐる問題 ……………………………125
　　第4節　日中戦争下のキリスト教学校 ………………………132

第5章　キリスト教学校の消滅………………………………………141
　　第1節　人民共和国の成立と教育政策 ………………………141
　　第2節　社会主義体制下のキリスト教学校 …………………142
　　第3節　キリスト教学校の終焉 ………………………………146

目　次

補　章　　戦前日本のキリスト教学校
　　　　　　──ナショナリズムへの対応を中心に── …………151
　　　　第1節　キリスト教学校の設立と発展 …………………151
　　　　　Ⅰ　家塾から学校へ ……………………………………151
　　　　　Ⅱ　欧化主義時代のキリスト教学校 …………………154
　　　　第2節　文部省訓令第12号問題 …………………………157
　　　　　Ⅰ　明治20年代のナショナリズムとキリスト教学校 ……157
　　　　　Ⅱ　登録認可問題 ………………………………………160
　　　　　Ⅲ　訓令12号の発布 ……………………………………161
　　　　第3節　天皇制国家下のキリスト教学校 ………………165
　　　　　Ⅰ　相対的安定期のキリスト教学校 …………………165
　　　　　Ⅱ　戦時体制下のキリスト教学校 ……………………167

終　章　　中国教育の近代化とキリスト教学校の役割 …………175
附　録 ………………………………………………………………177
参考文献 ……………………………………………………………193
あとがき ……………………………………………………………203

補　篇　　欧米諸国の在華教育事業 ………………………………205
　　　　第1部　キリスト教宣教会の在華教育活動 ……………207
　　　　〔1〕東方女子教育協進社による中国女子教育の開発 …207
　　　　　Ⅰ　キリスト教宣教会の中国伝道 ……………………208
　　　　　Ⅱ　キリスト教宣教会による中国女子教育の開始 …209
　　　　　Ⅲ　東方女子教育協進社とは何か ……………………211
　　　　　Ⅳ　東方女子教育協進社の活動 ………………………212
　　　　　Ⅴ　アルダーシーの女学校 ……………………………215

目　次

〔2〕呉貽芳──中国教会大学女性校長の一生──……218
　　はじめに………………………………………………218
　　Ⅰ　学校時代…………………………………………219
　　Ⅱ　呉貽芳の家族……………………………………224
　　Ⅲ　金陵女子大学の校長として……………………226
　　おわりに………………………………………………229

〔3〕北京崇貞学園……………………………………233
　　Ⅰ　創立者　清水安三…………………………………233
　　Ⅱ　清水安三の中国における活動…………………234
　　Ⅲ　北京崇貞学園の歴史……………………………238
　　Ⅳ　崇貞学園と中国キリスト教学校………………244

〔4〕キリスト教学校に関する日中比較教育史……246
　　はじめに………………………………………………246
　　Ⅰ　キリスト教の日中両国における教育活動……247
　　Ⅱ　両国におけるキリスト教学校の歴史的展開の相違…250
　　Ⅲ　両国のキリスト教学校の宗教教育……………252
　　おわりに………………………………………………257

第2部　資料的考察……………………………………259

〔1〕戦前期日本における代表的著作………………259
　　Ⅰ　キリスト教宣教会の在華教育活動……………259
　　Ⅱ　キリスト教学校と教育権回収運動……………260

〔2〕明治期教育雑誌所収関連記事…………………272
　　Ⅰ　清末中国の教育をめぐる国際競争……………272
　　Ⅱ　欧米諸国の在華教育文化事業…………………278

解　説……………………………………………阿部　洋…287

序章　問題の所在及び先行研究

　キリスト教プロテスタント系各派が世界伝道のため、アジア、アフリカ、ラテンアメリカの各地に設立した宣教会[1]は、19世紀に至ってその数と規模が拡大され、中国にはアメリカを先頭に、イギリス、フランス、ドイツなどが次々と宣教師を送り込んで来た。これらキリスト教宣教会は伝道の手段として病院や学校を設立したが、特に教育事業は近代化をめざす中国の需要と合致し、各地に宣教会の経営するキリスト教学校が相次いで建設されるようになった。1839年、マカオにモリソン学校が設立されて以来、これらのキリスト教学校は布教権を保障した南京条約などの不平等条約に守られて、教育よりもむしろ布教を目的にその数を増やして行く。やがて20世紀に入って宣教会の勢力は一段と発展し、高等教育の分野にまで進出する宣教会もあった。キリスト教を教え、西洋人宣教師の主導するキリスト教学校は、清朝政府の公認出来るものではなかったが、中国近代教育の全体的遅れの中で、多くの中国人子女を集め、その数を増やして行った。

　このような状況は、1911年の辛亥革命により清朝が倒れ、中華民国になっても変わることがなかった。すなわち、当時の中国公教育が軍閥混戦という政治的・社会的混乱のもとで不振を続ける間に、キリスト教学校は本国の宣教会本部からの資金援助によってその基盤を強固にし、中国の主権の及ばない治外法権の聖域として繁栄を極めるのである。こうしたキリスト教学校の特権的地位に対する中国側の反発は、当然のことながら、1919年の五・四運動を契機とする中国ナショナリズムの高揚を背景に大きく高まった。やがて1920年代後半になると、教育権回収運動として劇的展開を見ることとなり、これらのキリスト教学校は欧米列強の中国侵略の手先であるとして、激しい糾弾を浴びることに

序　章　問題の所在及び先行研究

なる。

　教育権回収運動というのは、キリスト教学校など外国勢力によって奪われた中国の主権としての教育権を回復し、外国人経営の学校を政府の統制下におこうとする運動であり、領事裁判権の撤廃や関税自主権を求める利権回収運動と同じく、中国の半植民地的な状況からの脱却をめざすナショナリズムの運動であった。そしてこの運動は、1925年の五・三〇事件を契機とする反帝国主義運動の高まりを背景に最高潮に達し、キリスト教学校は学生のストライキや一斉退学という激しい嵐の中に投げ込まれることになり、やがて1926年に始まる北伐の過程において、その成果は国民政府の外国人経営学校に対する規制策として現れて来るのである。そのため、外国のミッションスクールから中国のキリスト教学校への転換を余儀なくされるが、同時に、私立学校としての公認を得て、中国公教育を補完する地位を築いて行った。しかし、1949年の社会主義革命の際に、再びその外国依存の本質を非難され、遂にその活動の幕を閉じなければならなかったのである。

　このように約1世紀にわたり教育事業を継続した中国キリスト教学校に対して、帝国主義列強の中国侵略の道具であるとする非難の声は高く、こうしたキリスト教学校の中国近代教育に果たした役割に関しては、解放後の中国において、その評価は当然のことながら低い。1979年出版の『中国近代教育史』によれば、「解放」前中国においてキリスト教学校は、「文化侵略」の尖兵としての機能を果たし、そこで行われた教育は、帝国主義の「奴隷化教育」以外の何物でもなかった、と断罪されている[2]。1983年出版の『中国現代教育史』においても、キリスト教学校は「奴隷化教育」を実施し、欧米列強の政治・軍事・経済的侵略と呼応して、中国教育の発展を阻害したものであり、キリスト教学校の教育は帝国主義に服従する知識人を養成しただけでなく、多数の中国人民を欺き、彼らの民族的劣等感と外国崇拝の奴隷心理を養成することで、中国教育を帝国主義の侵略者の利益に奉仕させ、最終的に中国を欧米列強の植民地に変えようとするものであったと言われている[3]。

しかしながら、中国における近代教育の展開過程全体を見通した場合、「奴隷化教育」という規定だけで、教育史上におけるキリスト教学校の位置とその果たした役割を十分に説明しているとは到底思われない。それらの学校により長期にわたる教育活動が展開されてきただけに、キリスト教学校は、中国近代教育の成立と発展の中で一定の役割を持ったと考えられる。特に欧米教育の影響が強かった高等教育の分野においては、キリスト教各大学はそれぞれ特徴ある地位を占め、中国近代教育史上、一定の役割を果たしたと考えられるからである。

　本書は、1920年代における中国ナショナリズムの教育面での表われとしての教育権回収運動の展開、とりわけ、その政策面での具体的表現としての私立学校登録規定と、それに対するキリスト教学校の対応状況を中心に、中国キリスト教学校の設立、発展、消滅の状況を検討し、これら諸学校が中国近代教育の展開において果たしたその貢献と限界とを考察しようとするものである。中国キリスト教学校に関する先行研究はアメリカには多いが[4]、教育権回収運動との関係での研究は少ない。日本には平塚益徳氏の優れた研究をおいて他にはほとんど見当たらない[5]。本書は日本外務省記録、米国国務省記録などの新しい資料をまじえながら、改めて中国近代教育におけるキリスト教学校の位置やその役割を、事実に即して客観的に見ようとするものである。

　第1章は、清朝末期民国初期のキリスト教学校を考察する。中国の開国とともに多くのキリスト教学校が設立されたこと、欧米列強の中国進出が激しくなるにつれて、キリスト教学校もまた発展して行ったことなどを検討する。

　第2章は、1920年代前半期の中国キリスト教学校を考察する。ようやく中国教育の近代化が本格的に実現していく中で、キリスト教学校は当時の中国教育の「アメリカ化」に助けられ、多数の中国人子弟を集め、質・量ともに中国の学校を越える勢いを見せた。それはまさに特権的発展というにふさわしい状況であったことを検討する。

序　章　問題の所在及び先行研究

　第3章は、1920年代後半期のキリスト教学校を考察する。キリスト教学校の特権的発展は、中国ナショナリズムを大いに刺激することとなり、教育権回収運動が発生する。教育権回収運動の発生と展開を検討し、その運動の中でキリスト教学校がどのような批判を受けたのかを明らかにする。

　第4章は、国民政府蒋介石政権下のキリスト教学校を考察する。教育権回収運動は国民政府の私立学校規制策へと受け継がれ、キリスト教学校はそれへの対応に苦しまねばならなかった。「中国化」「世俗化」といわれるキリスト教学校の変容過程を、私立学校登録規定との関連で検討する。

　第5章は、社会主義中国下のキリスト教学校について検討する。さまざまな改革の嵐の前にキリスト教学校が次第に存立の基盤を奪われていく状況を考察する。遂にはキリスト教学校はそのすべてを失うことになるが、その背景には第二次大戦後の政治状況が色濃く反映していたことを明らかにする。

　補章は、ナショナリズムへの対応に苦しんだ戦前日本のキリスト教学校を考察する。天皇制国家体制下のキリスト教学校として、しばしば国家権力により統制され動員された日本のキリスト教学校を、中国キリスト教学校と比較することにより、真の「中国化」とは何かを明らかにする。

　では、キリスト教学校とは何か。偉大な先行研究を残した平塚益徳氏は、キリスト教学校を定義して、次のように記している。

日本・中国・印度其他の東洋諸国に於いて主として内外の基督教徒又は基督教に関心を懐く有志者達に依って設立維持され、その陶冶活動並に陶冶理想の一大基礎を濃淡深浅の差こそあれ等しく基督教的精神の宣揚に置く点に特色を有つ所の諸学校[6]

　中国キリスト教学校のほとんどは、欧米の宣教会本部と直接的関係に立つミッションスクールとしての長い歴史を持っている。このため本書の標題にも

ミッションスクールを使用した。しかし、本書ではこの定義に従い、欧米宣教会から独立しているか否かを問わず、キリスト教を標榜している学校を取り上げた。ちなみに、カトリック系伝道団も、当時中国においてその伝道活動の一環として各種の学校を経営していたが、ここでは、これらカトリック系諸学校については考察の対象としない[7]。

注

1) 欧米諸国より派遣された宣教師のつくるMission Societyのこと。Mission Boardの場合は宣教会本部とした。
2) 陳景磐編『中国近代教育史』1979年、人民教育出版社、第2章参照。
3) 華東師範大学編『中国現代教育史』1983年、華東師範大学出版社、p. 57
4) Jessie Lutz, *China and the Christian Colleges 1850-1950*, 1971., William Fenn, *Christian Higher Education in Changing China 1880-1950*, 1976. など熱心なキリスト教徒によるものが多い。
5) 平塚博士記念事業会編『平塚益徳著作集Ⅱ 中国近代教育史』(1985年、教育開発研究所) の中に7篇収められている。
6) 『平塚益徳著作集Ⅰ 日本教育史』(同上) p. 5
7) カトリック系宣教会は、教育事業にそれほど熱心ではなく、中国高等教育機関としては、輔仁大学など3つを経営しただけである。

第1章　キリスト教学校の設立

第1節　清末民初における近代教育の成立と展開

Ⅰ　アヘン戦争から日清戦争まで

　中国キリスト教学校の歴史的検討に入る前に、中国における近代教育の展開過程を概観する必要があろう。中国に初めて近代学校が導入されるのは言うまでもなくアヘン戦争以後のことである。アヘン戦争は欧米列強と中国との摩擦の第1歩であり、これを契機に清朝は世界史の激動に身をさらすこととなった。これ以後、中国の社会・経済が次第に変化し、内には経済生活の逼迫による社会状態の不安、外にはアロー号事件や英仏軍の北京攻撃が相次いだ。このような内外事情に直面して要求されたものは、外国文化の摂取と国防の強化であった。

　すなわち、1860年代の初めに至り、清朝支配体制を立て直すため、外国の進んだ機械技術や軍事技術を導入しようとする洋務運動が始められた。そのためにまず、外国語教育が始まった。清朝では総理衙門を設け外交の事務に当たらせたが、ここが開設した京師同文館を皮切りに、上海広方言館、広東同文館の三館が設置され、当時の外交人材の養成、洋学の紹介に当たった。外国語の修得は、語学に堪能な人材を養成しようとするものであるが、同時に外交交渉上、各国の書物、新聞雑誌等に精通していることが必要であり、洋書の翻訳が重要視されることとなった。このように、語学を修める最終目的は、洋書を読み、洋書を訳して、自強の道を図ることであり、外国語を学習し、洋書を翻訳することが一つの新しい教育事業となった。

第1章　キリスト教学校の設立

　次に、欧米列強の侵略と太平天国の内乱とは、軍備の必要を痛感せしめたから、軍事教育が必要となった。左宗棠により福建船政学堂が設立され、清末民初の海軍人材のほとんどを養成した。又、李鴻章により天津水師学堂、張之洞により広東水陸師学堂が設立された。特に李鴻章は、早くに西洋の新式武器と、その科学的知識の進歩とに深く注意するところがあったが、このような人は極めて少数であった。

　さらに清朝は、西洋文明・文化を輸入するために留学教育を採用した。中国における留学教育は、容閎の建議に始まる。容は広東省出身で、アメリカにおいて7年間の教育を受け、アメリカの教育を中国に輸入しようとしたのであった。この建議は清朝の採用するところとなり、毎年30名ずつ、4回派遣されたが、やがて清朝保守派により、留学生全員帰国を命じられている。つまり、権力の中枢に近い保守派内部においては、外国の政治や科学について知ろうとする者は少なく、当時は僅かに外国語と軍事との教育が考えられて、当面の彌縫策が講じられたに過ぎなかったのである。

Ⅱ　日清戦争から辛亥革命まで

　上に見たような新式学校は、官僚選抜制度としての科挙制度を頂点とする旧教育体制とは無関係に、李鴻章のような開明的官僚によって散発的に設立されたものに過ぎなかった。ところが日清戦争の敗北は中国の脆弱性を暴露し、これを契機に高級官僚洋務派にかわって、体制補強の改良策を提起したのは、下層官僚と、科挙受験の過程にある官僚予備軍のグループであった。彼らは、君主立憲政治を目指し、変法派と呼ばれる。このような運動に参加したのは康有為や梁啓超であり、日本の明治維新をモデルに、実際生活から遊離した科挙体制を改革しようとした。しかし、保守派のクーデターによりその試みは潰え去ったのである。

　近代学校（洋式学堂）が本格的に導入されるのは、1900年、義和団事件が八カ国連合軍の首都占領という局面を生み出してからである。守旧派は一たびは

第1節　清末民初における近代教育の成立と展開

拒否した変法派の改革プランをほぼ全面的に採用する。こうして翌年、学堂の設置、科挙制度の改革及び海外への留学生派遣などの命令が、改めて発せられたのである。学堂については、各省の全ての書院をこれに改組すること、省都には大学堂、府毎に中学堂、州県毎に小学堂を設置することとしている。学堂のモデルとされる京師大学堂は、これまでの京師同文館を吸収して開校されることとなった。

　1902年、清朝は欽定学堂章程を公布したが実施に至らず、改めて張之洞が学制を整備し、1904年、奏定学堂章程が発布された。これが新学制の骨格となり、翌年科挙制度は正式に廃止され、中央教育行政機関である学部の設置を見たのであった。ここに学制近代化の第一歩が踏み出され、中国は初めて近代学校制度を持ったのである。張之洞は、近代化の基礎を国民教育に求めた明治日本をモデルに、第1図のように初等小学堂5年、高等小学堂4年、中学堂5年、大学堂3－4年の修学年限を規定した。また、日本への留学が盛んとなり、1905年、清国からの官費・私費の日本留学生は、空前の規模に達し、ほぼ1万人とも言われている。

　この時期の教育を概観すると、その特色は中国と西洋の折衷的傾向である。すなわち、科学・技術・法制はこれを西洋文化に採り、精神生活はこれを自国文化で保持する態度をとった。1906年、学部は「教育宗旨」を公布したが、それは国民道徳の基本として儒教主義を固守し、中華帝国を支えてきた価値体系を補強しようとするものであった。その教育内容は、「忠君」「尊孔」の儒教モラルを注入するものであり、その上に「尚公」「尚武」「尚実」により、国家富強に役立つと見なされた近代諸教科を付け加えるという構成になっていた。これは、新情勢に適応しようとする妥協の姿勢に他ならず、清朝支配体制のもとでの富強化という政治的要請に対応するものであった。

　また、洋式学堂と伝統的科挙教育の新旧両形式の教育が並存したことである。この学制改革は、これまでの官僚養成を目的とする旧教育から、教育の対象を一般民衆まで拡大し、近代的な国民教育への転換を図るものであった。し

第1章　キリスト教学校の設立

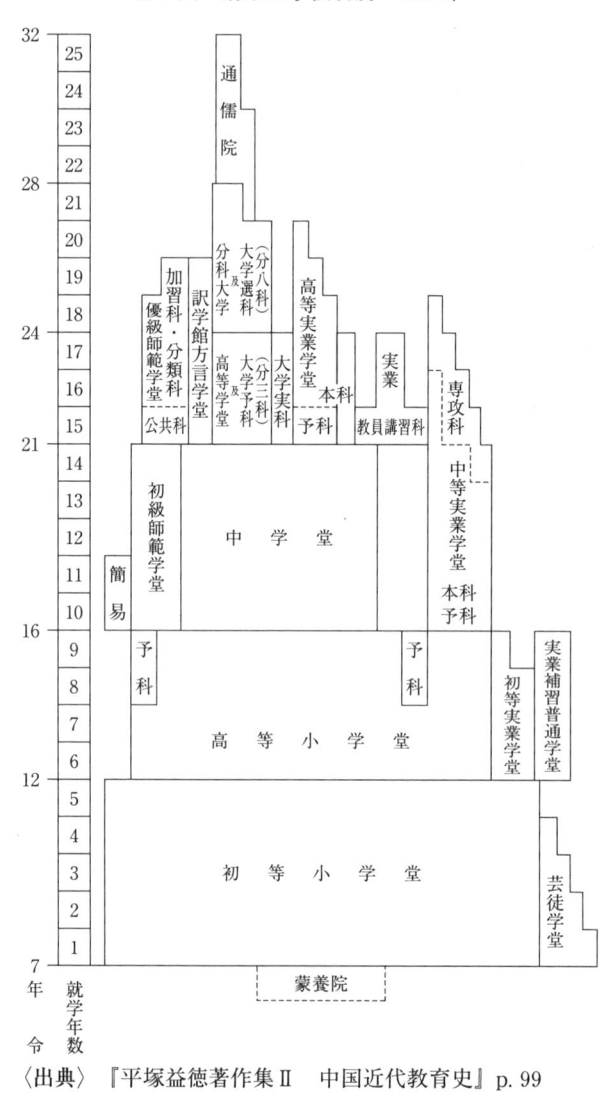

第1図　清末の学校制度―1904年―

〈出典〉『平塚益徳著作集Ⅱ　中国近代教育史』p.99

第1節　清末民初における近代教育の成立と展開

かし、洋式学堂の卒業後の進路が保証されているわけではなく、民衆の学堂に対する態度は冷淡であった。学堂を打ちこわす毀学暴動が相次ぎ、その建設は民衆の抵抗にあって容易に進まなかった。民衆は依然として伝統的な私塾・書院に学んだので、生徒募集に頭を痛めた政府の採った苦肉の策は、科挙時代の資格と名称を各級学堂卒業資格と抱き合わせることであった。このように形式的には新教育制度は確立されたのであるが、科挙の後遺症はその後も長く知識人の意識に根を張り続けた。

Ⅲ　辛亥革命から五・四運動まで

　日清戦争以後、清朝政府は政治の改革と学術の振興とによって、欧米列強の圧迫をはねかえそうとした。しかし、それらの改革は実効少なく、依然として中国は欧米列強の前に弱体であった。このため、異民族清朝による支配を嫌い、漢民族によって新生中国を打ち建てようとする孫文の革命運動は、多くの共鳴者を得た。清朝が国力振興のため、多額の国費を投じて海外に派遣した多くの留学生もまた、この革命運動に参加する有様であった。1911年遂に300年の歴史を持つ清朝政府が倒れ、数千年来の君主専制も倒壊して、民主共和の新国家が建設された。これが辛亥革命である。しかしながら辛亥革命は、社会変革を伴わない不徹底なものであったから、各地に新軍閥が誕生し、欧米列強はこの軍閥を利用して内乱を誘発した。中国の政界は、群雄割拠の軍閥混戦時代を現出したのである。一時は再び、帝政に逆戻りする情勢さえあった。

　こうした政治の不安定な時代にあって、制度としての教育が常に動揺を免れ難かったことは言うまでもない。新政府は、学堂を学校と改称し、清朝時代の学部の名称を廃して新たに教育部とした。初代教育総長蔡元培は、教育における儒教的色彩の払拭、男女差別の撤廃など民主主義的教育思想の上に教育を整備しようとした。第2図のようないわゆる「壬子学制」を公布し、各級学校に関する諸規定を陸続と発布したのであった。教科目中より読経・講経科が排除され、修業年限は初等小学校4年、高等小学校3年と短縮されたが、前期4年

第 1 章　キリスト教学校の設立

間が義務教育とされた。このように辛亥革命は、教育に新しい方向と大きな変化をもたらしたのであった。しかし、教育費が軍閥により流用されるような事態の中で、このような新しい教育を求める努力を具体化することはきわめて困難であった。袁世凱によって代表される北洋軍閥は、民国初年の教育改革を有名無実とし、復古的な教育を打ち出したからである。1914年-15年、袁世凱政府は「教育綱要」「教育宗旨」を決定公布したが、その内容は読経科の復活を含み、きわめて儒教主義的な「文教反動」であった。こうした動きの中、袁世凱の息のかかった「教育綱要」「教育宗旨」は、1916年、彼の死によって、実際に及ぼす影響は喪失したが、北洋軍閥の独裁政治や、軍閥相互の抗争により、民国初期の教育は、依然としてその破壊が続いたのである。

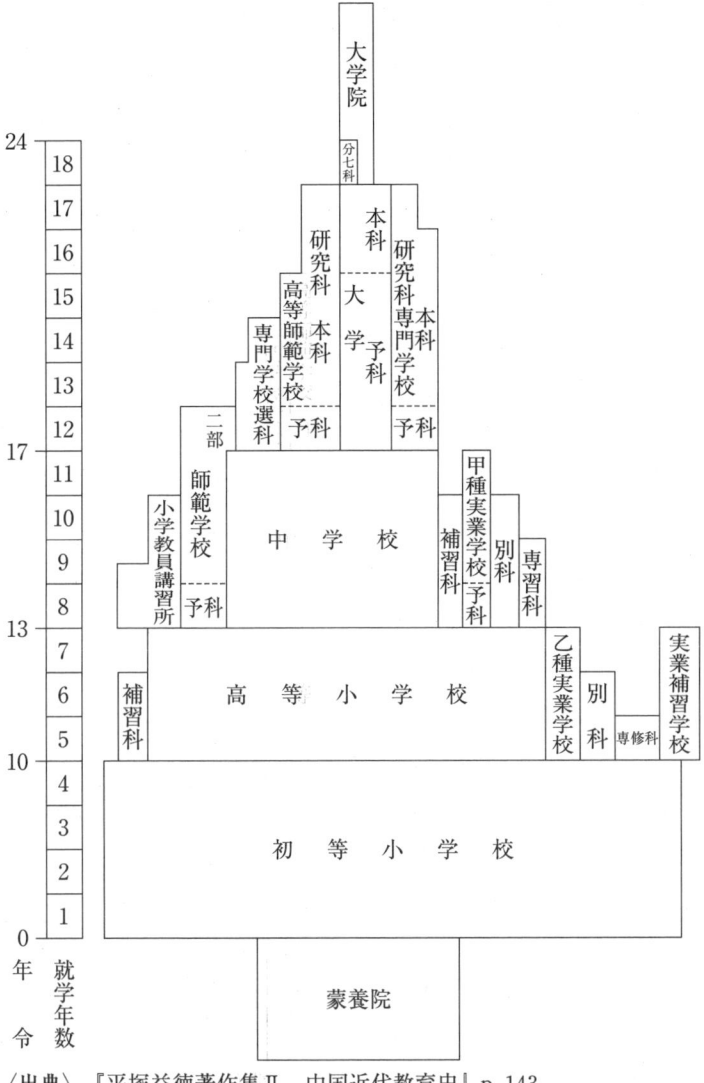

第1節　清末民初における近代教育の成立と展開

第2図　民国初期の学校制度—1912年—

〈出典〉『平塚益徳著作集Ⅱ　中国近代教育史』p. 143

第1章　キリスト教学校の設立

第2節　宣教会による教育事業の開始

　19世紀初め、対外貿易や政治干渉の活発化に伴い、工業化のすすんだ英米両国を中心に、プロテスタント系宣教会の中国進出が開始された。アメリカでは早くも1810年に公理会が組織され、続いて浸礼会、美以美会、監理会、聖公会が発足した[1]。長老会が設立された1837年までには、アメリカのプロテスタント各教派はそれぞれの宣教会本部をもっていたが、これら6個の宣教会が中国伝道史上、重要であった。しかし、アヘン戦争以前における清朝のキリスト教禁令のもとでは、当然のことながら布教はほとんど出来なかった。

　アヘン戦争に敗北した清朝は、1842年、イギリスと南京条約を結んで開国し、広州など5港を開港場とした。続いてアメリカやフランスとも同様な条約を結び、開港場における軍艦の駐留・領事裁判権を認め、関税自主権を失い、居留外国人に対する本国の行政・警察権を譲渡した。このようにして西洋列強との間に不平等条約がむすばれ、開港場には教会堂が建設されるようになったが、欧米列強や中国官憲の保護のもとでの伝道は中国民衆の反感しか買わなかった。ちなみに、1847年から1856年の10年間に35名の米人宣教師が派遣されたが、その間の受洗者は1名だけであったという[2]。このような困難な伝道が学校設立の契機になったのである。キリスト教宣教会は、近代中国において宣教事業の傍ら、教育・出版印刷・医薬治療事業に進出したが、この中で教育事業の影響がもっとも深かったと言えるであろう。

　もちろん、このような宣教会の世俗的役割は当初からのものでなく、第1に伝道、第2に教育であったことは言うまでもない。学校や病院はあくまでも宣教の付属物であった。しかし、学校設立に関する宣教師の意見には2つの立場があった。布教を直接にその目的とする人々と、新知識の導入をその目的とし、やがて布教の実をあげようとする人々とであった。後者を代表したのは長老会のマティア（Calvin Mateer）である。彼は広く学校を設けて、中国人に

第2節　宣教会による教育事業の開始

文字を知らせ、西洋文化を吸収させ真理を学ばせることが中国を振興し、それがひいてはキリスト教の発展につながるとした[3]。彼はこうして宣教に対して教育活動を正当化し、学校設立に対する宣教会本部の合意を得るよう努力したのであった。

普通、中国におけるプロテスタント宣教会による教育事業の歴史は、1839年、米人ブラウン（Samuel Brown）がマカオにモリソン学校（Morrison Education Society School、漢名瑪礼遜学校）を創設したことを以て始まるとされている。この学校は、中国伝道の創始者であったが、遂に中国に活動の地を得ずに終わった倫敦会（London Missionary Society）のモリソン（Robert Morrison, 1782-1834）を記念して建てられたものであった。

1844年には厦門に倫敦会の英華男塾、1845年には之江大学の前身となる寧波男塾が設立されるようになったが、不平等条約以後の20年間はキリスト教学校は遅々とした歩みしか見せなかった。開港された5港近辺のキリスト教学校は極めて小規模で、初等教育のみを施す程度であった。また、これらの学校は学費を取らず、衣食などを支給して、貧困な信徒の子弟、孤児を集めていた。1860年でカソリックと合わせて約50校、生徒数1,000名位であった[4]。

しかし、やがて内地伝道の始まる1860年代に入ると、宣教師の数が増大し、雨後の筍のようにキリスト教学校も増えて行った。宣教を重視するグループから学校設立に対する疑念が常に出されたものの、各宣教会は争って教育事業に進出して行ったのである。キリスト教学校は迅速に増加し、1875年頃には約350校、生徒数6,000名を数え、そのうち学校総数の7％ほどが中等教育にまで進出していた[5]。

次に、キリスト教学校による近代女子教育の導入がみられた。中国近代女子教育の展開とキリスト教学校の役割を検討してみよう。まず、中国における伝統的女子教育はどのようであったのであろうか。19世紀半ば、中国の女子教育はどのような状況であったのであろうか。女子教育に関する世界で最初の書物は、中国においてであったという指摘はあるものの[6]、旧中国の女子教育は全

— 19 —

第 1 章　キリスト教学校の設立

く軽視されていたと言える。教育の主要な目的は科挙試験に合格し役人になることであったから、女子には教育は閉じられた道であった。けれども全く教育を受けなかったわけでもない。上流家庭の私塾に家族の女子が参加することは稀ではなく、兄弟のための家庭教師から学ぶこともあった。しかし、大多数の女子は、読み書きの訓練を受けることなく、家事、家政、礼儀、育児についての知識や技能を、生家や婚家で教わることが教育のすべてであったと言える[7]。

このような女子教育の状況は、19世紀末まで続くのであるが、その背景には、儒教の女性観があった。儒教は、陰陽・剛柔の理を用いて、女性の地位を男性より一段低く位置づけるのであり、女性に独立した人格を認めず、その地位は極めて卑賤なものとされた[8]。その結果、中国社会は数千年来総て男子の独占するところとなり、教育もまたそうであった。男女の教育の不平等や不一致を疑問に思うものもなく、まして女子教育を重視するものもなかった。

1842年の南京条約による5港開港後も、依然として女子教育は停滞したままであった。しかし、20世紀にはいると義和団事件の終息と共に、一気に欧化の風潮が進み、西洋型教育への需要が急速に中国全土に高まった。相次いで中国人による女学堂開設が見られ、1901年には上海の務本女学堂、1902年には蔡元培により同じく愛国女学堂が設立されている。清朝政府はやっと教育近代化への重い腰をあげ、1902年、欽定学堂章程が発布された。これは近代学校制度の導入と開始を告げるものであったが、ここには、女子教育に関する規定は全く見られない。翌々年の奏定学堂章程発布の際に、家庭教育法章程が設けられたのが女子教育に関する最初の規定であった[9]。しかし、女子はただ家庭においてのみ教えられると規定されただけであった。この章程第10節は、その理由を、女子が西洋の書物を読むと西洋の習慣や自由恋愛に染まり、父母や夫を蔑視するからであるとしている。清朝政府は新しい国民国家を建設するに当たり、全体構想の中に女子教育を如何に位置づけ、それに如何なる程度までの働きを期待し得るかについて、社会体制維持のための守旧的役割を期待するにとどまった。依然として婦徳の涵養を中心とする伝統的女子教育論の範囲を越え

— 20 —

第2節　宣教会による教育事業の開始

るものではなかったと言えよう。

　女子に対する学校教育は、中国においては欧米宣教会により導入されることになった。それは、1842年の南京条約をきっかけにして始まった。先ず、その頃の状況を概観してみよう。

　中国に到着した宣教師の妻や女性宣教師達は、中国人との接触の場を求め、すぐに女子のための学校を設立・運営した。その最初の学校は、1844年寧波に設立されたアルダーシーの学校である。彼女は、1834年に結成されたイギリスの伝道団体「東方女子教育協進社」により派遣された最初の宣教師である。アルダーシーは1837年、ジャワ島スラバヤに華僑女子のための学校を設立したが、南京条約による5港開港後間もなく寧波に移り、学校を設立した。その経費全ては、彼女の収入により賄われた。以後、美以美会、長老会などにより次々と女子のための学校が建てられて行った。1847年–1860年の間に11のキリスト教女学校が、開港場に開設されたという[10]。

　では、これらの女学堂は順調な教育活動を展開できたのであろうか。大部分の宣教師は、中国の伝統について無知のまま、西洋風の習慣と理念に従って、学校を設立・運営したのであったが、女子に対する学校教育は、中国社会にとっては、革命的なことであった。10才を越えた女子の外出禁止と、早婚の風習がある中での生徒募集は、困難を極めた。宣教師たちは街頭へ出ては、生徒を集めてきたが、生徒の大部分は、捨子、乞食の子、奴隷少女、最貧困の家庭の子たちであった。彼女達は、衣食を求めてやって来たが、その外に、書籍、交通費、文房具まで支給した。もちろん授業料は無料であった。それでも、途中で逃げ出す子が大勢居て、学校開設を断念した例もある。また、現金を毎日渡すことで、生徒を引き留めた例もある[11]。

　このような状況であったから、各学校とも、生徒数は僅かであった。例えば福州の美以美会女学堂は、1859年開設の数カ月後、女子1名を確保したが、1年後でも8名の在籍者を見るにとどまった[12]。アルダーシーの女学校でも、1年後18名、8年後40名が在籍しただけである[13]。

第1章　キリスト教学校の設立

　このように、生徒がなかなか集まらなかったのは、女子教育のみならず外国人に対する偏見や疑惑が手伝っていたからである。キリスト教女学堂は、「子供の目玉を取って薬にする」「外国人は悪魔であり、子供に悪魔の心を植え付ける」と、当時しばしば言われたのである。また、纏足禁止を入学の条件とする学校が多かったことも、生徒募集を困難にしていた。纏足をしないために、よい結婚が出来ないかも知れないという理由で、信徒でさえもその娘を学校へやることに積極的ではなかったのである。

　以上のように、初期の教会女塾は、小規模で教育設備も質素なものであった。教育内容も簡単なもので、中国語の読み書き、算数、キリスト教の教授が中心であったが、中には、寧波の長老会女学堂のように、天文学などの自然科学を取り入れ、上述のような迷信の打破に役立てたところもある[14]。また、体育の導入も見られたが、これは中国伝統の女性観からみて画期的なことであった。そしてまた、纏足の悪習を是正するのに有益であった。

　ところが、欧米列強の中国進出と、宣教会の中国伝道が本格的になる19世紀末になると、中国社会は徐々に開かれて行き、キリスト教学校への需要が高まるとともに、キリスト教女学堂も迅速な発展を見せることになる。1896年にはキリスト教女学堂308校、生徒6,798名に達する勢いであった。前述の福州美以美会女学堂は、1872年30名、1887年60名、1898年には144名に増加している[15]。応募者が多いため、1897年には50名が入学を許可されなかったということであり、設立当初とは大違いであった。そのような中で、衣服の配給を取りやめたり、授業料を徴収したりすることも出来るようになった。

　カリキュラムにも一定の進展が見られた。刺繍、編物、レース編みを教えて、これらの製品の販売により、学校の経費の足しにすることがよく行われたようである。その他、家事科や中国古典がカリキュラムに加わった。また、英語、音楽を追加して、普通教育の拡大を計る先進的な女学堂も現れた[16]。

　このようなキリスト教女学堂の発展の中で、中等教育を開始する学校も現れた。聖職者の妻や聖書学校の教師として働く中国婦人の需要が高まったからで

第2節　宣教会による教育事業の開始

ある。後の華北協和女子大学の前身となるブリッジマンの学校がそれである。この学校は、1864年、公理会エリザ・ブリッジマンによって設立され、30年間初等教育を展開していたが、1895年、中等教育を行うブリッジマンアカデミーを開設している。また、東呉大学付属第二中学となった上海中西女塾は1892年、林楽知（Young John Allen, 1836-1907）がかかわり、海淑徳女史を校長として、初めから中等教育を開始した学校であった[17]。当初は5名しか入学者がなく、1900年の最初の卒業生はたった3名であった。しかしその後は、学生数が増え、医学界、学界、教育界、慈善事業などで活躍する女性が多数ここから育ったのである。1920年、中国政府がアメリカへ派遣した29名の女子学生のうち、13名はここの出身であった[18]。

以上概観したとおり、19世紀半ばごろから末期にかけて、欧米宣教会は数多くのキリスト教女学堂を設立したが、中国人でその後を追ったものは少ない。やっと1897年頃、清朝の改革と強化をめざす康有為や梁啓超が、女子教育に関心を見せるようになったに過ぎない。梁啓超の『変法通議』は、女学についての章を設け、女学は教育の母であり、教育は強国の基であるとして、女子教育を提唱している。彼と康有為とにより設立された上海の女学堂は、1898年、上流階級の生徒16名を集めて開校したが、清朝保守派の西太后により、翌年閉鎖を命じられるような状況であった。

このようなわけで、最初のアルダーシーの学校以来50年間以上も、中国の女子のための学校教育は、宣教会によるのみであった。中国近代女子教育の発展に対して、キリスト教学校はその開拓者としての功績が高く買われなければならないであろう。そして20世紀に入っても、キリスト教女子教育のリーダーシップは変わることがなかったのである。1907年初め、上海では既に12校の女学校が中国人によって開校され、生徒計800名以上が学んでいた[19]。このような女学校に対して、キリスト教女学校がリーダーシップを発揮したのは当然であった。梁啓超らによる上海の女学校は、ティモシー・リチャード夫人や林楽知の娘により実際に設立・運営され、10人の外国婦人が参加していたとい

第1章　キリスト教学校の設立

う[20]。キリスト教学校をモデルに学校施設が整えられたり、女性宣教師が各地の中国人女学校に教師として招かれたりしていた。キリスト教女学校への参観者も多く、これらの学校と中国人女学校との親密で友好な関係が見られたのである。キリスト教女学校の卒業生もまたよく訓練された教師として歓迎されていた。中国人女性教師は未だ育たず、教師不足は顕著であった。日本人女性教習を迎える学校もあったが、通訳が必要であるという不満から、次第にキリスト教女学校の卒業生が採用されて行ったという。

　このようにキリスト教女子教育は、中国女子教育の開拓者として、そのリーダーとして活躍したのであった。宣教会以外に女子教育に手をつけるものが少ないと言う当時の状況の中で、この分野は、欧米宣教会がもっとも進出しやすかったからである。

第3節　中国高等教育への進出

　やがて19世紀末になると、税関・郵便事業を始め、各種の重要産業に対する欧米の支配が進んだため、キリスト教学校の数は急激に増加した。西洋の習慣になれ、外国語をマスターし、近代工業・商業の知識をもった人材の需要が急増したからである。このため、キリスト教中学校の中には、高等教育のクラスを併せ持つ学校も出現した。それらの学校は、新興買弁階層といった富裕な家庭の子弟を集め、高い学費を取るようになっていた。清末におけるこのような高等教育への需要を見てとった宣教会は、競って大学の開設に力を注ぎ始めた。上層階級の改宗は民衆の改宗に大きく影響し、布教の目的を達成することが出来ると考えたからである。また事実、学校、病院、教会等のキリスト教関連施設で働く中国人のための高等教育が早急に必要とされていた。

　では、最も古いキリスト教大学はどこかと言うと、COLLEGEの名称は最初に1879年、米国聖公会が上海に設立した聖約翰大学に現れている。しかし、実質的な大学教育の開始から言えば、1882年に始まる斉魯大学の方が早かったよ

第3節　中国高等教育への進出

うである。聖約翰大学は1847年、米国聖公会により創設された男子学校に始まるものである。その後、地の利を得て発展し中等後教育を導入したが、部分的なプログラムにとどまった。大学教育が正式に開始されるのは、1883年頃のことになる[21]。斉魯大学は1864年、山東省登州に前出のマティアにより設立された男子寄宿学校として出発した。1882年COLLEGEを名乗ったが、実際はその前の1877年、すでに大学のクラスを開始していた[22]。しかしこの頃は教育水準も整備されておらず、中途退学者が多かった。総じて19世紀のキリスト教大学の教育は、中等教育と大差のない状態であったと思われる。大学としての内容が整い学士号が出されるようになるのは、20世紀になってからである。他に19世紀に大学教育を開始したキリスト教大学には、之江・金陵・嶺南・東呉大学の4大学があった。

　宣教会の勢力は、20世紀に入って一段と発展し、1920年代前半までがキリスト教会勢力が最も隆盛を見せた時期であった。1921年には、宣教会の数は150に達している[23]。このような中で、キリスト教大学の充実発展ぶりにはめざましいものがあった。表1を見ると、1905年から1915年の間のキリスト教大学の急増ぶりがよく分かる。1905年は11校であったが、その10年後には17校に増加しているからである。当時の国公立大学は僅かに3校であり、非キリスト教系私立大学も7校に過ぎなかった[24]。キリスト教大学は、当時の国公立大学が政局の不安定を反映して十分な発達を遂げるための資力を欠いている間に、本国の宣教会本部からの財政的援助に依って、その基礎を強固にしたのであった。

　20世紀になってから成立した福建協和・金陵女子・華南女子・滬江・華西協合大学は、初めから高等教育機関を目指して設立されたものであった。高等教育は、1900年の義和団事件を経て、西洋文化に対する盲目的受容の進んだ中国社会からの要望に沿うものであった。最も早く新式教育を導入したキリスト教大学は、西洋科学技術や新知識の中心となった。そして中国高等教育全体のパイオニア的存在として、近代教育のモデルとなったのである。キリスト教大学は表2のように中国青少年のかなりの割合を吸収し、教授に著名な学者を迎

第1章 キリスト教学校の設立

え、豊かなキャンパスを整え、新中国の需要に応えようとしていた。

ところで、陸続と設立されるキリスト教大学のこのような整備発達は、宣教会の連合によって初めて可能となったと言えよう。それによって初めて大学の設立が可能となったり、規模が拡大したり、小規模な大学が集まって合併したりして、有力な大学を輩出せしめたからである。宣教会の側にとっては、連合事業は必須の課題であった。中国における公教育の急速な発展が予想されるなかで、魅力があり学生をひきつける大学となるためには、高等教育の実をあげる豊富な資金とその効率的利用のための連合が必要であったのである。

1921年、シカゴ大学のバートン（Ernest Burton）を団長とする中国教育調査団（China Educational Commission）[25]がキリスト教大学の連合を積極的に主張し、斉魯大学と匯文書院、福建協和大学と華南女子大学の合併をそれぞれ提案したのも以上の理由による。しかしこれらの提案は、いずれも宣教会や大学側から無視されている。それぞれの大学の死活問題となりかねない合併には、当然強い抵抗があったものと思われる。

しかし、積極的に合併し成長した大学もあった。斉魯大学や燕京大学がそれである。いずれも連合事業の結果、充実した施設と教育内容をもつ著名な大学となっている。斉魯大学の場合は早くも1902年、米国長老会の文会館と英国浸礼会の男塾が合併した新大学を発足させている。その後も他の医学校や神学校を吸収し、1909年からは他宣教会も参加して次第に大きくなり、英・米・加の11宣教会の維持する斉魯大学となった。しかし、合併の過程においては人間関係のあつれきや、連合派と独立派の対立により1917年、済南に統合された時は神学部の学生と教授全員が元の地へもどってしまい、学校行政が一時停止したこともあった[26]。

第3節　中国高等教育への進出

表1　キリスト教大学の発展

校名※ \ 年度	1895	1905	1915	1925	1935
燕京大学	華　北→	華　北→ 華北女子→ 滙　文→	華　北 女子協和 滙　文 }	→燕　京→	燕　京
斉魯大学	文会館→	斉　魯→	斉　魯→	斉　魯→	斉　魯
金陵大学		金　陵→	金　陵→	金　陵→	金　陵
金陵女子文理学院			金陵女子→	金陵女子→	金陵女子
東呉大学		東　呉→	東　呉→	東　呉→	東　呉
聖約翰大学	聖約翰→	聖約翰→	聖約翰→	聖約翰→	聖約翰
滬江大学		滬　江→	滬　江→	滬　江→	滬　江
之江文理学院	之　江→	之　江→	之　江→	之　江→	之　江
福建協和大学			福建協和→	福建協和→	福建協和
華南女子文理学院			華南女子→	華南女子→	華南女子
嶺南大学	広東基督教→	広東基督教→	広東基督教→	嶺　南→	嶺　南
華中大学		文　華→	文　華→ 路　徳→ 雅　礼→	華　中 路　徳 雅　礼 湖　濱 }	→華　中
華西協合大学			華西協合→	華西協合→	華西協合

※1946年当時の名称

〈出典〉　William Fenn, *Christian Higher Education in Changing China, 1880-1950*, 1976, p. 237

第1章　キリスト教学校の設立

表2　キリスト教大学と中国高等教育—1923年—

大学・専門学校	学校数			学生数			
	男	女	計	男	女	計	％
国・省・私立	105	1	106	30,903	665	31,568	87.7
教会・外人立	19	2	21	4,119	299	4,418	12.3
合　　計	124	3	127	35,022	964	35,986	100

〈出典〉　中華民国教育概況一覧表第二編Ⅰ、Ⅶ、『満鉄月報特刊』12号、1926年、所収

第3節　中国高等教育への進出

表3　キリスト教大学と欧米宣教会の結合

欧米宣教会		キリスト教大学	燕京	斉魯	金陵	金陵女子	東呉	聖約翰	滬江	之江	福建協和	華南女子	嶺南	華中	華西協合	合計
ア	1	浸礼会(北)	○	○				○						○		4
	2	浸礼会(南)						○								1
	3	遵道会													○	1
	4	公理会	○	○					○							3
メ	5	基督会			○	○										2
	6	聖公会					○		○							2
リ	7	信義会		○									○			2
	8	美以美	○	○	○	○					○	○		○		7
	9	監理会				○	○									2
カ	10	長老会(北)	○	○	○	○			○		○					6
	11	長老会(南)				○								○		2
	12	帰正教会									○					1
	13	復初会			○								○			2
イ	14	聖公会						○	○							2
ギ	15	聖公会(華北)	○	○												2
	16	浸礼会		○												1
リ	17	ロンドン会	○	○		○							○			4
	18	公誼会												○		1
ス	19	循道会		○								○	○			3
	20	長老会		○												1
カナダ	21	長老会	○											○		1
	22	美道会												○		1
その他	23	信義会											○			1
合計			5	11	4	7	1	1	2	2	4	1	3	7	4	

〈出典〉　W.P. Fenn, *Christian Higher Education in Changing China, 1880-1950*, 1976, p. 242

備考　宣教会の英文名は、以下のとおりである。

第1章　キリスト教学校の設立

1　Woman's American Baptist Foreign Missionary Society, American Baptist Foreign Missionary Society
2　Foreign Mission Board
3　Division of World Mission of the Evangelical United Brethren Church
4　American Board of Commissioners for Foreign Missions of the Congregational and Christian Churches
5　United Christian Missionary Society of the Disciples of Christ
6　Domestic and Foreign Missionary Society of the Protestant Episcopal Church in the U.S.A.
7　Board of Foreign Missions of the Norwegian Lutheran Church of America
8　Board of Foreign Missions of the Methodist Episcopal Church, Woman's Foreign Missionry Society of the Methodist Episcopal Church
9　Board of Missions of the Methodist Episcopal Church, South, Woman's Missionary Council of the Methodist Episcopal Church, South
10　Board of Foreign Missions of the Presbyterian Church in the U.S.A. Woman's Board of Foreign Missions of the Presbyterian Church in the U.S.A.
11　Executive Committee of Foreign Missions of the Presbyterian Church in the U.S. Committee on Woman's Work of the Presbyterian Church in the U.S.
12　Board of Missions of the Reformed Church in Amreica
13　Woman's Board of Foreign Missions of the Reformed Church in America
14　Church Missionary Society for Africa and the East of the Church of England
15　Society for the Propagation of the Gospel in Foreign Parts of the Church of England
16　Baptist Missionary Society
17　London Missionnary Society
18　Friends Service Concil
19　Methodist Missionary Society representing the Wesleyan, United and Primitive Methodist Churches
20　Foreign Missions Committee of the Presbyterian Church of England
21　Board of Foreign Missions of the Presbyteian Church in Canada
22　Board of Missions of united Church of Canada
23　Borad of Foreign Missions of the Norwegian Lutheran Church

第3節　中国高等教育への進出

　燕京大学設立の場合も、質の良い大学を単独で設立運営し得るだけの資金はどの宣教会も持っていなかったため、1903年から連合事業の動きが始まった。1913年、華北に一大キリスト教大学の設立を望む宣教師達は、それぞれ各宣教会本部にその建設を提案したものの、教派の相違が障害になって二つの宣教会本部より拒否されている。そのほかに既設の学校の持つ強い個性や教育論の対立があったが、結局、1916年、1920年と合併を続けて大規模なキリスト教大学が出現したのである。その時、他教派からの要求により、30年続いたメソディスト系の匯文書院の名を改称し、燕京大学となったのである[27]。

　このようにして宣教会の連合はかなりの成功をおさめ、表3から分かるように、1宣教会の経営によるのは聖約翰・東呉・華南女子大学の3大学だけである。個々の宣教会は多い場合で七つの大学を維持し、個々の大学は多い場合で11の宣教会と関係している。また、この表によれば数個の米国宣教会の経営する滬江・之江・金陵大学の3大学を含み、純米国系は6大学である。残りの国際的な7大学のいずれにも米国宣教会が参加していることからも、これらキリスト教大学の経営において米国がめざましい進出ぶりを示したことがうかがえよう。

　次にキリスト教大学による女子高等教育の開始がみられた。それは清末民初における女子教育の制度化にともなって起こった。20世紀に入っても、男女の教育の甚だしい不一致は殆ど疑問視されず、中国学校制度上、女子教育は全くその地位を持っていなかったが、1907年、女子教育がやっと中国教育制度に参入することとなった。同年「女子師範学堂章程」36条「女子小学堂章程」26条が発布され、女子教育が国民教育制度の中に組織されたのである。遅ればせながら、清朝政府は女子教育の動向が国家の発展に関わることに気が付き、女子のための学校教育の必要性を認めたのであった。

　しかし、その教育は依然として厳格な別学主義を取り、男子との間に著しい差を設けていた。先ず第1に、男女の別学を原則としていた。江蘇省では、男女生徒の休日が同日ではなかったという[28]。第2に、女子小学堂・師範学堂の

第1章　キリスト教学校の設立

何れも男子のそれに比較し、1年少なかったことである。また女子中学の規定はなく、女子教育は師範学堂が最高であった。つまり、女子には男子と同等な教育は必要なく、しかも男女の教育を完全に分離しようとするものであった。

「女子師範学堂章程」の「立学総義」の第1章によれば、女子小学堂の教師養成は、家計を助け、家庭教育に有益であるためとしているだけである。新時代の国民教育に不可欠なものとしての女教師養成という意気込みは見あたらず、一時的な間に合わせとしての女教師論が展開されているだけである。『中国現代女子教育史』を著した程謫凡は、上述二つの章程は、男子教育の外に女子教育専用の系統を作るもので、「両性双軌制」がここに確立されたとしている[29]。ともあれ、女学堂の設立はここにラッシュを迎え、1907年には391校を数えていた。女子生徒は11,936名に達していたが、全生徒の20％に過ぎなかった[30]。

中華民国成立後、直ちに発布された「壬子癸丑学制」は、更に女子教育を推進するものであった。官僚養成の人材教育、経典中心の人文教育から、男女を問わず国民の養成をめざす国民教育が実施に移されたからである。教育内容、修業年限には男女の別を設けず、女子教育は共和国発展の基礎とされたのである。

しかしそれはただちに男女共学を意味したわけではなかった。初等小学校における男女共学は認められていたものの、高等小学校においては、男女は別の学級を作らなければならなかった。1916年の国民学校令では更に後退して、初等小学校第1・2学年に男女共学を認めているに過ぎない[31]。カリキュラムも男子のそれとは異なっていた。教科書は女子用に作られたもののみが使用されたという。

このように完全な男女平等教育を見るには至らなかったが、女子の教育要求は日増しに高まり、女子生徒の数は、突出的に増えていった。今や、中国女性は字の読めないことを恥ずかしがるようになり、両親は、娘に高い教育を望むようになった。

第3節　中国高等教育への進出

　中国政府が女子教育事業に本格的に取り掛かったことは、キリスト教学校の活動の終了を意味するものではなかった。反対に、この時ほどキリスト教学校の教育が必要とされた時期はなかったであろう。キリスト教学校の女子卒業生はキリスト教学校関係のみでなく、よい給料で、官公立や非教会の私立学校へ教師として就職して行った。キリスト教学校に対する長い間の偏見も薄れ、その在籍者は増加し、高級官僚の娘も入学するようになっていた。障害に直面し、困難に耐えた時代から一転して、女子教育への貢献が高く評価されるようになったのである。今やキリスト教女学校は、決して小さな学校ではなかった。どの程度まで拡大できるのか、効率的な学校運営とは何か、が論じられる時代となった。各施設を整備し、より上流家庭の女子を確保することにより、キリスト教の影響を拡大しようとしていた。

　中国社会において有用で影響力ある女性を養成するためには、高等教育を開始して完全な教育を実施しなければならないと考えられた。特に師範教育の分野では、その必要性が強かった。新中国建設のための教師の需要は年々大きくなるばかりであり、よい教師には大学卒業のレベルが必要であった。1907年以来建設された多くの女子師範は、そのいずれも中等教育レベルであり、速成で表面的な学習に終っていると感じられた。また、折角設けられた「女子高等師範章程」は名のみであり、未だ実施に移されていなかったからである。

　既に1905年、嶺南大学は非公式に女子の入学を許可していたが[32]、宣教会による女子大学として、中国女子高等教育の先駆者となったのは前節で述べたブリッジマンアカデミーを前身とする華北協和女子大学である。この学校は、義和団事件で多数の生徒の死者を出し教育活動を停止していたが、1904年、北京公理会・倫敦会・長老会協和事業の高等教育機関として再開されることになった。翌年、校名を華北協和女子大学と称し、少数の者に高等教育を提供した。1909年に最初の卒業生4名を出し、次の年8名、1912年20名と次第に卒業生を増やし続けた。4年制の正科は文科、理科、神学科の3科であったが、2年制の専科を併設し高等師範科、幼稚師範科、音楽科などを開設していた。やがて

第1章 キリスト教学校の設立

1920年、男子校の華北協和大学と合併し、燕京大学女子部と呼ばれるようになった[33]。

前身を持たず、高等教育を提供することを目的として設立されたのが、金陵女子大学である。1907年の「中国宣教百年会議」の勧告の一つに、宣教会の協和事業による女子大学の開設があげられていた。これを受けて1911年、英米系の浸礼・基督・美以美・監理・長老会の5宣教会が、その設立を決定したものである。当初は華中をその候補地としていたが、1913年、南京が新首都になるという予想のもとに、この市に設立され、翌々年に学生8名で出発したのであった。

1916年には、アメリカのスミスカレッジや中国YWCAから財政的援助を受けて、校勢の拡大に努力した。その結果、1923年にキャンパスを移転して、施設を充実させることが出来た。このことは同時に、金持ちのための学校という評価を作ってしまっていた。しかし、最初の卒業生の半分は外国留学し、学位を取得したということであり、その後の中国知識人女性の形成に大きく関わって行ったのである[34]。

華南女子大学は、1859年開設された福州女子寄宿学校に発する。1899年に中学校を増設し、英語学習を望む裕福な女子を集めていた。1904年、華南農村における婦人伝道のリーダー養成を期して、大学設立の動きが広まった。1908年、美以美会のもとに予科となる学校が設立され、1911年、定礎式を行った。校名は大学と名乗っていたが、実際に大学教育を提供したのは、1915年以後のことであるらしい。その年は生徒9名であった。

華南女子大学の建物は完美さを誇っていたが、学生数は少なく、絶え間のない財政危機に直面していた。キリスト教の雰囲気が強く、学生のほとんどは信徒であった。1926年までに38名の卒業生を見たが、その内24名はキリスト教学校の教職員として就職している。9名は進学し、残りは教会やキリスト教の病院で働いている[35]。その他に、南京金陵神学院女子部、夏噶・北京協和の二つの女子医学校が、高等専門教育を施していた。今まで述べてきたこれらのキリ

第3節　中国高等教育への進出

スト教女子高等教育機関は、キリスト教社会へは大きな影響を与えていたが、中国の国民生活から極めて遊離したものになっていた。これらの学校の教育内容や校内環境は、中国の需要に合わせると言うよりも、本国の欧米諸国のそれの引き写しであったからである。教科内容は高度であり、構内はエキゾチックな雰囲気に満ちていた。しかし、それまでの身分に縛られた女性観を脱し、新時代の教育者、社会改良家として活動する多数の中国女性を養成し、中国高等女子教育の不備の空隙を埋めたのであった。

注

1) Rufus Jones, 'The Background and the Objectives of Protestant Foreign Missions', *Laymen's Foreign Missions Inquiry, China, Supplementary series*, 1933, 所収。

2) 胡國台「早期美國教会在華教育事業之建立」、台湾政治大学碩士論文1979年、p. 38

3) 平塚博士記念事業会編『平塚益徳著作集Ⅱ　中国近代教育史』p. 67

4) 顧長声『伝教士与近代中国』p. 225

5) 同上書p. 227

6) M. Burton; *The Education of Women in China*, New York, 1911, p. 21

7) China Educational Commission; *Christian Education in China*, New York, 1922, p. 255

8) 程謫凡『中国現代女子教育史』1936年、p. 19によると、「男子は一生学ぶ、女子は十年を過ぎず」と言われた。

9) 教育法規については多賀秋五郎『近代中国教育史資料』清末編、民国編(上)・(中)・(下)、1974年、に依拠した。

10) 『平塚益徳著作集Ⅱ　中国近代教育史』p. 56

11) M. Burton; op. cit. p. 40

12) ibid. p. 42

13) ibid. p. 37

第1章　キリスト教学校の設立

14) China Educational Commission; op. cit. p. 256

15) M. Burton; op. cit. p. 53

16) *Records of the Triennial Meeting of the Educational Association of China*（1899, 5/17-5/20, 上海）, 1971, を参照。

17) 章程は『万国公報』光緒17年2月号、30年7月号に出ている。英文名McTyeire Girls Schoolである。江宗海「上海中西女塾」『中華基督教会年鑑』1916年版所収参照。

18) 梁元生『林楽知在華事業與万国公報』p. 51

19) M. Burton; op. cit. p. 112

20) M. Burton; op. cit. p. 100

21) William Fenn, *Christian Higher Education in Changing China 1880-1950*, 1976, p. 29

22) 同上書p. 4

23) 顧長声前掲書p. 261

24) 『第一次中国教育年鑑』丙編第一、p. 14

25) 英米の宣教会が組織し、2か月以上にわたって中国全土を調査した。委員18名のうち10名が中国人で、郭秉文、蔣夢麟等の著名な中国人教育家を含んでいた。同調査団の報告書が1922年に公刊された『中国基督教教育事業』（Christian Education in China）である。

26) Fenn前掲書p. 45

27) Fenn前掲書pp. 47-48

28) 程謫凡前掲書p. 71

29) 同上書p. 57

30) 兪慶棠「三十五年来中国之女子教育」『最近三十五年之中国教育』上海、1931年、p. 182

31) 陶知行「中国建設新学制的歴史」舒新城編『中国新教育概況』上海、1928年、p. 4　程謫凡前掲書p. 98によれば、教育部は1916年、女子学生の自由結婚を禁止する

第3節　中国高等教育への進出

通令を発している。

32) 甘乃光「嶺南大学男女同学之歴程」『教育雑誌』12-7所収。
33) J. Lutz; *China and the Christian Colleges, 1850-1950*, Cornell University Press, 1971, p. 133
34) J. Lutz; op. cit. p. 135
35) ibid, pp. 133-134、他に麦美徳「中国基督教女子高等教育概論」『中華基督教会年鑑』1916年版所収、に詳しい。

第1章　キリスト教学校の設立

金陵女子大学のキャンパス

(L. Thurstone & R. Chester, *Ginling College*, 1955)

第3節　中国高等教育への進出

金陵女子大学の鳥瞰（同上書）

第1章　キリスト教学校の設立

1919年の金陵女子大生（同上書）

第3節　中国高等教育への進出

華中大学図書館
（J. Coe, *Huachung University*. 1962）

華中大学旧図書館
（同上書）

第2章　キリスト教学校の特権的発展

第1節　1920年代初頭における中国教育の改革

　1920年代前半の中国教育を一瞥した時、アメリカ教育の影響が顕著であることに気付く。1922年11月、大総統は次のような「標準」7項と学校系統とからなる改革案を正式頒布した。

- ・社会進歩の要求に適応すること
- ・平民教育の精神を発揮すること
- ・個性の発展を図ること
- ・国民の経済力に注意すること
- ・生活教育を重視すること
- ・教育を普及し易からしめること
- ・各地方の実情に応じ伸縮の余地を残すこと[1]

　この学制の特徴は、従来の小学校教育を1年短縮し6か年に改め、その上に初級3年、高級3年の中学校を設けて、アメリカ型の六・三・三制をとっていることである。その「標準」は、はっきりとプラグマティズムの教育理念を反映している。その後「課程綱要」が作られたが、これによると小学校のカリキュラムとして合科課程が、中学校では公民科が導入されることになった。更に教育方法も従来の注入式ではなく、啓発式が主張され、自動主義や学生自治もまた盛んに提唱されるようになった。このように、教育目的・制度・内容・方法にわたって中国教育のアメリカ化がもたらされたのである。

第2章　キリスト教学校の特権的発展

　では、このような状況をもたらしたものは何か、その原因としていくつかを挙げることが出来よう。例えばアメリカ政府が対中国進出を図るため、その政策として、義和団賠償金返還金による「中華教育文化基金董事会[2]」の活動を通じて、中国人留学生を増加するなど、中国教育界に多大な援助を惜しまなかったことである。しかし何よりもジョン・デューイの、中国講演を機に大量に伝播された教育思想は重要な要素である。ここでは、デューイがなぜ1920年代初めの中国教育界に大きな影響を与えたかを考察し、中国近代教育とデューイとの関わりを検討しようとする。

Ⅰ　ジョン・デューイの中国訪問

　デューイは1919年4月30日、上海に上陸し1921年7月11日、北京を離れるまで2年余にわたって、北は瀋陽から南は広東にいたる11省を講演して歩いた。デューイの講演は逐次新聞に発表・紹介され、その講演録は北京・上海などの雑誌に掲載された。特に北京での講演は有名で、「社会哲学と政治哲学」「教育哲学」「思想の派別」「現代三人の哲学者」「倫理講演紀略」といったテーマであった。この講演録は『杜威五大講演』として出版され、デューイの滞在中に16版を重ねたという。

　初めデューイは2か月の予定で中国を訪問したのであり、しかも観光旅行のつもりで講演を主目的としていなかったのであるが、胡適を初めとするデューイの弟子達の要請と、またデューイ自身、中国の歴史上最初の共和国を建設しようとしている若き知識人の努力に興味を持ったため、コロンビア大学に帰るべきところ、休暇を請い、中国各地で精力的にその学説を紹介したのである。2年目には北京大学、北京高等師範学校の教授に招聘されたが、北京高師では彼の滞在中、『平民教育』『教育叢刊』の二種類の雑誌が創刊されている。この北京高師と、もう一つの南京高師とが、デューイの影響力の二大センターであった[3]。

　また、デューイは1919年10月、中国の有力な教育団体「全国教育会連合会」

第1節　1920年代初頭における中国教育の改革

の第五次年会にも出席し、講演している。彼の考えに従い、同年会は、教育宗旨を廃止、教育本義を政府が公布するよう決議している[4]。以後、中国の教育界はデューイ一色に塗りつぶされ、「中国と西洋文化とが接触して以来、中国思想界に影響を及ぼした外国学者の中で、デューイに及ぶものはなかった」と言われた[5]。デューイは非常な好感を持って、中国社会に迎え入れられたのである。

　ではなぜ、デューイの教育思想は大きな反響を呼び起こしたのであろうか。当然のことながら、デューイの崇拝者の求めるものと合致するものがデューイの思想中にあったからである。第一次世界大戦後、民主主義の思想が世界を風靡し、やがて中国の思想界をも席巻せずにはおかなかったが、その中でようやく育ってきた新しい中国知識人がデューイの崇拝者となって、デューイの考えを中国改革の効果的な道具にしようとしたからである。彼らは、中国を強力な民主主義国にする方法を学ぼうとしていた。デューイの講演は彼らの要求に答え、アメリカをそのモデルとして提供したのであった。

　したがって、まさに五・四新文化運動が華やかに展開しているときに、デューイの中国訪問が要請されたのであった。五・四新文化運動とは、陳独秀による1915年の雑誌『新青年』の創刊に始まる。陳独秀は封建的な儒教思想の重圧から人々を解放し、民主主義と科学精神にもとづいた近代的個人の育成を目指し、中国を真に近代国家に変えようとの理想に燃えていた。1916年には、胡適が白話運動を中核とする文学革命を開始する。更に世界的風潮となった民族自決主義に励まされて、1919年5月4日のいわゆる五・四運動で遂に頂点に達したのが新文化運動であり、伝統批判の啓蒙運動であった。

　この頃、教育改革運動も口火を切っていた。1919年1月、数個の教育団体が統合されて「新教育共進社」が結成され、雑誌『新教育』を創刊した。その編集主任である蒋夢麟は、政治的対決を避け、中国の社会的文化的欠陥を攻撃しようとした。彼は、教育こそデューイの中国訪問の効果が増殖される領域であり、新時代の繁栄の基礎であると確信していたのである。『新教育』の執筆者

— 45 —

第2章 キリスト教学校の特権的発展

達は、新しい教育によって、独立して思考し、公的な責任感情を身につけた個々の国民の個性を発展させなければならないと主張した。このようにして『新教育』の創刊で始まった教育改革運動は、五・四新文化運動の重要な要素となった。

この教育改革運動を促進した新教育運動家達は、当然のことながら、アメリカでのデューイの弟子であった帰国留学生を中心にしていた。その中には、前述の胡適・蔣夢麟のほかに、南京高師校長郭秉文、東南大学学部長陳基保、平民教育運動を推進した陶行知、「活教育」を提唱した陳鶴琴など、中国教育界の主だった人物が含まれていた。彼らは教育を以て社会改造の手段とするデューイの思想に魅力を感じ、伝統的な旧教育に反対する教育改革を進めたのであった。

デューイはこのような教育改革の内容を定義づける役割を果たしたのであり、実際、デューイの講演の大半は教育に関するものであった。彼の論説は、新中国建設のための新鮮な教育哲学として、国民の目を呼びさますべく期待され[6]、そして支持を得たのである。しかし、軍閥支配下において教育が既に破産しているような状況の中では、このような教育改革が直接的な効果を生むことは期待出来なかった。にもかかわらず、胡適らは、デューイが2年間に蒔いた種は、時が来れば芽を出すであろうとなおも期待をつないだのである。デューイに対する中国側の熱狂的な歓迎の背景には、以上のような事情があったのである。

II 1920年代初頭の教育改革

このようにして、1920年代初頭の教育改革の根本精神に、デューイの学説が位置づけられることになった。デューイによれば、学校は一貫して社会改革的でなければならず、人々の知性への信頼の中に社会改革が求められなければならなかったが、この学説が魅力ある救国論として人々に受け入れられたのであった。デューイ自身も、五・四新文化運動に中国革新の可能性を見出し、社

第1節　1920年代初頭における中国教育の改革

会を動かす行動の論理としての知性を各人に確立するのが教育の仕事であると、積極的に教育界に語りかけたのであった。

教育改革者達の中で、主な理論家は蒋夢麟であった。彼には、教育万能論とも言い得るような教育救国論が色濃く見出される。彼は、中央集権国家は国家の強さを表すものでなく、その強さは個々の市民にあるとして、教育により、中国の反封建的反植民地的な状況を救わねばならないとした。科学的な精神によって身につけた組織的で、明確かつ的確な知識は、儒教の身分制に依存する教育の体質的な弱さを修正するであろうと期待した。つまり、国家観念を養う公民教育、生計の独立を計る職業教育を行い、ある程度の義務教育を行うことによって、社会の強さに直結する新しい教育が可能であると構想していたのである[7]。

蒋夢麟は、教育の改革は全ての改革の根本であるとして、政治を論ずることを好まなかった。民主政治実現のために先ず解決するべき条件は、全国民対象の平民教育の成功であり、平民教育こそ救国救民の万能の武器であらねばならなかった。勿論、蒋夢麟は全く政治問題に目をつぶったわけではなく、教育家は政治問題を討議しなければならないとしている[8]。しかしそれは一つには、見聞の広い市民を作るため教室で政治問題を論争すること、もう一つは、学生自治を進めることに尽きるのであり、政治問題へ教育が巻き込まれることを極力避けようとした。胡適は、新文化が出来上がるまでの20年間は政治を語らないとしていたが、それよりは蒋夢麟は政治目標をはっきり示しており、教師による政治論議を認め、民主政治・地方自治の習慣を形成するには教育が理想的な環境であると考えていた。

しかし、政治家になることは、専門家としての独立を壊すことだとして、全く政治改革を危険物視していた。蒋は政治は腐敗しているとし、もし政治について討論すると、教育は利用されるに違いないと恐れていたのである。蒋は五・四運動を認め、学生の意識が民主政治の再建であるとした上で、学生デモの背景が、中国社会に対する深い不満にあることを知り、学生達を直接的な政

― 47 ―

第2章　キリスト教学校の特権的発展

治行動からそらすために、文化的・社会的な改革に専念したのである[9]。中国社会の近代化は、社会生活や集団生活そして創造的な生活の確立にあるとし、政治変革の基礎である教育実践を制度化する文化事業を望んでいたのである。

　このような努力は、統一的な政治権力不在の所で、教育改革による政治改革をしようとしたと言うことが出来よう。全国的な規模で教育を統一するだけの力は教育部には既になく、政府と無関係な教育家達は、相対的自由を得て教育改革を推進しようとしたに過ぎなかった。前に挙げた1922年の学制改革は、彼らの教育改革の一つの勝利と言ってよいが、これは、全国教育会連合会という教育団体が推進したものである。この会が、各地における教育改革の目標を総合し、学制改革にもって行ったものである。1916年-1926年間に総長が20人も変わったという教育部には、その様な統一行動を起こす力はなかった。軍閥間の勢力均衡と、外国借款への依存によって辛うじて成立していたのが北京政府であった。それゆえ教育を維持すべき政治体制が欠如している中で、デューイを信奉する教育家たちは、教育そのものを目的にする教育制度の実現に奔走すると言う奇妙な状況の下にあったのである。中国全土にわたる政策が可能なのは教育界のみであった。当然この学制改革を公布した大総統令には、施行の期日が明記されておらず、改革の具体化は全く独り教育界の努力のみに頼るものとなってしまったのである。従って、財政基盤の弱い地域では、その教育改革は殆ど実行されずに終ることになった。政治改革は、教育なしに達成されることがないのは確かである。しかし、教育改革は、政治状況が変革される前にスタートすることもないのもまた確かであり、教育改革の無効性は明らかであった。改革を実行すべき主体と社会勢力に対する現実の戦略を欠いた運動を展開しているに過ぎなかった。

　さて、「新教育」の船出にとってもう一つの障害物は、突然に起こった五・四運動以後の学生運動であった。政治は、まさに教育と文化の改革に侵入して来たのである。学生達は、蒋夢麟の説くように文化の再建による社会建設に向かわなかった。蒋と胡適は、1920年5月の『新教育』で、成熟した人々の判断

第1節　1920年代初頭における中国教育の改革

が政治改革に必要であると説き、政治上の過激主義に警告した。しかし学生達は、五・四運動当時、三人の閣僚を辞任に追い込むという成果に強く満足し、デモやストライキを止めることはなかった。彼らにはこのように政治化した青年達をコントロールする術はなかった。

　政治運動の広範な広がりと、軍閥政府による教育改革の抑圧は、新文化運動の支持者を分裂させ、その勢力を減退させて、新文化運動を短命に終らせることになった。1920年代の始めまでデューイに強い興味を抱き、五・四新文化運動の発火点を作った陳独秀が、問題の解決を求めて中国共産党の創立者の一人になったことは、その最も象徴的な出来事であった。また、国内のその他の陣営からも批判は続いた。孫文は1919年秋の講演で、軍閥政府の腐敗政治が文化改革を妨げていると言い[10]、文化運動の優先性を放棄するよう勧めている。清末以来の思想家梁啓超もまた、同時に政治問題に注目しない文化運動は誤りだと述べている[11]。国民党もまた、学生達に軍閥反対闘争に立ち上がるよう呼びかけていた[12]。このように、新文化運動や教育改革運動は五・四以後の政治化した学生運動を食い止めることが出来なかったのである。

　非民主主義的な政治状況のもとで文化改革を主張しても、解決の出来ないジレンマを生み出すだけであった。デューイは中国の友人達のジレンマに気づいていたが、しかしアドバイスを変えることはなかった[13]。デューイは、中国の封建的な社会構造に失望し、衝撃を受けていたが、政治上の障害物を取り除くと言うような特定の改革をアドバイスすることは出来なかったのである。

　とはいえ、教育改革の失敗の責任は、新文化運動の限界に気付いていた蔣夢麟らに問われなければならない。非識字率80％の当時の中国において、文化運動の効果は極めて制限されていた。字の読める人の25％が『新青年』や『新教育』を読むとしても、千人中五人のみが雑誌を読むことができ、これしか新文化運動の影響を受けていないということに気付いていた[14]。にも関わらず、彼らは中国の伝統的な知識人として、思想と文化の優位性を信じていた。儒教を強く非難してきたものの、教育はこれら思想と文化を普及させるためという儒

第2章 キリスト教学校の特権的発展

教の基本概念を保持していたと言えよう。蔣夢麟は後に、自らの思想を儒教的リベラリズムと述べているが、デューイのプラグマティズムとそれとは完全に一致すると信じていたのである。

結局1920年代前半期の教育改革運動は、中国教育に対する徹底的な批判を契機として生じたものではなかったと言うことが出来る。中国教育の実情とは無媒介に、デューイの所論を摂取していただけであった。当時の教育改革者は、中国教育の実際の状況と需要についての深い理解と認識とを持たず、いたずらに欧米文化を羨ましがり、欧米の教育を移植しようとしたのである。その結果は、いわば無用の高等遊民という人材と教育機会の不平等を作ったと断罪されることになるが、彼らもまた熱烈な愛国者であったと言わねばならない。彼らの思想の基調はやはり、西洋列強の侵略という外圧が強まる中でのナショナリズムであった。いわば政治的な無力を無自覚に意識していたとも言える。政治上の無力さを克服することを諦めて、教育により中国の独立を計ろうとしたのである。ただ、伝統思想を社会の暗黒部であるとし、理性の光を掲げて、それを否定した時、思想の空白状態が生まれ、そこに無条件にデューイ思想という外来思想が吸収され、取り込まれてしまったのである。旧教育の欠点と新教育の欠点を検討し、明白にした後、これを導入しようとしたものではなかったのである。

やがてデューイの思想は、教育目的の無目的論であるとし、共産党からも、同じ教育救国論を唱えた国家主義派からも非難されることになった。国家主義派は、教育目的を定めて、民族性に基づく教育を行うよう主張し、国家主義教育を唱えた[15]。彼らによれば、教育の目的は民族意識を養成することにあるのだという。国家主義派は小学教師にその支持基盤を得て、デューイの帰国後、中国教育界の大きな勢力となっていった。

しかしだからといって、デューイの思想やアメリカ教育の影響が直ちに無くなったわけではない。デューイ教育思想の本体としての教育論は、陶行知の生活教育などの実践を通じて、中国化の試みがなされた。1949年、社会主義中国

第 1 節　1920年代初頭における中国教育の改革

が成立した時、デューイ教育思想は中国教育界にあってなお大きな勢力を持っていたという。そのため、朝鮮戦争で米中軍が衝突する1950年になって、デューイ批判が中国全土に起こって来るのである。しかしこの時もまた、デューイの思想を内在的に検討したものではなく、政治課題が優先したということは、今回の1920年代前半の教育改革と全く同じなのである。次に中国におけるデューイ批判を考えてみたいと思う。

　デューイは1919年から1921年まで2年余に渡って中国に滞在したが、その間は勿論のこと、それ以降も約30年間、中国思想界、なかんずく教育界に与えた彼の影響が極めて大きなものであったことは、よく知られているとおりである。デューイの理論に導かれた教育改革運動が起こり、1922年には学制全般が改革される結果となった。その学制は「社会進歩の要求に適応すること」を教育の「標準」として掲げ、六・三・三制を採用したものであった。

　当時の中国は、軍閥混戦の中で半植民地的状況下に置かれており、国民の誰もが、列強の外圧をはねのける新しい統一国家を望んでいた。民主主義と科学精神を身に着けた近代的な個人の育成を通して、民主政治を実現し、中国を近代国家にしようとするデューイの思想は、新中国誕生を熱望する中国国民に大いに歓迎されたのである。中国革命の進展したこの時期、デューイ思想は、封建性、伝統思想の重圧からの脱却をもたらし、中国において一定の進歩的役割を担っていたと言えよう。

　しかし、デューイに対する批判は当初から存在していた。その一つはマルクス主義からのものであった。1919年、胡適が「問題と主義—問題をたくさん研究し主義を余り語るな—」を発表したのに対し[16]、李大釗が直ちに「再び問題と主義について」を書いて反論を加えたことは[17]、マルクス主義とプラグマティズムの中国における最初の論争として知られている。この論争は、李大釗らがマルクス主義を中国革命の具体的実践と結合しようとして学生運動の指導を強めつつあったのに対し、胡適が反対したところにその焦点があり、理論的には別に深いものではない。個性の解放を提唱し、改良主義を主張する胡適

— 51 —

は、学生運動の過激化を危倶し、それへの警告を発したのであった。しかし、1920年代後半に入って、学生運動はますます先鋭化し、帰国したデューイから弟子達へのアドバイスも有効ではなくなっていた。

　もう一つのデューイ批判は、「国家主義派」からのものである。1923年以降、彼らは教育界に国家主義教育思想を広め、やがてデューイ教育思想にとってかわって隆盛を極めるようになった。「国家主義派」と言うのは、共産主義の中国における発展に対抗して組織されたグループである。彼らは、人権の尊重も個性の伸長も国家の統制のもとにおき、国家に奉仕する国民の育成を図ろうとする。また、「全民革命」を述べて、非政治性を明示したところはデューイと同一であったが、1922年学制の無目的性を特に非難する。この学制は西欧思想の盲目的導入であったとし、中国独自の教育目的の樹立を主張した。このようにデューイ思想は批判を受けて、1930—40年代の進展する中国革命の中で無力に終ろうとしていたが、しかしまだ、中国の知識人、特にアメリカ留学経験者の多い大学教授の間では、多くの支持者を持っていた。

第2節　中国政府の対キリスト教学校政策

　1920年代初頭のキリスト教学校は表4のようであった。ここでは中国におけるキリスト教学校の問題を考察するに先立ち、キリスト教学校が中国の教育行政上どのような地位を占めていたかを、清末にさかのぼって考察することにしよう。

　1906年、学部は「外人在内地設学無庸立案」を発布し、外国人の経営する学校の登録は認められないとした。それは、1905年に科挙制度を廃止し、教育行政機関を整備して、近代学校の普及を図ろうとする清朝政府が、キリスト教学校に対して何らかの態度を示す必要があったからと思われる。この規定は、20世紀になってその数を増し、中国沿海地方にとどまらず、内陸各地にまで進出していたキリスト教学校の登録を認めず、したがって卒業生の資格を認定しな

第2節　中国政府の対キリスト教学校政策

表4　中国キリスト教学校概況―1922年―

種　　別	学校数	生徒数 男	生徒数 女	計
幼　稚　園	139			4,324
初 等 小 学	5,637	103,232	48,350	151,582
高 等 小 学	962	23,490	9,409	32,899
中　学　校	291	12,644	2,569	15,213
師 範 学 校	48	360	262	612
大学・専門	16	1,858	159	2,017
聖 書 学 校	100	1,024	1,635	2,659
神　学　校	13	391	―	391
法　学　校	1	27	―	27
医　学　校	10	485	78	563
看 護 学 校	106			1,380
盲　学　校	29	286	508	794
聾 唖 学 校	5			60
孤　児　院	25			1,733
総　　計	7,382	143,797	62,970	214,254

〈出典〉　中国基督教教育調査会『中国基督教教育事業』p.378

第2章 キリスト教学校の特権的発展

いことを示したものである。これは、清朝政府としてはキリスト教学校を公認しないということを表明したもので、ナショナリズムの一つの表現とも見られるが、しかし結果的には、キリスト教学校はこの規定によって、かえって中国の教育行政制度の枠外での自由な活動が認められたことになり、政府から何らの干渉を受けることなく、多数の中国人子弟に対する教育活動を、キリスト教布教という目的に支えられて、自由に展開することができることとなるのである。舒新城がこの規定を以て、中国の教育権喪失の起源とするのも、このためである[18]。

1912年中華民国となっても、政府が外国人経営の学校に全く何らの干渉もしないという状況は同じであった。キリスト教学校の中には、卒業生の資格公認を求めて登録を申請する動きもあったようであるが、教育行政当局に無視されたという[19]。

しかし、ようやく1917年、さらに1920年に至って、教育部は通令を発して専門学校以上のキリスト教学校の登録を認め、中国の教育行政制度の枠内にキリスト教学校を取り込もうとした。しかしこれに応じて登録したキリスト教学校はない。当時の北京政府はこれらの規定を実効あらしめる強制力を行使するだけの力がなかったし、不平等条約にさからってまで、教育権回収の闘争に乗り出す気もなかったようである。

キリスト教中学校については、1921年、教育部は、「教会所設中等学校請求立案弁法[20]」を公布し、教育権回収へむけて前向きの態度を示した。しかし、その第4条に「学科内容および教授方法には、伝道的性質を含むことができない」という規定があり、その意味するところがあいまいであったため、キリスト教学校の中で登録した学校はなかった。第6条による「以上の各条に違反したものは、おおむね登録を認可しない。またいったん登録されても中途で変更するものは、登録を取り消すことがある」という規定も、全く形式以上のものではなかったのである。教育部が国立大学に対して、未登録学校の生徒の収容を禁止する旨通達したのが、北京政府の取り得るせめてもの手段であった[21]。

第3節　1920年代初頭のキリスト教学校

以上の事から分かるように、失われた教育権の回復を求めて、北京政府はキリスト教学校の登録を勧める通令を発したが、当時の弱体な政府には、それを実行するだけの力はなく、教育権の回収はほとんど進行しなかった。このような状勢の下、登録問題がキリスト教学校側に深刻な問題として受け止められなかったのは当然である。未公認のままでも教育事業は継続でき、西洋近代に憧れる中国人青年を、数多く集めることが出来たからである。

第3節　1920年代初頭のキリスト教学校

　表5は、1920年代初頭におけるキリスト教中学校と公・私立中学校の各々の学校数と生徒数を省別に示したものである[22]。キリスト教中学校は、学校数291（うち82校が女子校）、生徒数15,213名で、1校あたり平均52名と規模は小さいながら、甘粛・貴州2省を除く中国全土141市に存在していた。但し、その分布状況には地域的偏りがあり、キリスト教中学校の77％は、沿海地方の7省に集中していた。とりわけ、江蘇省におけるキリスト教中学校の繁栄は顕著で、その生徒数は内陸12省の生徒数と同じであった。

　この表によって、中国の公・私立中学校の生徒数と比較してみると、全国では中学校生徒数全体の12.8％がキリスト教中学校生である。特に福建省では28.6％、江蘇省では26.5％、広東省17.5％となっている。このように開発の進んだ中国沿海地方の諸都市を中心に、キリスト教学校は発展し、軍閥混戦という政治的・社会的混乱の下で不振を続ける公立学校とは対照的に、華々しい隆盛を誇ることになるのである。

　では、未登録で政府の公認を得ていないキリスト教中学校に、生徒が集まったのは何故であろうか。1920年代初期の中国は、全般に西洋文化への関心が強く、このためキリスト教中学校の人気が高かったが、舒新城によると、その理由には次のようなものがあったという。

第2章 キリスト教学校の特権的発展

(1) ただ学校に入りさえすれば良い。
(2) 不平等条約による保護がある。
(3) 確実な就職先がある。
(4) 内乱中の地域では民衆の好感を得ている。
(5) 自国の中学教育が良くない[23]。

　その他、キリスト教学校に在学することが、欧米諸国への留学にきわめて有利であったことも、理由としてあげられよう[24]。
　キリスト教中学校のこのような発展は、キリスト教布教の面からも大いに期待されていた。1922年プロテスタント各派によって組織された「中国基督教教育調査会」の報告書『中国基督教教育事業』は、次のように述べている。

　キリスト教中学校は現在キリスト教事業全体の中で最も活力ある部門である。キリスト教中学校は、青年の人生設計、職業選択、個人の習慣と社会慣習との調整に際し、また友人・教師・学校・教会との永久的な愛情形成に際して、そしてキリスト教の受容と拒否に際して、大きな影響を与えている。キリスト教中学校は、一流の指導者を産出することはないが、キリスト教社会の不屈の支持者を生み出している[25]。

　もちろん、キリスト教大学についても状況は同じであった。キリスト教大学の概況は表6・第3図に示すとおりであるが、これらの大学はもともと中国政府から公認されたものではなかった。キリスト教大学はおもに米国内の法規によって大学として認可され、各州の特許状を取得し、学位授与権を得て活動していたのである。例えば、東呉大学はテネシー州の特許状、金陵大学はニューヨーク州の特許状といった具合である。したがってキリスト教大学は中国法の適用を受けることもなく、学校運営やカリキュラムの構成にあたって中国教育行政からの介入を受けることもなかった。しかも、不平等条約による保護の

第3節　1920年代初頭のキリスト教学校

表5　1920年代初頭の中学校教育概況

① 学校数

省別 ＼ 年度・学校種別	実数 キリスト教系 1920—1921	実数 公・私立 1922—1923	キリスト教系中学校の比率(%)
直　隷	24	62	27.9
東三省	16	37	30.2
山　東	40	24	62.5
河　南	10	19	34.5
山　西	7	27	20.6
江　蘇	51	37	58.0
安　徽	11	13	45.8
江　西	6	20	23.1
福　建	20	22	47.6
浙　江	19	24	44.2
湖　北	17	26	39.5
湖　南	14	47	23.0
陝　西	1	9	10.0
甘　粛	—	5	—
四　川	15	59	20.3
広　東	37	59	38.5
広　西	2	26	7.1
雲　南	1	21	4.5
貴　州	—	6	—
その他	—	4	—
計	291	547	34.7

② 生徒数

省別 ＼ 年度・学校種別	実数 キリスト教系 1920—1921	実数 公・私立 1922—1923	キリスト教系中学校の比率(%)
直　隷	1,953	12,949	13.1
東三省	521	5,301	8.9
山　東	1,489	6,291	19.1
河　南	275	3,036	8.3
山　西	267	6,910	3.7
江　蘇	3,323	9,216	26.5
安　徽	270	1,938	12.2
江　西	266	4,165	6.0
福　建	1,510	3,773	28.6
浙　江	974	5,131	16.0
湖　北	852	5,524	13.4
湖　南	659	8,953	6.9
陝　西	23	1,829	1.2
甘　粛	—	777	—
四　川	875	9,581	8.4
広　東	1,929	9,107	17.5
広　西	17	3,921	0.4
雲　南	10	2,940	0.3
貴　州	—	1,664	—
その他	—	379	—
計	15,213	103,385	12.8

〈出典〉　Chinese National Association for Advancement of Education, *Bulletins on Chinese Education*, 1923, p. 16, p. 25, p. 33より作成。

第2章　キリスト教学校の特権的発展

表6　民国初期におけるキリスト教大学概況—1919年—

①学生数

段階＼大学名	予科	本科	大学院	合計	信徒学生 実数	％
燕　　　京	129	123	21	273	167	61
斉　　　魯	111	142	—	253	235	92
金陵女子大	—	60	—	60	54	90
金　　　陵	157	78	—	235	144	61
東　　　呉	98	97	3	198	89	45
滬　　　江	15	150	8	173	119	69
聖　約　翰	—	237	2	239	93	39
之　　　江	35	9	—	44	23	52
福建協和	—	117	2	119	100	84
嶺　　　南	—	81	—	81	70	86
雅　礼　※	57	57	—	114	83	73
文　華　※	—	77	—	77	61	79
博　文　※	28	7	—	35	18	51
華西協合	90	21	5	116	81	70
総　　　計	720	1,256	41	2,017	1,337	66

②専攻別学生数

専攻＼大学名	文	神学	医学	法学	農学	師範	商学
燕　　　京	192	21	26	—	—	7	27
斉　　　魯	132	21	100				
金陵女子大	60						
金　　　陵	121	—	6	—	100	8	—
東　　　呉	171	—		27			
滬　　　江	140	33					
聖　約　翰	214	5	20				
之　　　江	44						
福建協和	113	—	6				
嶺　　　南	81						
雅　礼　※	72	—	42				
文　華　※	71	6					
博　文　※	33	—	2				
華西協合	47	12	32			25	
総　　　計	1,491	98	234	27	100	40	27

※　後に合併し、華中大学となる。なお、新設間もないためか、華南女子大学は表中に含まれていない。

〈出典〉『平塚益徳著作集Ⅱ　中国近代教育史』p. 168

第 3 節　1920年代初頭のキリスト教学校

第 3 図　キリスト教大学の所在地―1930年―

1．燕京大学（Yenching University）
2．斉魯大学（Shantung Christian University）
3．金陵大学（University of Nanking）
4．金陵女子大学（Ginling College）
5．東呉大学（Soochow University）
6．聖約翰大学（St. John's University）
7．滬江大学（University of Shanghai）
8．之江大学（Hangchow University）
9．福建協和大学（Fukien Christian University）
10．華南女子大学（Hwa Nan College）
11．嶺南大学（Lingnan University）
12．華中大学（Huachung University）
13．華西協合大学（West China Union University）

第2章　キリスト教学校の特権的発展

下、治外法権的な地位をもつとみなされていた。キリスト教大学は中国領土内にあっても、中国の主権の及ばない外国文化の租界そのものであった。実際、これらの大学は例外なく外国人校長を頂き、外国人教職員が強い権限を握っていた。

　アメリカの法律に従い、財団法人としてアメリカに登録され、卒業生はアメリカの大学卒業生と同等の資格を与えられる、このようなキリスト教大学を更に外国風にしたのが教授用語としての英語の重視や、西洋型教養の獲得を目指すリベラルアーツによる教育であった。中国語を軽視し、国民生活の要求から孤立したカリキュラムをもったキリスト教大学のあり方を、燕京大学校長であった呉雷川は、後年次のように自己批判している。

(1)　外国人校長は、中国の歴史・時代の要求について無知であった。
(2)　中国文化の軽視・中文教師への低賃金のため、学生の中国語嫌いを招いた。
(3)　制度・慣習が外国風であり、外国人が大学の主人であった。
(4)　不平等条約による保障を当然とした。
(5)　大学を布教の場所と考え、改宗した学生の数を教育活動の評価基準とした[26]。

　ともあれ、キリスト教大学は、その教育活動を自らの方針と論理にもとづいて精力的に展開したわけで、中国政府に代わって、これらの大学の教育水準の維持と効率的運営を全国的に管理したのが、1915年に組織された基督教大学連合会（Association of Christian Colleges and Universities）であった。これはキリスト教13大学の前身16大学が結成したもので、教育方針・問題に関する相互交流を目的として設立された。その後1924年、中華基督教高等教育連合会（China Association for Christian Higher Education）と改称したが、同年には全国のミッションスクールの行政機関ともいうべき中華基督教教育会（China

第3節　1920年代初頭のキリスト教学校

Christian Educational Association）がその組織を拡大強化している。中華基督教高等教育連合会は、中華基督教教育会の高等教育部門の執行機関として機能し、これら二つの組織が、上は大学から下は小学校にいたるまで、キリスト教主義による自給的な教育体制を確立していたのである。

ところで五・四以後におけるキリスト教女子教育の位置と役割はどうであったか。1919年5月4日、北京の数千の学生は激しい反日デモを行った。このデモは政府の対日姿勢を攻撃する反政府運動となって、学生のみならず、文化人、労働者、市民を含む全国的規模の民族運動にまで発展した。これらの学生を思想的に準備したのは、1915年から始められていた新文化運動である。この運動は、封建的な儒教思想の重圧から人々を解放し、民主主義と科学的精神をスローガンとする伝統批判の啓蒙思想に基づくものであった。

この時に、教育改革を求める運動が中国各地に起こり、それを受けて成立したのが「壬戌学制」である。これはアメリカの影響の強い六・三・三制を採用したものであった。女子教育について言えば、ここで初めて「両性双軌制」が完全に崩壊したことになる。男女の教育における差別は撤廃され、完全な男女平等、男女共学になった。

高等教育も女子に解放され、1919年、北京女子師範が高等師範になった。翌年には北京大学や南京・北京両高等師範が女子に開放され、女子教育は大きく前進した[27]。高等普通教育や専門教育は女性の幸福、女性の諸権利の一つとして認められるようになった。このように五・四運動以後、男女共学が認められ高等教育も女子に解放された。ここに至って、キリスト教女子教育が近代女子教育の開始、更に女子高等教育の導入に於て果たした役割は既になかった。しかし、キリスト教の女学校はまだ多くの中国人女子を集めていた。例えば、表7に見るとおり、キリスト教大学の女子学生は、実数としては国立大学のそれに比べて少ないが、女子の割合は国立大学におけるよりも高い。男女共学になったものの、国立大学における女子学生はまるで縁飾りのように少数であった。キリスト教大学の女子学生数は、表8に見るように増えることはあっても

第 2 章　キリスト教学校の特権的発展

減ることはなかった。

　中学校の場合も、官公立や非教会系私立の女子教育の実績は上がっていなかった。中国における女子教育は新しく始まったばかりであり、中学校教育への関心は低く、キリスト教学校の活動の余地は豊富に残っていた。このように中国女子教育の全体的な遅れの中で、キリスト教女子教育はその存在意義を失うことなく、多くの中国人女子の教育に携わったのである[28]。

第3節　1920年代初頭のキリスト教学校

燕京大学校長邸
(D. Edwards, *Yenching University*. 1959)

燕京大学のキャンパス（同上書）

第 2 章　キリスト教学校の特権的発展

表 7　中国の女子大学生（1922年—1923年）

大学の種類	校数	男子	女子	計	女子学生の割合
国　立　大　学	30	10,130	405	10,535	3.84%
省　立　大　学	48	9,794	7	9,801	0.07%
私　立　大　学	29	10,399	125	10,524	1.19%
キリスト教大学 外国人経営大学	18	3,670	350	4,020	8.71%
合　　　　計	125	33,993	887	34,880	2.54%

〈出典〉　Chindon Yiu Tang; *Woman's Education in China*, 1923（中華教育改進社ブレティン 9), p. 25

表 8　キリスト教大学の女子学生

大学名	1920年	1925年
嶺　南　大　学	23	29
金　陵　女　子　大　学	55	137
華　南　女　子　大　学	14	80
滬　江　大　学	9	68
斉　魯　大　学	0	53
東　呉　大　学	0	6
金　陵　大　学	0	27
華　西　協　合　大　学	0	8
雅　礼　大　学	2	6
燕　京　大　学	14	116
合　　　　計	117	530

〈出典〉　J. Lutz; *China and the Christian Colleges, 1850-1950*, p. 137

第4節 「中華基督教教育会」の活動

　前述したとおり、キリスト教学校は中国政府から何らの干渉も受けることなく、その教育事業を自らの方針と論理にもとづいて精力的に展開した。これらキリスト教学校を経営するキリスト教宣教会は、1918年には100を超えるほどであり、キリスト教学校の普及発展のために、各派共同の全国的な学校管理組織が必要であるとの認識が早くからあった。

　その最初の組織が、1877年に成立した「学校教科書委員会」であり、教科書59種、約3万冊を出版した[29]。勿論教科書の大部分は宗教教材であったが、さらに中国教育全体の情報収集と教育政策の制定とを企図して、1890年には同委員会は、「中華教育会」と改称されている。「中華教育会」は当時中国で唯一の教育団体であった。中華民国の成立にともない、1912年同会は「全国基督教教育会」と改称するよう決議されたが、それが実現したのは1915年の「中華基督教教育会」の成立によってであった。同会は10の省区キリスト教教育会が参加する大規模なもので、初等・中等教育から高等教育、成人教育まで包含していた。「中華基督教教育会」の下部組織としての各省区キリスト教教育会は、もともと1906年頃から宣教会の連合・提携により設立されていたもので、初等・中等学校に関する統一的な活動を各地において展開して来た。この組織が教科書の選択、卒業試験の実施、卒業証書の発行、共通カリキュラムの実行、学校視察、知能テスト実施、教師養成などといった、キリスト教学校の地方教育行政機関としての役割を果していたわけである。ちなみに、省区キリスト教教育会の各々の状況を列挙すれば、次のとおりである。

(1) 東三省基督教教育会
　　　小学校200校、初級中学校13校、高級中学校5校、
　　　女子師範3校が参加。

第 2 章　キリスト教学校の特権的発展

(2) 直隷山西基督教教育会
　　　12,778名の生徒、778名の教師が参加。
(3) 山東基督教教育会
　　　参加校数不明。
(4) 華東基督教教育会
　　　小学校300余校、中学校100余校が参加。
(5) 河南基督教教育会
　　　1925年に河南北部は山東基督教教育会と合併、
　　　河南南部は華中基督教教育会と合併。
(6) 華中基督教教育会
　　　500余校、約1,000名の教師が参加。
(7) 湖南基督教教育会
　　　71校、7,004名の生徒が参加。
(8) 福建基督教教育会
　　　参加校数不明。
(9) 広東基督教教育会
　　　参加校数不明。
(10) 華西基督教教育会
　　　404校、約20,000名の生徒が参加[30]。

このように「中華基督教教育会」は、中国全土のほとんどすべてのプロテスタント系キリスト教学校を網羅し、キリスト教学校全体の指導と管理のために活躍したのである。その状況はまさに主権内主権であり、その故にこそ、同会は後に中国側から、

(1) 政府の許可なく規則をつくり、それを実行している。
(2) 政府に登録せず法令の支配を受けない[31]。

第4節 「中華基督教教育会」の活動

として、激しく攻撃されることになる。しかも「中華基督教教育会」の活動資金は、主として欧米の各教会が負担しており、外国人宣教師が、財政・組織の両面で主導的な地位を占めていたのである。

注

1） 丁致聘編『中国近七十年来教育記事』p. 100
2） 1924年9月、中国人9名、米国人5名により発足した。董事とは理事のことである。デューイは最初任命されたが辞退した。
3） Barry Keenan, The Dewey Experiment in China　第3章参照。
4） 華東師範大学教育系編『中國現代教育史』p. 41
5） 胡適「杜威先生與中國」『胡適文存』第一集巻二、p. 360
6） 胡適・蔣夢麟「我們対於学生的希望」『新教育』Ⅱ-5、1920年1月号所収。
7） 蔣夢麟『過渡時代之思想与教育』世界書局刊、pp. 143-147
8） 蔣夢麟「教育与政治」『新教育』Ⅰ-1、1919年2月号所収を参照。
9） 蔣夢麟「改変人生的態度」『新教育』Ⅰ-5、1919年6月号所収、pp. 447-450
10） Chow Tse-tung, The May Fourth Movement, Harvard University Press, p. 247
11） Ibid., pp. 226-227
12） Ibid., pp. 125-126
13） デューイ講演の基調と内容については、小林文男「五四時期中国のアメリカ教育思想」『米中教育交流の軌跡』霞山会刊所収を参照。
14） 蔣夢麟「社会運動與教育」『新教育』Ⅱ-4、1919年12月号所収。
15） 瞿立鶴『清末民初民族主義教育思潮』中央文物供應社刊、第3章3節に詳しい。
16）『毎週評論』7月20日号
17）『毎週評論』8月17日号
18） 舒新城『収回教育権運動』1927年、p. 17
19） A. H. Gregg, China and Educational Autonomy: The Changing Role of the Protestant Educational Missionary in China, 1807-1973, 1946, p. 92

第 2 章 キリスト教学校の特権的発展

20)「教会所設中等学校請求立案弁法」多賀秋五郎『近代中国教育史資料』民国編（中）1974年、352頁、以下の教育法規についても多賀同書に依拠した。

21) 'New Movement in Chinese Education', *Educational Review*（China Christian Educational Association）Jan. 1927, 所収。

22) キリスト教中学校は公認されていないので私立学校に含まれていない。なお、序章にも示してあるとおり、本論はプロテスタント系のキリスト教学校のみを取り扱い、カソリック系諸学校を考察の対象としていない。

23) 舒新城「教会中学を回収する問題」阿部洋訳『中国教育近代化論』1972年、pp. 109-110

24) 阿部洋「解放前中国における人材養成とアメリカ留学」『中国近代化の史的展望』1982年所収、に詳しい。

25) 中国基督教教育調査会編『中国基督教教育事業』1922年、p. 79

26) Wu Lei-ch'uan（呉雷川）, 'The Past and Future of Christian Schools', *Educational Review,* Jan. 1928, 所収。

27) 張黙君「十年度之女子教育」『新教育』4-5、p. 735

28) J. Lutzの前掲書Ⅴ章は、専門分野におけるキリスト教女子高等教育の貢献について考察している。しかし、この面の研究はまだ十分に進んでいない。

29) 顧長声『伝教士與近代中国』1981年、p. 238

30) 朝鮮総督府『支那教育状況一斑』1919年、pp. 216-223

31) 前掲『収回教育権運動』pp. 28-29

第3章　教育権回収運動下のキリスト教学校

第1節　1920年代後半におけるナショナリズム教育

　1920年代の中国教育界の主要な問題は、教育におけるナショナリズムの問題である。20年代に入って間もなく発生した教育権回収運動は、宣教会や満鉄など欧米・日本の勢力によって奪われた中国の主権としての教育権を回復しようとするナショナリズムの運動である。それは、キリスト教学校などの有していた治外法権的性格や学校行政・教科内容面での問題点をめぐって、学生や知識人、一般市民の間から起こった反発にもとづいていた。その主張するところは、これら外国勢力の手により経営される学校を中国政府の統制下におこうとするものであり、領事裁判権の撤廃や関税自主権を求める利権回収運動と同じく、半植民地状況にあった当時の中国が、直面せざるを得なかった問題をよく示すものであった。そしてこの運動は、1925年以後、反帝国主義の思想と運動を形成する重要な要素として、軍閥打倒の国民革命の進行と共に最高潮に達したのである。やがてこの成果は1928年、南京国民政府の外国人経営学校に対する規制策として現れて来ることにより、その役目を終えたのである。

　ここでは、中国ナショナリズムの教育面での表れとしての教育権回収運動の発生と展開を考察する。従来、教育権回収運動の研究は、その数が少なく不十分であったが、本論は教育権回収運動の背景、性格、影響などを明確にし、その全体像を把握しようとする。

第3章　教育権回収運動下のキリスト教学校

Ⅰ　教育権回収運動とはなにか

　中国の当時の教育学者舒新城によると、「教育権」とは狭い意味での国民の教育権であるとともに、もう一つは国家の、教育宗旨・教育政策を定める権利、学制を作り学校を設立する権利、監察権、処決権といった権利である[1]。1920年代に至って盛んにその回収が主張されるに至った「教育権」が、後者のそれを指すことは言うまでもない。

　教育権回収運動には、①新文化運動における反宗教思想、②共産党主導による反キリスト教学生運動、③国家主義派による教育権回収運動の3つの要素がある。これまでの研究では戦後日本において、山本澄子、寺廣映雄、石川啓二3氏の力作が見られるが[2]、従来の研究では、これら3つの要素の関係が必ずしも明らかにされて来なかった。教育権回収という発想自体は、③の国家主義派に起源するものであるが、運動全体を見通した場合、これら3つの要素が一つになって大きなナショナリズムの運動として機能したと筆者は考える。そして1928年、南京における国民政府の成立と共に下火となり、国民政府の外国人学校に対する規制策として結果することから、これら3つの運動を教育権回収運動と総称するのが最もふさわしいと思われる。次にこれら3つの運動について、その発生と展開を検討し、キリスト教学校にとって、これらの運動がどのような意味を持ったのかを明らかにしたい。

Ⅱ　新文化運動における反宗教思想

　新文化運動は、陳独秀による1915年の雑誌『新青年』の創刊に始まる。陳独秀は、封建的な儒教思想の重圧から人々を解放し、民主主義と科学精神に基づいた近代的個人の育成を目指し、中国を真に近代国家に変えようとの理想に燃えていた。1916年には、胡適が白話運動を中核とする文学革命を開始する。このように、新文化運動は旧来の思想・文化の権威を根底から否定する伝統批判の啓蒙運動であった。この運動の中で、宗教は科学が進歩している現代におい

第1節　1920年代後半におけるナショナリズム教育

て不必要であり、科学を進歩させるために有害であるとされた。

1922年3月21日に北京で発表された非宗教大同盟の宣言文は次のようであったから、これはまさに、新文化運動の宗教観を示すものに外ならない。

> 我々は人類社会のために宗教の害毒を掃除することを宣誓する。(中略)人類はもともと進化するものである。宗教は人と万物とは天が造り地が設けたという偏った説明をしている。人類はもともと自由平等である。宗教は偏った説明をなし、思想を束縛し、個性を摧残し、偶像を崇拝して、一尊を主とよぶ。(中略)この笑うべき宗教は、科学真理と相容れないものである。悪くむべき宗教は人道主義と完全に違背する[3]。

このように「進化」「自由平等」「科学」の観点から宗教を退ける科学主義・合理主義の反宗教思想は、1922年以降も継続的に主張され、教育権回収運動の大きな底流となって行った。1925年出版の『反対基督教運動』では、宗教に反対する理由を次のように上げている。

(1) 我々は学術の進歩を図らなければならない。
(2) 我々は人類の和解を図らなければならない。
(3) 我々は科学を盛んにしなければならない。
(4) 我々は、自我の実現を図らなければならない。
(5) 我々は人間性の発展を図らなければならない[4]。

従来の研究では、この新文化運動と教育権回収運動とのつながりが明確ではない。舒新城は、教育権回収運動を3期に分け、潜伏期・理論期・実行期として、反宗教思想を理論期のものとしている。寺廣氏は、前者と時期区分を異にするものの、この3期を基本的に受け継いで、反宗教思想から教育権回収運動へという枠組で新文化運動を捉えている[5]。しかし、近代西洋文明の啓蒙を

第3章　教育権回収運動下のキリスト教学校

図った新文化運動から強いナショナリズムの教育権回収運動が発展したとは考えにくい。前述したように、1925年頃までこの反宗教思想は継続していたのであり、むしろ、山本氏のように「新文化運動は反キリスト教運動の思想的背景であったけれども、反キリスト教運動が新文化運動の中から起こったとは言えない」[6]のであり、新文化運動の反宗教思想は自覚した青年学生を育て、教育権回収運動の思想的背景として、または底流として、この運動の一つの大きな要素となっていたと思われる。

Ⅲ　共産党主導による反キリスト教学生運動

1922年、最初につくられた「上海非基督教学生同盟」の宣言文は、次のように別な観点から、キリスト教を批判するものであった。

> 我々は「世界基督教学生同盟」に反対する。（中略）我々は、現代の社会組織は資本主義の社会組織であることを知っている。この資本主義社会組織は、一方に労せずして食する有産階級を有し、他方に労して食しえぬ無産階級を有している。換言すれば、すなわち、一方に略奪階級、圧迫階級があり、他方に被略奪階級、被圧迫階級がある。而して現代のキリスト教及びキリスト教会は、すなわち「前者を助け後者を略奪し、前者を扶持し後者を圧迫する」ところの悪魔である。我々は、この種の残酷な圧迫的な、悲惨な資本主義社会は不合理であり、非人道的である、と認定する。（中略）それ故に我々は、この「助桀為虐」の悪魔―現代のキリスト教及びキリスト教会は、我々の仇敵であると認め、彼と一死戦を決しないわけにはゆかない[7]。

ここでは、明らかに資本主義を否定する共産主義思想が述べられており、キリスト教は資本主義の経済侵略の手先であると非難している。1922年当時、他に済南、福建などでもこのような共産主義の影響がみられたという[8]。これらの運動は、中国社会主義青年団の強い影響下に組織されたものである。青年団

第1節　1920年代後半におけるナショナリズム教育

の機関紙『先駆』1922年3月15日号は「非基督教学生同盟号」となっており、この宣言の他に、「非基督教学生同盟通電」「非基督教学生同盟章程」が掲載されていた[9]。

中国社会主義青年団は1919年、共産党が第一線の闘士の糾合と訓練のため、有力な学生幹部を吸収して成立させたものである。1920年夏ごろには、上海・北京・天津・広州・長沙・武昌・漢口の主要各都市に成立していたが、1921年5月に解散している。これは、アナーキストやキリスト教社会主義者などの異分子を駆逐するためであったらしく、同年11月に復活している。共産党が非合法に存在していた時代にあって、共産党の活動を代表し、その初期の時代を物語るのが、この社会主義青年団である[10]。

1922年5月、社会主義青年団第1次全国代表大会は、3つの決議と共に、当面展開すべき6つの教育運動を採択したが、その第5に「教会学校における非信徒の平等待遇」「教育の分野から教会勢力を排除すること」が主張されていた[11]。しかし、1922年の運動は、反キリスト教14団体を数えるに至ったものの短命であった。1919年の五・四運動以来、新しい知識人としての学生たちは、デモ・ストライキ・ボイコットなどの手段を駆使して、中国の世論の形成者となって行ったけれども、世界キリスト教学生同盟大会の開催に触発されて起こったもので、その閉幕と共に運動は停止されたのであった。一方、非難される側の欧米人キリスト教学校関係者は、運動が中国民衆に訴えることはないと確信し、声明文の発行に終わるであろうと楽観視していた[12]。

ところが、1924年8月に第2次反キリスト教運動が始まり、またたく間に広東・浙江・湖南・湖北・河南・四川・山東・直隷・江蘇の省都に反キリスト教団体が組織されることとなった[13]。その規模は1922年当時をはるかに越えるものであった。これは同年、第1次国共合作の成立にともなって、本格的に共産党が青年・学生運動に取り組み始めたためである。この時、上海の「非キリスト教同盟」宣言は、

第3章　教育権回収運動下のキリスト教学校

いっさいの神父は一として、国際資本主義の宣伝者として先鋒として、中国民族の覚悟の破壊に工作せざるはないのである[14]。

と述べて、反帝国主義戦線の形成を呼びかけるようになっていた。

そもそも中国における学生運動は、民国成立と共にその発展を開始していたが、中国における進歩的知識階級を代表して、必然的に政治的、革命的であった。五・四運動の際、全国各地に学生連合会が組織され、6月19日には全国学生連合会が成立している。青年大衆の獲得に奮闘していた共産党は、社会主義青年団を通じて、全国学生連合会の掌握に意欲的であった。1924年7月の全国学生連合会第6回年会において完全な指導権を獲得した社会主義青年団は、翌年、共産主義青年団と改称している。かくして、全国学生連合会は、革命的組織と精神を的確に把握する学生運動の中心的存在となっていった。この指導の下、全国に反キリスト教運動の共同戦線が張られて行ったのである。これに呼応して、最初にキリスト教学校における学生運動が開始されたのは、広東の聖三一学校であった。この学校は英国旗を掲げ、香港で登録認可を受けた学校であった。

1924年4月、中国共産党中央機関誌『嚮導』には、「広州聖三一学生宣言」が掲載され、聖三一学校の学生罷課闘争の要求として、校内における集会結社の自由、帝国主義者の侵略への反対とならんで、「奴隷式教育に反対し、教育権を奪回する」ことが掲げられている。『嚮導』には、その後相次いで「聖三一学生第二次宣言」「広州聖三一学生退学宣言」が出されており[15]、1924年に至ってようやく、教育権回収運動が大きく高まって来たことが分かる。

では、彼らは如何なる方法で教育権を回収しようとしたのであろうか。聖三一学校の事件をきっかけに組織された「広州学生会回収教育権運動委員会」によると、

(1) すべての外国人経営学校は、中国政府の設立認可を受けなければならない。

第1節 1920年代後半におけるナショナリズム教育

(2) すべての課目編成は、中国教育機関の統制および取締りを受けなければならない。
(3) すべての外国人経営学校は、その課程中に正式に宗教を編入し、それを教授宣伝してはならない。また学生に礼拝と聖書研究を強制してはならない。
(4) 学生を圧迫して、集会結社・言論出版の自由を略奪してはならない[16]。

とあり、キリスト教学校に対して、宗教教育の強制や言論出版・集会結社の自由抑圧への反対とならんで、私立学校として中国政府の認可を受けさせることを要求するものであった。やがて退学した聖三一学校学生は「広州反抗文化侵略青年団」を組織し、引き続いてキリスト教学校への反対を継続して行った。

続いて同年、広州聖心学校、徐州培心学校、南京明徳女学校、福州協和中学校、開封汴済中学校、重慶広益中学校、長沙雅礼大学・雅各中学校・成智学校・遵道学校、湘潭益智中学校などのキリスト教学校に広がり[17]、教育権回収運動は激しく燃え上がり始めたのである。いずれも、日本の21か条要求を中国が承認した5月9日の国恥記念日の行事を巡る学生と学校との紛争や、外国人校長への反発を発端として、教育権の回収を求める学生のナショナリズムの運動であった。例えば徐州培心学校では、早朝礼拝で聖書を読まない生徒、食事の時起立しない生徒を除名したことから、運動が始まっている[18]。

こうして1924年のクリスマス前後には、特に著しい反キリスト教宣伝が組織的に行われ、広東・長沙・重慶・広州・紹興の各地で見られたが、特に広東では大規模であった。国民党の廖仲愷、鄒魯も参加し講演している[19]。このような事態に対して、キリスト教学校側はやっと真剣に考えるようになっている。聖約翰大学校長ポットは、「宣教師たちはもっと真剣に事態を考えるべきだ」と説き[20]、長沙の宣教師医師ヒュームは、「差し迫って暴動が起こるとは思われないが、その可能性は残っている」と報告している[21]。

実際、学生運動をリードする共産党の主張は、教育権の回収と言うよりも、

第3章　教育権回収運動下のキリスト教学校

キリスト教学校の接収と破壊を目指していた。1924年の全国学生連合会第6回年会は「回収教育権」を主張するのみであったが[22]、次の第7回年会は、

イ、教育部に教会学校の廃止または回収を求める。
ロ、各地に教育権回収委員会を組織し、学生の入学を阻止し、退学を援助する。
ハ、金銭的補助を受けている学生の転学に適当な補助を講ずる[23]。

と決議している。また共産党のリーダー惲代英は、次のように述べている。

現在、雅礼や汴済などのストライキは教育庁への認可を申請させる要求から起こっている。この様な民族精神の怒濤は、教会教育に対する空前の大打撃ではあるが、ただし、これは教会教育に反対する第一歩に過ぎない。我々は全ての教会学校を封鎖し、教会教育家を一人残らず駆逐しなければならない[24]。

このように共産党は、教育権回収から進んで、キリスト教学校の廃校を主張するするようになって行ったのである。そして、キリスト教学校生の退学闘争を進め、キリスト教学校の根本的な解散を企図したのであった。

IV　国家主義派の教育権回収運動

国家の主権としての教育権の回収の最初の主張は、1923年、奉天省教育会例会における教育庁長の次の提議に見られる。

中華民国籍のないものは、奉天省の政権の及ぶ地域において、奉天省民に対し、師範及び小学教育を施行するを得ず[25]。

第1節　1920年代後半におけるナショナリズム教育

　しかし教育権回収という言葉は、翌1924年4月、同会が「収回教育権運動委員会」を結成し、宣言を発表した時に初めて使われている。この言葉は、直ちに学生運動や教育界へ波及したことは言うまでもない。学生運動についてはすでに見たので、この節では教育界の状況を検討してみよう。

　教育界においては、これまで蔡元培が「以美育代宗教説」や「教育独立議」を発表しており、多くの知識人の間に反宗教思想あるいは教育と宗教の分離論が支持を得ていた。1922年7月、中華教育改進社第1回年会では、初等教育における宗教教育の禁止が決議されるに至っている。そして1924年の教育権回収運動では、各種の民間教育団体、各省教育会、各地の反キリスト教団体が声を揃えて、教育権の回収を唱え、各省政府への陳情をはじめとする大衆運動が全国的に展開されたのであった。

　では、どのような方法で教育権を回収しようとしたのであろうか。奉天省の「収回教育権運動委員会宣言」には、「当局に要求して学生が日本設立の小学校・師範学校・初級中学校に入学するのを取り締まる」とあるが、満鉄付属地における日本経営の諸学校に対してであったためか、特に具体的方法は提案していない[26]。最初に教育権回収の方法を明確に示したのは、1924年7月、有力な民間教育団体であった中華教育改進社が、南京における第3回年会で行なった次のような決議である。

　政府に対し厳密な学校登録制条例を制定し、全国の学校にこれを遵守させ、国家が監督の責を負うべきことを請求する。およそ外人の名を学校に藉りて侵略を行うものは、調査を経て確実なものは政府より閉鎖を命ずる[27]。

　ここに見るように「登録制条例」、つまり登録規定により、キリスト教学校を国家の統制下に置くべきであるとする主張が強く打ち出されるに至っている。各省区の教育機関を代表する「全国教育会連合会」も、同年10月の開封における第10回年会で「取締外人国内弁理教育事業案」を議決し、登録制の実施

第3章 教育権回収運動下のキリスト教学校

を要求している[28]。このほか中華体育連合会、中華民国大学連合会、平民教育促進会などの教育団体も、相前後して同趣旨の決議を行なっている[29]。

こうした教育権回収の思想は、当時教育・文化界に大きな勢力を持っていた国家主義派の強く主張するところであった。国家主義派は、1920年代初期に支配的であったデューイの思想に基づく平民主義・個人主義のプラグマテズム教育に対抗して、国民精神・国民道徳を主張し、教育事業は国家によって統制されねばならないとした。国家主義派の教育家余家菊は、次のように記している。

(1) 中華民国国民に非らざれば中華民国国内に学校を設立し、学校を管理し、並に其他一切の教育機関を経営するを得ず。これに違反したる者は、これを閉鎖し並に懲戒すること。
(2) 如何なる教育の活動も、其中に宗教意味を雑へて宣伝することを禁じ、以て教育中立の旨を確立す。学校にしてこれに違反したる時はこれを封鎖し、教職員にしてこれに違反したる時は懲戒すること[30]。

また次のようにも述べて、中国における教育不振を認めつつも、教育は外国人によって代弁されないと主張し、中国人によるキリスト教学校の経営・管理を推し進めようとした。

我国教育の不普及は、外国人のこれに因りて教育権を享有するの口実となり得ない。我国司法の不改良は、外人或はこれに因りて其治外法権を留保するの口実となり得べけんも、教育に至りては不可である。何んとなれば、司法の裁判を受くるものは外人なるも、教育の陶冶を受くる者は我国民であって、彼等外人が吾人に代りて教育を施すことは、支那国民を化して外国国民と為すものである。こは我国権の侵略である。これに対して吾人はかく宣言せねばならぬ。「我国民の教育を受くると受けざるとは、乃ち我国の国務に属し、外人には関係なきことである」と[31]。

第1節　1920年代後半におけるナショナリズム教育

　しかし、国家主義派は法制面でのミッションスクールの取り締まりを言論界で主張するにとどまったのであって、実際の運動は、前にも述べたように中国共産党の影響を強く受けていた学生団体により行なわれたのであった。

　以上の三つの運動の経過を見ても明らかなように、教育権回収運動は大変複雑である。時期によってその性格を異にしたり、また共産党と、それと反対の立場に立つ国家主義派とが同じスローガンの下で活動したりすることもあった。しかし教育権回収運動を長期にわたって推進し、大きな力となったものは中国ナショナリズムである。教育権回収運動は、新文化運動の科学主義・合理主義、学生運動を組織した共産主義にも支えられていたが、全体としてナショナリズムの運動として終始したのであった。

　次にキリスト教学校への影響についてであるが、運動の主体となった学生連合会の要求、つまりキリスト教学校の撤廃は実現することはなかったのである。しかし、教育権回収運動が失敗したと断定することは出来ないであろう。1928年以後、国民党政権下では、キリスト教学校を中国の私立学校として活用して行くための厳しい措置がとられ、宗教教育が制限され、スタッフ・財政の中国化が要求されたからである。日本や日本統治下の朝鮮のように、キリスト教教育が完全に学校から追放されたわけではないが、中国キリスト教学校は1920年代初頭のそれとはおおいに姿を変えて再出発することになったからである。キリスト教学校の内部において改革の機運が盛り上がって行くのは、まさに教育権回収運動のすぐ後であったのである。

第3章　教育権回収運動下のキリスト教学校

第2節　教育権回収運動の高揚とキリスト教学校

Ⅰ　キリスト教学校における一斉退学闘争

　すでにみたとおり、キリスト教学校は中国にあって中国人の子弟を教育していながら、中国の教育制度に当てはまらない学校であった。従ってこのようなキリスト教学校のあり方が、1920年代に入り、ナショナリズムの高揚を背景に教育権回収運動が盛んとなるにともない、この運動の格好の攻撃目標となるに至るのは当然であった。キリスト教学校に対する批判には、上述のような教育権侵害問題のほか、学校財政が極端に外国依存であること、および教育内容が外国風であるため、そこで教育を受ける青少年が中国人としての国民性を喪失してしまうことが原因として存在した。キリスト教学校の学校財政や、「全般英語化」[32]といわれた教授用語の状況の一端は、次にあげる表9にもよく示されているであろう。

表9　華東キリスト教中学校統計

歳入状況（1926-27年）

収入源	男子校	女子校
授　業　料	55.1%	28.6%
宣教会寄金	34.2%	66.0%
そ　の　他	10.7%	5.4%

中国語のみを教授用語とする学校

年　度 初級中学校	1924-1925	1926-1927
男子16校のうち	6校	9校
女子14校のうち	7校	9校

〈出典〉　East China Christian Educational Association, *Middle School Standards*, 1929, pp. 58-59より作成

　このように、キリスト教学校の取締りを求める声は教育界、学術界、言論界に日増しに高まっていたが、彼らのキリスト教学校に対する非難の論調には、次のようなものがあった。

第2節　教育権回収運動の高揚とキリスト教学校

・中国の若者を非国民化している。
・中国の伝統と愛国心を弱め、外国人の邪悪な意図を受け入れ易くしている。
・教育よりもキリスト教伝道を目的としている。
・中国の生活のためのカリキュラムを準備していない。
・中国文明の美・純粋性・尊厳について教えない[33]。

　1925年5月30日、上海市内の学生による反日デモに対する共同租界のイギリス官憲の発砲を機に起こった五・三〇事件は、一般学生は勿論、キリスト教大学学生にも強い衝撃となった。この事件をきっかけとして、教育権回収運動はキリスト教系諸学校の学生の間にも急速に広がることとなる。各地のキリスト教系諸学校においては、全国学生連合会の呼びかけに応じて学生ストライキが頻発するようになった。五・三〇事件により、中国全土はまたたく間に反帝国主義運動の巨大な嵐にまきこまれ、これを背景にして、教育権回収運動もまた急速な展開を見せることになったからである。全国各地に教育権回収を要求する団体が組織され、その指導の下でキリスト教学校の学生・生徒は同盟休校、一斉退学などの方法で、激しい闘争を行うことになる。当時組織された教育権回収のための諸団体のうち、代表的なものを上げると、

北京非基督教大同盟	（27支部）
上海非基督教大同盟	（10数校の生徒。支部多数）
南京非基督教大同盟	（500余名）
蕪湖非基督教学生大同盟	（詳細不明）
南昌反基督教同盟	（省立諸学校生徒約200名）
九江反基督教同盟	（省立師範・中学校生徒約10名）
湖南非基督教大同盟	（外交講演会・学生連合会等30余の団体）
福州収回教育権大同盟	（詳細不明）

第3章　教育権回収運動下のキリスト教学校
広東反基督教総同盟　　　（約400名、六割が学生）
汕頭収回教育権委員会　　（市教職員連合会、市政庁外交講演会、学生連合会等）[34]

などがあり、このほか四川・安徽両省、厦門・延安・太原・寧波の諸都市にも同様の組織が結成されていたから、ほぼ全国的に運動が展開されたことが分かる。1925年クリスマスの反キリスト教運動は、前年に比べて非常に盛大で、教育権回収が各地で声高く叫ばれたという。

　彼らの主張は、1925年11月１日、上海非基督教大同盟杭州支部の大会決議に、

⑴　学生連合会によりデモを行う。
⑵　教育権回収を政府に請願する。
⑶　キリスト教学校生の退学を勧誘する[35]。

とあるところから明らかなように、教育権の回収を実現するために、キリスト教学校の生徒に退学を呼びかけることであった。また湖南非基督教大同盟は、

　基督教ノ為ニ尽シ、又ハ教会ノ設立セル学校ニ其子ヲ入学セシムルコトヲ阻止スルコト[36]。

と決議して、キリスト教学校への入学阻止を叫んでいる。

　これら各地の非基督教同盟は、教育権回収のための具体的な戦術として、キリスト教学校内に支部をつくり、中学生に集会・デモ・ストライキを盛んに行わせたが、そのねらいは、生徒の一斉退学を実行することにより、キリスト教学校に決定的な打撃を与えることであった。五・三〇事件後、一斉退学あるいは部分退学が発生したキリスト教学校は42校に達したと報告されている[37]。このため、キリスト教系諸学校における学生ストライキの約２分の１は、一斉退

第2節　教育権回収運動の高揚とキリスト教学校

学を引き起こしている[38]。

　このような運動を推進したのは、主として学生および労働者であったが、ことにその中心的組織は学生連合会であった。当時各地の学生連合会、およびその全国組織である全国学生連合会は、共産主義青年団の強い影響の下にあり、教育権回収運動は、これら共産党系の学生によって組織だてられ、激しく推進されたものと思われる。事実、共産党のリーダー陳独秀は、

> 現在の無能な中国政府や教育界には、教育権を奪回する決意は見当たらない。したがって教会学校の破壊は、政府や教育界に頼っていては不可能である。それはただ、教会学校の奴隷教育を受けている20万男女青年の覚悟と決心のみにかかっている[39]。

と述べて、キリスト教学校の登録認可という形の、従来の教育権回収を排して、学生の一斉退学による極端な形での教育権奪回を呼びかけていた。

　例えば、聖約翰大学では、1925年6月3日、五・三〇事件の犠牲者追悼のために、学生の掲げた中国とアメリカの半旗を大学側が引き下ろしたことから、262名の学生の大量退学事件をおこしている[40]。これら退学生のために、その父兄や卒業生により「光華大学」が新設されたため、聖約翰大学は少数の学生で新学期を迎えねばならなかった。

　雅礼大学では、1924年9月、フットボールの試合で興奮した学生を教師が殴ったことに端を発して学生ストライキがおこり、同年12月には全体退学宣言が提出され、大学当局と激しく対立していたが、五・三〇事件後は学生が週に2日から3日も街頭デモに参加するようになり、1926年10月には次のような要求を大学当局に突き付けた。

(1)　宗教科必修を排除する。
(2)　宗教儀式を排除する。

第3章　教育権回収運動下のキリスト教学校

（3）登録認可を受ける。
（4）学生の大学行政への参加を認める。
（5）学生の退学処分には、学生連合会の同意を求める。
（6）学生連合会の3分の2以上の賛成を得れば、教師を解雇できる。

雅礼大学学生連合会は、さらに12月には次のことを第2次要求として追加している。

（1）授業料の割引や引き下げ
（2）カリキュラムの改革
（3）YMCA活動の制限
（4）国民党員による社会科学の講義[41]

また、金陵大学でも250名の学生が国立東南大学に転校している[42]。

　このように1925年の教育権回収運動は、国民革命の影響を真っ先に受けた上海・南京・広東の各キリスト教大学で燃え上がったが、その他の大学でもトラブルが続出した。記録によれば、1925年度の学業を無事終えたのは金陵女子・福建協和・東呉の3大学だけであった。滬江・華南女子・華中・雅礼の4大学は閉鎖休校を経験しなければならなかった。

　しかし、キリスト教学校の一斉退学闘争を進めるにあたっては、退学生の受け皿が必要である。ところが、転学を図るにしろ、新しい施設に収容を図るにしろ、どちらも難問であった。転学については、教育当局への請願によって、国立学校・省立学校に臨時収容する道が開かれることもあった。例えば、浙江省教育庁は1926年8月、

1925年度に収容した外人設立各中等学校の転学生について、科目や所属学年で問題があれば、書類提出せよ。融通弁理する[43]

第2節　教育権回収運動の高揚とキリスト教学校

旨、省立学校へ通令している。但し、それは1925年度限りの臨時措置にすぎなかった。1926年末、北京市教育局は、転学に関する次のような制限措置を明らかにしている。

(1) 転学には、単位・評定を正しく記載している転学証明書が必要である。
(2) 学期試験に失敗したものは原校に留まる。
(3) 転学証明書を持っていても、学生氏名が原校から当局に通知されていない者については、転学を許可しない。
(4) 高級中学3年生の転学は認めない。
(5) 同一都市での転学は認めない。
(6) 学校は、転学生の氏名を当局へ報告する[44]。

このように学生運動の最大の武器となった一斉退学は、退学後の転学がスムーズに行く場合は少なかった。キリスト教学校が転学証明書を出さない限り、単位修得の証明がないので転学は困難であった。全国学生連合会の影響下にあった国立・省立大学には収容力がなく、次にあげる北京私立大学学生連合会の決議は、こうした教育権回収運動の矛盾の顕在化をよく示している。すなわち彼らは、教育部に対して次のように要求するのである。

愛国運動の失学学生を収容できるよう、教育部から全国の公私立各学校に通令するとともに、
(1) 転学学生受け入れ規則を変更し、先学年の成績通知表、原校教員の個人的証明書を以て転学証明書に代えることが出来るようにする。
(2) 退学学生が転学証明書を受け取れるように規定する。専門以上の学校は、教育部が学校に発給させる。
(3) 転学制限を緩和する[45]。

第3章　教育権回収運動下のキリスト教学校

　一斉退学はこのように行き詰まっていたが、大学接収も費用の点で全く不可能であった。新しい施設の設立に至っては、一層困難であった。例えば1926年1月、九江聖公会聖約翰中学校を退職した中国人教師数名は、同校付近に「光華学校」を創設、一時は中学生100余名を収容したが、経営困難のため、同年夏には閉校せざるを得なかった[46]。蕪湖では、1925年9月、「新民」「民衆」「五・三〇」の3中学新設の計画が立てられたが、新設学校は未整備で、依然としてキリスト教学校に入学するものが多かったという[47]。

　こうした状況の下では、キリスト教学校全廃、「教会学校取消[48]」を主張する共産党の激烈な教育権回収運動が、これ以上進展することは不可能である。キリスト教学校における一斉退学闘争の方式が、漸次行き詰まりを見せて来るのは不可避であった。こうして、これらを武器とする急進的な教育権回収運動は、運動方針の転換を余儀なくされ、それはより穏健な、そして現実的かつ実現可能な教育権回収の方法として、私立学校規定にもとづく政府への登録要求という形にまとまって来るのである。

Ⅱ　政府による登録規定の公布

　このように、キリスト教学校は壊滅的打撃を受けたわけではなかった。退学生の受け皿となる学校は不足していたから彼らの転学は容易でなく、一斉退学闘争は行き詰まりを見せていた。やがて1925年秋には閉鎖されていた学校の開校が相次ぎ、キリスト教学校は静かさと規律を取り戻すことが出来た。ところが、一方でキリスト教学校の登録認可を求める運動は一定の進展を見せていた。従来全く自由な立場で教育事業を行ってきたキリスト教学校は、五・三〇事件後の激しい教育権回収運動を経て、登録問題に取り組まざるを得なかった。

　1925年11月16日、北京政府は従来の登録規定を廃し、「外人捐資設立学校請求認可弁法」を公布した。これは従来の規定よりも、登録の条件を具体的に明示しており、キリスト教学校に対して、政府への登録を厳しく要求するものであった。

第2節　教育権回収運動の高揚とキリスト教学校

聖約翰大学のメモリアル アーチ

聖約翰大学のメモリアル アーチとホール
(M. Lamberton, *St. John's University*. 1955)

第3章　教育権回収運動下のキリスト教学校

聖約翰大学のキャンパス
ST. JOHN'S UNIVERSITY

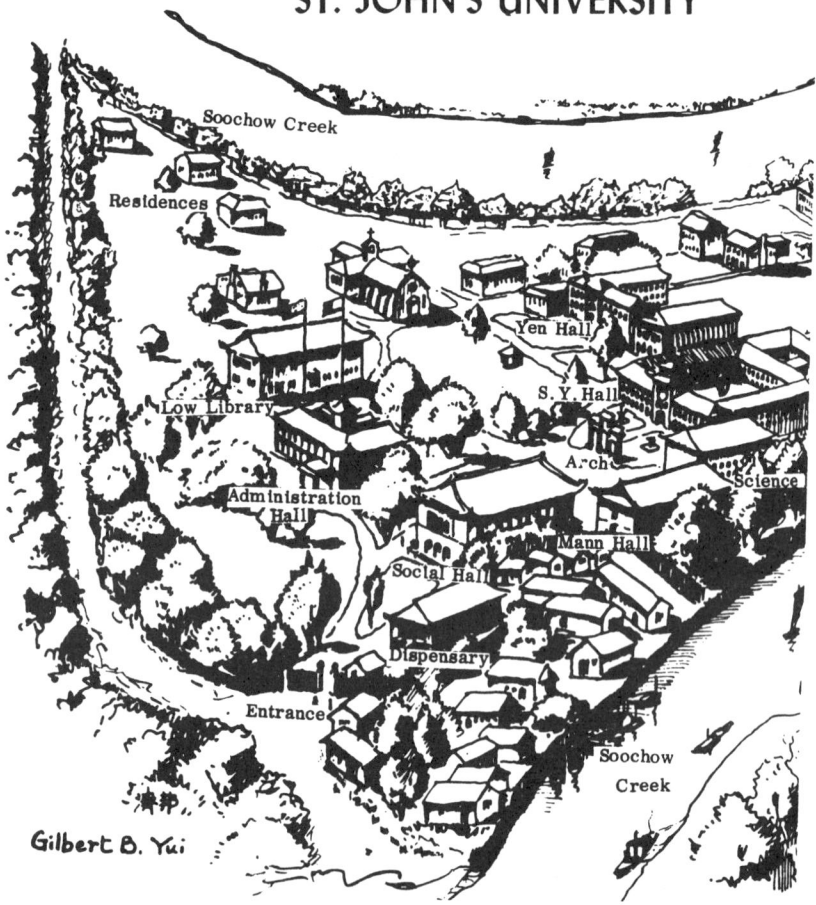

第2節　教育権回収運動の高揚とキリスト教学校

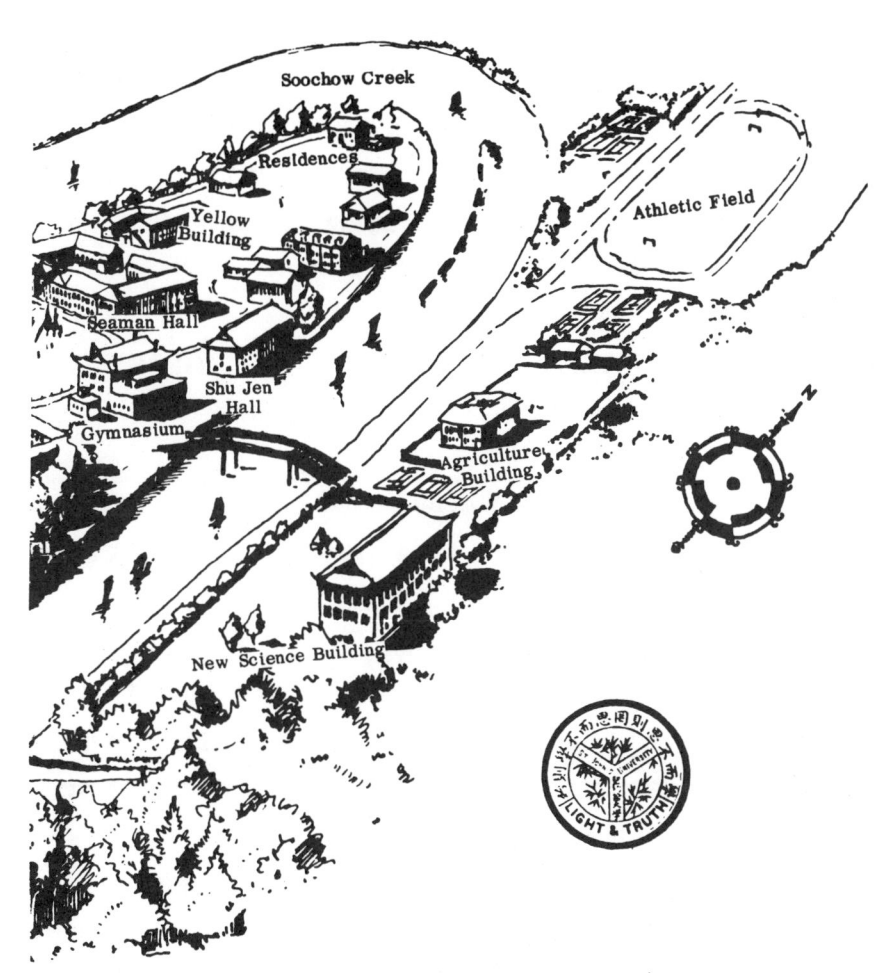

(M. Lamberton, *St. John's University*. 1955)

第3章　教育権回収運動下のキリスト教学校

　その内容は、6カ条で構成されており、校長や理事会を中国人主体とすること、宗教的な教育宗旨と宗教科必修を禁止し、宗教色を強く制限することを中心としていた。それはキリスト教学校からの一斉退学という主張に比べれば、不徹底かつ微温的ではあったが、政府の教育権回収政策の一歩前進を意味するものであったことは確かである。

　これらの法的規制は、国家主義教育を主張する国家主義派によって推進されて来たものである。教育事業は国家によって統制されねばならないとする国家主義派は、1923年頃からキリスト教学校批判を開始し、言論界で活発な活動を展開していた。そのリーダーの一人である余家菊は、

　　教育部をして教会学校に対して厳格なる態度を執り、並に教会学校認可法を
　　制定せしむること[49]。

と主張して、1924年の教育権回収運動の中心的存在となっていた。1924年の中華教育改進社決議「学校登録制条例」は、余家菊らの努力によるものである。教育権回収運動において、共産党と、反共を旗印とする国家主義派とがともに重要な役割を演じたことは興味深い。彼らは異なる政治的立場に立ちながらも、教育権を国家の手に回復しようとする点に関する限りにおいては、共通の目標をもっていたのである。つまり、共産党と国家主義派とはナショナリストとしての共通の基盤に立ち、民族独立の意識にめざめ、共に外国の圧力への反発から行動していたと言えよう。

　但し、教育権回収を実現するための方法が、両派において根本的に相違していたことは、すでに見たとおりである。事実、キリスト教学校の登録を認めない共産党と、登録推進の国家主義派との対立により、武昌中華大学では1925年春、両派の学生間に抗争さえ起こっている[50]。

　さて、北京政府による登録規定の期限は1926年9月15日であった。キリスト教学校の存続を認め、その施設や人材を生かしつつ、キリスト教学校に対して

第2節　教育権回収運動の高揚とキリスト教学校

国家の規制に従うことを要求するこの規定は、リベラルなものであったと言えるが、従来全く自由な立場で教育事業を行ってきたキリスト教学校の側には、大きなとまどいがあった。そのため、対応が遅れざるを得なかったのである。キリスト教学校側の対応の詳細については、次章で考察する。

　ところで、北京政府に対するキリスト教学校の登録がいっこうに進展しないうちに、広東国民政府からも同様な登録規定が公布された。国民党は、この登録という現実路線を受け継ぎ、教育権回収に向けて第一歩をふみ出したのである。1926年10月18日に公布された「私立学校規程」15ヵ条は、外国人経営学校に対する取締りを本格的に意図したものである。「世俗化」「中国化[51]」を基調とするところは同様であるが、北京政府のものに比べて、外国人校長を全く認めないという点で一段と厳しさを増したものであった。しかしながら、広東国民政府に対するキリスト教学校の登録もまた、はかばかしく進まなかった。と言うのは、北伐軍の軍事行動が進行するなかで事態は混乱を極め、教育権回収運動は複雑な様相を呈することになったからである。

第3章　教育権回収運動下のキリスト教学校

第3節　北伐下のキリスト教学校

I　北伐と教育権回収運動

　1926年2月、広東国民政府は「打倒軍閥」のナショナリズムの要求に応じて、北伐宣言を発し、7月には蒋介石を総司令とする国民革命軍が破竹のような勢いで北方軍閥討伐の途についた。このとき、教育権回収運動は反帝国主義民族運動として強力な展開を見せたのである。共産党の支配下に入った省では、ミッションスクールの活動は停止した。また国家主義派の支配する省教育会は、ミッションスクールに対する厳格な登録条件を課し、これらの省でもミッションスクールは自ら学校を閉鎖せざるを得なかった。その他の地方でも、ミッションスクールはすべて、大衆闘争の攻撃目標となったのである。
　1926年7月1日の北伐宣言に始まる革命の急速な進展は、国民党・共産党のリーダーシップを越えて推し進む群衆を生み出すこととなり、大衆闘争の波が揚子江流域を覆い始める頃になると、キリスト教学校はこれまで以上の困難に直面せざるを得なかった。学生のみならず、一般民衆までが参加しての教育権回収運動は、キリスト教学校関係者に強い衝撃を与える結果となった。
　広東省汕頭市では、すでに早く1925年11月、革命軍総指令部政治主任がやって来て、南強中学に対して、イギリス人との関係を断絶する旨を宣言すること、宗教課程を廃止すること、および革命的な教育機関となることを要求した。実は同中学は、その前身がイギリス長老会の経営する華英中学で、教育権回収の風潮に対処するため、校名を改称して中国人校長をおき、表面上、中国人学校の形をとっていたが、実際上は同宣教会が学校経営の実権を握っていたからである。ついで翌12月には、汕頭市教育権回収委員会は南強中学に対し、校内に宣教師の居住を許さないこと、校舎を没収することを決議した[52]。こうした動きに影響されて、卒業生でもある中国人校長は、1926年2月南強中学の

第3節　北伐下のキリスト教学校

校地校産を名実ともに中国側に回収する旨を声明し、同宣教会との間に係争事件を引き起こしている。このような事態の中で、同校の在学生数は急激に減少した。ちなみに同校は、1927年9月、汕頭市政庁によって市立第一中学校に指定されており、これからみて南強中学はこの事件を機にキリスト教学校としての存在を終えたものと思われる[53]。

最も激烈な教育権回収運動が展開されたのは、湖南省においてであった。1927年1月に、国民党・学生連合会・総工会・農民協会など120余りの団体により反文化侵略大同盟が結成され、専らキリスト教学校攻撃を進めた[54]。そのため、ほとんどのキリスト教学校系中学校において、学生ストライキが続発した。例えば長沙雅礼中学校では、集会と言論の自由、校務会議への参加、学生会決議の重視などを要求し、ストライキに入った。このストライキは、たちまち全省各学校学生の援助を受け、大デモンストレーションが展開されるに至ったのである。アメリカ人校長は、ストライキ未解決のまま学校の閉鎖を宣言し、長沙を脱出する有様であった[55]。

全省学生連合会代表大会の決議は、次のように、キリスト教学校の足元を掘り崩すものであった。

(1)　バイブル読誦、礼拝教義宣伝ニ反対スルコト。
(2)　政治的民衆集会遊行(デモ)参加ノ自由ヲ要求スルコト。
(3)　教会学校ノ中国人教師ヲ援助シ其学校ヲ回収シテ中国人ノ自弁トナスノ運動スルコト[56]。

また、同省では激高した学生・労働者・農民の手によってキリスト教関連施設の破壊が行なわれた[57]。このような状況の中で、湖南基督教教育会は秘密裡に代表大会を召集したが、結局事態への対応策を打ち出すことが出来ずに終わり、その結果、わずか1校を除いてすべてのキリスト教学校が閉鎖され、同基督教教育会の活動も停止することになった[58]。

第3章　教育権回収運動下のキリスト教学校

　同じような暴力事件は、他省でも見られた。江西省九江の反基督教同盟は、1926年10月、北伐軍の入城直前に実力行使を起して、近隣のフランス天主教会経営の小学校に乱入し、全生徒を引連れて帰ったという。また同所聖公会経営の聖約翰中学校では、生徒100余名が同校を襲撃し、校長を監禁、校内を破壊している[59]。福州市でも、1927年1月にキリスト教関連施設や外国人に対する襲撃事件がおこり、外国人宣教師・教師は一斉に避難を開始して学校を離れなければならなかったという[60]。もともと福州市は、キリスト教学校が極めて盛んで、ことに男女中等教育においてキリスト教中学校の占める位置は、前掲の表5に明らかなように極めて大であった。ここは、1925年12月の全国的規模で高まった反キリスト教運動も不発に終わったような所であったのである。

　以上、いくつかの省について、北伐の過程における教育権回収運動の展開状況を概観したが、一般民衆が運動に参加したこと、および地方政府が積極的にこれを支持したことは、キリスト教学校側に学校存続の危機を感じさせた。そもそも国共合作のもとでの教育権回収運動は、国民革命軍総指令部の「反基督教宣伝大綱」に「教育権を回収し、あらゆるキリスト教学校を閉鎖せよ[61]」とあるように、宗教教育の全面禁止、外国人の学校管理禁止など、キリスト教学校に対する排斥を含んでいた。これが北伐の軍事行動の過程で、大衆規模の激烈な教育権回収運動として展開されることになった結果、キリスト教学校は一大恐慌をきたし、その門を閉ざすしかなくなるのである。

II　地方政府のキリスト教学校規制策

　以上のような激烈な大衆規模におけるキリスト教学校排斥運動とならんで、キリスト教学校を直撃したものに、北伐の過程で成立した各地方政府による規制策があった。当時、浙江省の「収回外人所弁教育事業弁法」のほか、江西・安徽・福建・湖北・湖南各省および漢口市などの各地方政府によって、相次いで独自なキリスト教学校規制策が打ち出されているが、その内容を見ると、いずれも登録に関する規定が広東政府のそれに比べて厳格なものとなっており、

第3節　北伐下のキリスト教学校

教育権回収への意欲の高まりを見出すことが出来る。いま、これを浙江省の場合で見てみよう。

1927年2月、北伐軍の杭州占領後、当地では「青年を麻痺させるミッション教育に反対・教育権回収」と書かれたポスターやプラカードが現れ、外国人は一斉に上海に引き揚げるよう指示されたが、同年6月に公布された「収回外人所弁教育事業弁法」は、次のように規定していた。

第1条　1927年9月1日以前に、外人所管の教育事業は、省政府・中国人・中国人団体の管理に移す。
第2条　移管する外人又は外人団体は（移管するかどうか）自由に決めてよい。但し条件は付けられない。
第3条　外人又は外人団体の経営する教育機関で功績のあったものについては、移管後、接収した個人或いは団体が記念物を建設したり、省政府の報奨を請うことが出来る。
第4条　外人或いは外人団体は移管後、精神的物質的に学校を援助すること。但し理事や校長にはなれない[62]。

すなわち、これはキリスト教学校に対して、完全な中国化を要求するものであった。こうした厳しい外国経営学校規制策への対応をめぐって、キリスト教学校が苦境に立たされたのは言うまでもない。すでに同年5月、杭州のキリスト教学校の代表者会議は、書面を省政府に送って、次のような陳情を行っていた。

(1)　校内行政の自由。
(2)　登録準備中の法によるキリスト教学校の保護。
(3)　選択制宗教科、礼拝の参加自由の保障。
(4)　基金に関する柔軟な態度。
(5)　登録前に準備期間を十分に与えられること[63]。

第3章　教育権回収運動下のキリスト教学校

　キリスト教学校の中には、寧波の二つの中学校の場合のように自ら閉鎖し、党支部によって接収された学校もあった。杭州では同年末に、閉鎖された学校に対して、これを最低限の金額で、中国人個人又は団体に売却の上、学校を継続すること、また売却費用の件で争いが生じた時は、キリスト教中学校に関しては、省政府、省党部が共同して裁判に付する、という趣旨の通令さえ出されており、更に教育権回収の徹底を図るべく、未登録のキリスト教初級中学の生徒に対しては、省立高級中学への入学資格を認めないという措置も取っている[64]。

　地方政府の登録規定は、総じて宗教と結びついた教育・儀式・宣伝を全面的に禁止するものが多く、訓育主任の政府任命制を規定したところも多い。湖南では、社会科教員は国民党員でなければならない、という規定であった。規定に従わなければ、省政府により閉鎖されるという規定を加えている所がほとんどであり、教員資格や授業料に政府の許・認可を必要とする、という項目もあった。財政資金についても規定され、中学校は3,000ドルの基金を確保しなければならないとか、図書館の施設は1,000ドル以上、その他の施設も1,000ドル以上のものでなければならないとか、規定は中央政府のものより細部にわたって厳格であった[65]。しかも登録期限は、例えば湖北省政府は1927年1月1日、武漢市は同年1月末、湖南省は同年4月1日という具合に、それぞれの省市ごとに設定されていたのであった。

Ⅲ　キリスト教学校の閉鎖

　このように、北伐の進展に伴って誕生した地方政府は、中央政府よりもラディカルな改革をキリスト教学校に要求した。省よりも市政府の方がより細かく、より過激な要求を突き付けることが多く、キリスト教中学校は、その対応に苦慮することになるのである。党部や学生連合会、労働組合などが、準政府的な機関として活躍している状況の下では、自衛上、学校を閉鎖した中学校は非常に多かった。中には、かろうじて学校を継続できた中学校もあったが、そ

第3節　北伐下のキリスト教学校

れらはいずれも、各地方政府による多様な規定の権威を疑い、中央政府によってこれらの規定が統一されるまで、登録を延期する態度をとった。そのため、実際に登録手続きをとった中学校はきわめて少数であった。多くは、じっと嵐の過ぎるまで学校を閉鎖し、外国人は帰国または上海などへ去り、学校を離れていたのである。1927年当時、閉鎖された中学校が如何に多かったかは、次の表10によって知ることが出来よう。各省区キリスト教教育会の報告をもとにして、27年6月頃におけるそれぞれの地区のキリスト教中学校の状況をまとめれば、次のようであった。

直隷・山西省……多数の学校が正常に活動。男子9校、女子7校、計16校のうち3校が登録済、7校は登録申請中。7校に中国人校長、4校に中国人副校長が就任。8校で中国人多数の理事会が実現。状況の安定を待って登録準備中の学校も多い。
山東省…………外人宣教師は沿岸諸都市に撤収し、中国人教職員が活躍している。
江蘇省…………多数が継続。
浙江省…………登録が困難で登録保留が続出している。1校のみ登録、閉鎖中の学校が多い。
河南省…………片田舎でのみ継続活動中。
湖北省…………中学校は全部閉鎖。
湖南省…………学校はほとんど閉鎖。開校の可能性がない。
福建省…………福州市では教育局長が着任していないため混乱、福建協和大付属中2校は閉鎖、他の中学校も紛争により危険。他都市では継続中、登録へ方針を決定したところが多い。
広東省…………かなり正常。少数の学校が閉鎖。
四川省…………全学校継続。中国人による管理が進行し、大部分の学校が登録済か登録準備中[66]。

第3章　教育権回収運動下のキリスト教学校

表10　1927年のキリスト教学校開校状況

地　方	1926年	小　学　校 学校数	小　学　校 生徒数	中　学　校 学校数	中　学　校 生徒数
華　北	100%	90%	80%	95%	80%
華　東	100	70	57	47	39
華　中	100	45	45	10	8
華　南	100	85	90	90	75
華　西		未調査	未調査	未調査	未調査

〈出典〉 'The Present Situation of Christian Education in China' *Educational Review*, 1928, p. 10, 所収より作成。

　北伐軍下の各キリスト教大学においても激烈な教育権回収運動が進行した。学生連合会や労働組合、市民団体、農民団体などが準政府的機関としてキリスト教大学の管理に介入を始めたからである。例えば、1927年春、之江大学や東呉大学法学部では学生会が学校を管理し[67]、金陵大学と嶺南大学は、大学行政の中国人移管を発表せざるを得なかった[68]。聖約翰大学は、光華大学の学生によって接収されようとし、そのため1年間の長きにわたり、閉鎖を余儀なくされた[69]。福建協和大学では、国立大学に編成しようとする学生の動きさえ見られた[70]。当然のことながら、上述したような教育権回収運動の劇的な高揚は、キリスト教大学当局を苦境に立たせることとなる。1927年はキリスト教大学にとっては最悪の年であった。統計によれば、14大学の1927年度における学生数は、3,525名と報告されているが、これは前年の70%であった[71]。キリスト教大学の中には、こうした状況の下でやむをえず閉鎖に追い込まれる大学が相次いだ。聖約翰大学は、1927年1月から1928年秋まで閉鎖が続いており、雅礼大学は学生運動に対処するため休校措置をくり返したが、ついに大学経営を断念し、閉鎖するに至っている。その後雅礼大学は再び開校することが出来ず、1928年に華中大学と合併して再出発している。

第3節 北伐下のキリスト教学校

　ついには暴力事件も発生した。1927年3月、南京市では金陵大学副校長を含む6名の欧米人が殺害されたのである。このためキリスト教大学の外国人宣教師と教員は殆ど全員、上海に避難又は帰国し、事実上キリスト教大学は閉鎖状態になったのである[72]。しかし、1927年4月の蔣介石による反共クーデターの後、国民党政権が成立するに及んで、教育権回収運動は急速に鎮静化して行く。そして教育権回収運動は運動の段階を終え、国民政府によって、政策レベルにおいて実施されることとなるのである。

　上のように、地域により大きな差があったが、閉鎖を続けることは、キリスト教学校にとって自らの墓穴を掘る危険をもつものであった。したがって、キリスト教学校関係者の間で、学校存続の道を求めて政府に登録すべきである、という意見が漸次高まって来るのは、当然であった。しかし、外人宣教師の多くは、国民党政府は反キリスト教思想に立つ排外的な政府だと考え、登録はキリスト教学校を支配する手段に過ぎないとして、登録を拒否する態度を容易に変えなかった。登録を実行しても、中国はやがて共産化し、キリスト教学校は排除されるだろう、と見る宣教師も少なくなかった。しかしこうした宣教師のかたくなな態度は、中国人教職員の登録認可への熱意や活動、これに加えるに資格の公認を求める卒業生の熱心な努力によって漸次改められ、キリスト教学校登録への道が開かれて行くのである。

　折しも、1927年の上海クーデター後、1928年2月には南京国民政府大学院より「私立学校条例」11カ条が公布された。これは広東政府時代の規定を整備したもので、内容的にはほぼ同じである。この結果、これまで地方政府によって公布された規定で、中央政府のそれと合致しないものは次第に整理され、登録の障害となっていた厳しい規定が消滅して行く中で、キリスト教諸学校の登録が進展して行くようになるのである。1928年5月、南京で開催された全国教育会議において、外国人による学校設立を禁止しようとする浙江省の提案が否決されたことは、キリスト教学校にとって新しい時代の到来を告げる象徴的な出来事であった[73]。

第 3 章　教育権回収運動下のキリスト教学校

注

1) 舒新城『収回教育権運動』1927年、pp. 2-8
2) 山本澄子『中国キリスト教史研究』附節「反キリスト教運動」1972年、は教育権回収運動の全体的構造をよく捉えている。寺廣映雄『中国革命の史的展開』第2章「教育権回収運動をめぐって」1979年、は国家主義派と共産党の教育権回収運動をめぐる思想対立を詳しく検討している。石川啓二「1920年代中国における国家主義教育論と教育権回収運動」阿部洋編『日中教育文化交流と摩擦』1983年所収、は国家主義派の母体とも言うべき少年中国学会の教育論から、教育権回収運動の性格を分析している。
3) 山本前掲書p. 99
4) 『反対基督教運動』1925年、中国青年社、p. 1
5) 寺廣前掲書p. 281
6) 山本前掲書p. 101
7) 同上書p. 106
8) 'Anti-Christian Agitation', April, 1922, from American Consulate in Tsinan to the Secretary of State, *Records of the Department of State Relating to Internal Affairs of China 1910-1929*, 所収。
9) 顧長声『伝教士與近代中国』1981年、p. 353
10) 鈴江言一『中國解放闘争史』1953年、第2章　青年運動を参照。
11) 高奇主編『中国現代教育史』1985年、p. 40
12) 'Peking & Tientsin Times', April 3, 1922, *Records of the Department of State Relating to Internal Affairs of China 1910-1929*, 所収。
13) 顧長声前掲書p. 358
14) 鈴江前掲書p. 25
15) 「広州聖三一学校学生反抗奴隷教育之宣言及其他団体之援助声」『教育雑誌』16-6、1924年6月、教育界消息所収。「広州聖三一学生宣言」『嚮導』62期所収。「聖三一学生第二次宣言」『嚮導』57期所収。「広州聖三一学生退学宣言」『中国青年』

第3節　北伐下のキリスト教学校

36期所収。
16）「広州学生会収回教育権運動委員会宣言」『嚮導』72期、1924年6月所収。
17）陳元暉『中国現代教育史』1979年、p. 84
18）但一「徐州教会学生的奮闘」『中国青年』32期、1924年5月24日、所収。
19）日本外務省記録「広東ニ於ケル反基督教運動ニ関スル件」1924年12月27日付、広東領事より外相あて『支那ニ於ケル利権回収問題一件』所収。
20）'Anti-Christian Movement', Jan, 14, from General Consulate in Shanghai to the American Ambassador, *Records of the Department of State Relating to Internal Affairs of China 1910-1929*, 所収。
21）同上
22）日本外務省記録「支那留学生ノ不平等条約廃除宣伝ノ件」1925年2月6日付、警視総監より内相あて『支那ニ於ケル利権回収問題一件』所収。
23）『中華民国学生連合会総会第七届全国代表大会宣言及議決案』1925年、p. 50
24）惲代英「打倒教会教育」『中国青年』60期、1925年1月3日所収。
25）華東師範大学編『中国現代教育史』1983年、pp. 53-54
26）同上書pp. 54-55
27）平塚益徳『近代支那教育文化史』pp. 292-293、舒新城前掲書pp. 58-59
28）平塚前掲書pp. 293-295、舒新城前掲書pp. 59-61
29）「教育学術団体在南京開会」『東方雑誌』21-14、1924年7月、時事述評所収。
30）余家菊「国家主義下的教育行政」北京満鉄月報『支那に於ける国家主義教育の勃興』所収。
31）余家菊「教育権回収問題」同上所収。
32）顧長声前掲書p. 240
33）Lewis C. Walmsley, *West China Union University*, 1973, pp. 50-51. なお、当時キリスト教中学11校の運営状況を自ら詳細に調査した舒新城は、各校とも学科に必要な設備が極めて不足しており、ことに国文と理科が不十分で、教科書・教授法も時勢に遅れていると決めつけていた。舒新城「教会中学を回収する問題」（阿

第3章　教育権回収運動下のキリスト教学校

部洋訳『中国教育近代化論』1972年、p. 95)

34) 日本外務省記録「反基督教運動ニ関スル報告ノ件」1926年2月5日、中国公使より外相あて書簡他、『支那ニ於ケル利権回収問題一件』所収。以下日本外務省記録は件名のみを揚げる。

35)「反基督教運動及キリスト教学校ノ現況調査ニ関スル件」1926年12月28日、在杭州領事代理より外相あて書簡、『文化施設及び状況調査関係雑件、在外の部』所収。

36)「基督教反対運動ニ関シ報告ノ件」1924年12月26日、在長沙領事より外相あて書簡、『支那ニ於ケル利権回収問題一件』所収。

37) 前掲『収回教育権運動』pp. 82-86

38) Ka-cha Yip, *The Anti-Christian Movement in China 1922-1927*, 1970, p. 214.

39) 陳独秀「回収教育権」『嚮導』74期、1924年7月16日所収。

40) Mary Lamberton, *St. John's University*, 1955, p. 102

41) R. Holden, *Yale-in-China*, 1964, p. 147, pp. 159-160「再誌教会教育之反抗運動」『教育雑誌』17-1、1925年1月、教育界消息所収。

42)「反基督教運動及キリスト教学校現況報告ノ件」1926年11月18日、『文化施設及び状況調査関係雑件　在外の部』所収。

43)「浙庁対於中等学生転学弁法之限制」『教育雑誌』18-8、1926年8月、教育界消息所収。

44) 'Regulations for the Transfer of Secondary School Students', *Educational Review*, 1927, 1. 所収。

45)「対於英日学校退学学生之援助」『教育雑誌』17-9、1925年9月、教育界消息所収。

46) 前掲「反基督教運動及キリスト教学校ノ現況調査ニ関スル件」1926年10月20日、在九江領事より外相あて書簡。

47)「反基督教及満州出兵反対示威運動ニ関シ報告ノ件」1925年12月26日、在蕪湖領事より外相あて書簡。『支那ニ於ケル利権回収問題一件』所収。

48) 前掲「基督教反対運動ニ関シ報告ノ件」1924年12月26日、在長沙領事より外相あて書簡。

第3節　北伐下のキリスト教学校

49）余家菊「教育権回収問題」『北京満鉄月報』特刊8号、1926年、p. 170

50）前掲「反基督教運動及キリスト教学校ノ現況調査ニ関スル件」1926年12月15日、在上海領事より外相あて書簡。

51）J.G. Lutz, 'Sinification and Secularization, the 1930's', *China and the Christian Colleges, 1850-1950*, 1971. 所収を参照。

52）前掲「反基督教運動及キリスト教学校ノ現況調査ニ関スル件」1926年10月9日、在汕頭領事より外相あて書簡。

53）東瀛学校調「汕頭市ノ教育強化状況」『参考資料関係雑件、学校及び学生関係』所収。

54）「浙湘収回教育権運動之急進」『教育雑誌』19-2、1927年2月所収。

55）前掲「反基督教運動及キリスト教学校ノ現況調査ニ関スル件」1926年11月12日、在長沙領事より外相あて書簡。

56）同前。

57）'Christian Schools under the Nationalist Government', *Educational Review*, 1927, 4. 所収。

58）前掲「浙湘収回教育権運動之急進」、他に前掲 'Christian Schools under the Nationalist Government' 所収。

59）前掲「反基督教運動及キリスト教学校ノ現況調査ニ関スル件」1926年10月20日、在九江領事より外相あて書簡。

60）「福州ニ於ケル教育権回収運動ニ関スル件」1927年3月28日、在福州領事より外相あて書簡。

61）前掲「反基督教運動及キリスト教学校ノ現況調査ニ関スル件」1926年10月20日、在広州領事より外相あて書簡。

62）「浙教庁収回外人教育之令文」『中華教育界』17-1、1928年1月、国内教育新聞所収。「蘇浙皖之最近教育行政」『教育雑誌』19-7、1927年7月、教育界消息所収。

63）'A New Movement in Christian Education in Chekiang', *Educational Review*, 1927, 7. 所収。

第3章　教育権回収運動下のキリスト教学校

64)「浙不許教会畢業生投考省校」『中華教育界』17-1、1928年1月、国内教育新聞所収。

65) 'News', *Educational Review*, 1927, 4. 所収。

66) 'News' 他、*Educational Review*, 1927, 4. 所収。

67)「之江大学生組織接収校務委員会」「東呉法科収回運動円満解決」『中華教育界』16-10、国内教育新聞所収。

68)「金陵大学当局総辞職之先声」『教育雑誌』18-8、1926年8月、教育界消息所収。Fenn前掲書p. 115。

69) Mary Lamberton, *St. John's University*, 1955, p. 129

70) Roderick Scott, *Fukien Christian University*, 1955, p. 35. 福州ではまた「福州教会学校教職員学生反文化侵略収回教育権大同盟」が出来たが、1927年3月のデモでは、「打倒教会学校」の文字が多く見られたという。「福州収回教育権運動之示威遊行」『教育雑誌』19-5、1927年5月、教育界消息所収。「湘浙皖三省学生反基督運動之挙行」『教育雑誌』18-2、1926年2月、教育界消息所収。

71) 'The Present Situation of Christian Education in China', *Educational Review*, 1928, 10. p. 380

72) 間もなく中国人教職員のみで再開運営した大学もあった。実質上、教育権を回収したと言えるであろう。

73) 'Editorial Notes', *Educational Review*, 1928, 7. 所収。

第4章　国民政府治下におけるキリスト教学校

第1節　私立学校登録規定の内容

　北伐の過程において出現した地方政府の厳しい規制策と比べて[1]、1929年8月、国民政府教育部により発布された29条に及ぶ「私立学校規程」は、相対的に穏健なものであった。その理由を、中国基督教教育会の幹部は次のように見ている。

　①キリスト教学校自身による改組と移管
　②キリスト教に対する政府の方針の変化
　③国民党と国家主義派の対立の終了
　④共産党の影響の排除
　⑤キリスト教学校関係者の認識の深まり
　⑥学生運動の鎮静化
　⑦大衆運動の禁止[2]

　このように、キリスト教学校自身の努力もあったが、何よりも国民政府は、北伐完成後の国内秩序維持の上から、キリスト教学校に対する穏健な政策を採らざるを得なかったと言えよう。1928年、教育の再建のため、国民政府は学生の政治運動を禁止し、学生の学校行政参加を目指す全国学生連合会の22条の要求を全て拒否したのであった[3]。また、キリスト教の抑圧や、外国資産であるキリスト教学校に対する大衆運動は、外交問題となるため中止しなければならなかったのである。同年、上海学生連合会は聖約翰大学の開校に反対し、教育

第4章　国民政府治下におけるキリスト教学校

権回収を当局に要請したが、拒否されている[4]。このことからも、国民政府のキリスト教学校に対する態度の変化を見ることが出来る。

　こうして、国民政府は教育権回収とは登録認可を得させることであるとして、上記の「私立学校規程」を公布し、キリスト教系諸学校に対する国民政府の規制方針を明瞭に示したのである。この規制方針に従って、教育部に登録し認可を得た大学は、公認の私立大学として、卒業生の資格を認められ、卒業証書を発行することが出来た。

　これまで外国宣教会の経営する大学として、中国政府に登録することなく、いわば自由に教育活動を展開して来たキリスト教大学は、教育権回収運動という中国ナショナリズムからの反発をこうむり、1927年の学生数は大幅に減少する結果となっていた。このため、大学としての存続の道を求めて、政府と妥協する道を選ばざるを得ない所まで追い込まれていたのである。しかも、中国の高等教育制度は次第に充実を見せて来ており、国公立大学と非キリスト教系私立大学が質量ともに拡大しつつある状態であった。かつて人材養成の中核的役割を占めたキリスト教学校の優越的地位は崩れ去ろうとしていたのであり、政府への登録は必須であった。

Ⅰ　1925年以前の状況

　以上に見たような教育権回収運動の展開、そして中国政府による私立学校取締りの強化に対して、キリスト教学校は如何なる対応を見せたであろうか。キリスト教学校の行政当局者は外国人であったから、彼らは教育権回収運動のビラを読むにも翻訳が必要で、対応が遅れがちであったが、激しい教育権回収運動を経て、始めて登録問題に本格的に取り組むようになるのである。これについての考察に先立ち、まず中国政府による私立学校取締り政策の形成過程とその内容を概観しておく必要があろう。

　すでに見たとおり、外国人経営の学校は19世紀以来、特権的地位を占めており、清朝政府は1906年に「外人設学母庸立案」を公布し、外国人経営学校の登

— 106 —

第1節　私立学校登録規定の内容

録は不必要としていた。民国に入り、政府の手で私立大学・専門学校規定が整備されたものの、外国人経営学校はその対象外であった。ようやく政府が外国人学校への規制を政策課題として取り上げ始めるのは、1910年代後半に入ってからである。いま、当時政府によって公布された私立学校に対する規制に関する法令類を列挙すると、次のとおりである。

(1) 訂定専門以上同等学校待遇法

　　1917年5月公布。未登録の学校は審査により、中国の私立学校と同等の待遇を与えるとし、登録を勧めた。

(2) 外国人所設専門以上各学校准照中国公私立専門学校規定報部備案

　　1920年11月通令。外国人経営学校に登録認可を得るように通令した。

(3) 教会所設中等学校請求立案弁法

　　1921年4月公布。キリスト教中学校に登録を申請するよう、その方法を規定した。伝教性質を含むことができないという登録条件があった[5]。

Ⅱ　北京政府の規定

外国人経営学校に対する政府の強力な規制方針が打ち出されるのは、すでに見たとおり、1925年の五・三〇事件を契機とするナショナリズムの高揚と、教育権回収運動の劇的な展開の下においてであった。その経緯を概観すれば、下記のとおりである。1925年11月16日、北京政府は従来の(1)(2)(3)を廃して「外人捐資設立学校請求認可弁法」を公布したが、それは次のような内容を含むものであった。

(1) すべての外国人設立学校は教育部頒布の各種学校法令、規定に準拠して、教育行政官庁にその認可申請を行う。

(2) 学校の名称の上に「私立」の字を冠する。

(3) 学校長は中国人とする。もし外国人が校長の場合は必ず中国人を副校長

第 4 章　国民政府治下におけるキリスト教学校

とし、これを以て認可請求時の代表者とする。
(4) 学校は董事会を設ける場合、必ず中国人が董事の過半数を占めるようにする。
(5) 学校は宗教の宣伝を宗旨としてはならない。
(6) 学校の課程は教育部所定の標準に遵照し、宗教科目を必修科とすることはできない[6]。

　これはわずか 6 条で構成されたものであるが、はじめて登録条件を規定し、その後の登録規定の基調となったものである。その中心は、①校長や董事会を中国人主体とすること、および②宗教的な宗旨と宗教科必修を禁止し、宗教色を強く制限することの二点である。いわばキリスト教学校の「中国化」「世俗化」を条件とするものであった。これらの規定は、これまでの教育権回収運動における主張に比べると、きわめて不徹底かつ微温的ではあったが、前述したとおり、教育権回収運動の一つの成果であり、その体現であった。事実、宣教会本部の管理下にあり、宗教色の強かったキリスト教大学は、この規定の発布後ようやく改革に取り組み、登録への一歩を踏み出すのである。この規定はそれだけリベラルな規定であり、公教育との良好な関係を作るため、キリスト教大学も登録の準備に取りかからざるを得なかったのである。

Ⅲ　広東国民政府の規定

　袁世凱の死後、打ち続く軍閥混戦の中で、国民党を結成し真の共和政府を建設しようとした孫文は北京で客死するが、その死後1925年 7 月に至り、革命政府としての広東国民政府が出現した。ソ連のボロディンを顧問に迎えて共産党との合作を行い、北伐を遂行して中国統一を実現することを目指していた広東国民政府が、北京政府よりも熱心にキリスト教学校に対する規制を強めようと企図したことは言うまでもない。
　1926年10月18日付で公布された「私立学校規程」15条、「私立学校董事会規

第1節　私立学校登録規定の内容

程」14条、「私立学校登録規程」8条は、前に見たような教育権回収運動の国民的規模での発展を受けて、私立学校に対する取締りを本格的に意図したものである。「私立学校規程」は、キリスト教学校の「中国化」について、次のように定めていた[7]。

　私立学校は外国人を以て校長とすることができない。もし特別の事情があれば外国人を聘して顧問とすることができる。（第8条）

これは、外国人校長を認めた北京政府の規定よりは厳しいものであった。また「世俗化」については、

　私立学校は一律に宗教科目を以て必修科とすることが出来ない。又課業中、宗教宣伝を行うことが出来ない。（第10条）
　私立学校は宗教儀式を行う場合、学生の参加を強制することが出来ない。（第11条）

とあり、北京政府の規定にはなかった宗教儀式の強制禁止を加えている。ほかに新しくつけ加えられたものとして、

　私立学校は閉校する場合、校董会より主管教育行政機関に申請して認可を受けなければならない。その財産は政府職員と合同して清理しなければならない。（第6条）

があり、学校財産に関するものである。但しキリスト教大学の校舎などの施設はすべて欧米の所有財産であったが、その財産没収まで意図していたわけではなかったようである。また、

第 4 章　国民政府治下におけるキリスト教学校

私立学校で経営不良あるいは法令に違背するものは政府はこれを解散させることができる。(第13条)

という規定も見られるが、罰則を伴うような具体的な規制はない。キリスト教学校の中国政府に対する登録認可申請が容易に進まなかった一つの理由とも見られよう。事実、広東国民政府は上記規定にもとづく登録の受付期限をはじめ1927年4月としたが、後に8月まで延期している。

Ⅳ　南京国民政府の規定

　上海クーデターの直後、蔣介石は国民政府を広州から南京に移すことを決議し、南京政府が成立した。南京政府の教育行政委員であった蔡元培らは、学術と教育行政の一体化を構想し、1927年10月には、最高学術機関であるとともに、教育行政の最高機関である「大学院」を発足させた。1928年2月6日、「大学院」は広東政府の私立学校に関する3つの規定を廃して「私立学校条例」11条と「私立学校董事会条例」13条とを公布した。これらは広東政府時代の規定を整備したもので、内容的にはほぼ同じである。

　先にあげた「大学院」はわずか1年の試行の後廃される。1928年8月には教育部が復活したが、教育部は教育制度・法制全般にわたる整備に努め、その一環として、1929年8月29日、これまでの3本立ての規定を1本化し、29条に及ぶ「私立学校規程」を公布した。この規定は、第5条において、宗教儀式への勧誘禁止の諸規定を付け加え、宗教に対する制限はいっそう厳しいものとなっている。

　また第19条において、董事会における外国人の許容される割合を従来の2分の1から3分の1に引き下げ、董事長は必ず中国人でなければならないとするなど、「中国化」をさらに徹底して要求するものであった。

　その間、1929年7月に南京政府は「大学組織法」を公布したが、これは高等教育の整備を目的とするもので、「大学」の名称は3学院(各学院は3学科以

第1節　私立学校登録規定の内容

上で構成）以上を有するものにのみこれを許し、それ以下のものに対しては、「独立学院」を称えさせた。このため福建協和、之江、金陵女子の各キリスト教大学は、いずれも「大学」と称することが出来なくなった。その後南京政府は、キリスト教学校規制をますます強め、次のような法令や布告を相次いで打ち出している。

(1) 宗教団体興弁教育事業弁法

1929年4月公布。北京・広東の両政府は、選択科目としての宗教を認めたが、これは選択科目であっても専攻科目である宗教が存在する限り、学校の名称を用いてはならないとするもの。神学科はこれによって学校内にその存在を認められなくなった。

(2) 教育部第697号訓令

1930年7月発令。登録申請期限を1931年第1学期始業前日に定めた。

(3) 教育部布告第5号

1931年7月布告。教育部がすでに登録済みの私立大学の校名を公示し、未登録の学校に入学しようとするものに再考を促した。キリスト教系大学の登録を促進することを企図したものと思われる。

(4) 教育部第1375号訓令

1931年8月発令。登録期限を1932年6月末日に延期した。

(5) 教育部訓令（号数不明）

1930年8月発令。キリスト教学校の図書館に、宗教宣伝の書籍・絵画・写真などを陳列することを禁止した[8]。

第4章　国民政府治下におけるキリスト教学校

第2節　キリスト教学校の登録

I　遅れた対応—1925年以前—

　第3章で述べたような教育権回収運動の高まりを背景としての、私立学校に対する政府の規制強化に直面して、キリスト教学校は如何なる対応を示したであろうか。登録規定は、キリスト教学校の全廃を企図したものではなかったが、学校に対する締め付けとして、着実に奏効して行った。それはまず学生の資格問題として、在校生・同学会からの厳しい突き上げとして現れてくる。未登録大学の卒業生は大学卒業の資格を公認されず、また官吏登用試験や海外留学奨学金に応募することを許されないため、キリスト教大学側としても、その対応をいやおうなく強いられることになるからである。

　もともとキリスト教学校側には、中国ナショナリズムに対する認識に甘さがあった。それは1925年以前の登録規定をめぐるキリスト教大学の動きを見ても明らかである。例えば、1917年に之江大学では登録問題が話し合われ、1918年、ワシントンの大学理事会がこれを討議したが、その結論は「現在の条件で認可されるならば、登録申請をしても良い」と言うことであり、中国政府の登録規定を問題にしていなかった[9]。

　当時、登録に積極的だったのは金陵大学だけであり、同大学には1921年2月、教育部から視察員が派遣されたが、登録申請を受理されたのは農科だけで、林科・文科は施設設備の不完全を理由に却下されている。特に文科については、予科・本科の宗教科必修を選択制にするよう教育部から指示されている[10]。総じて、この時期のキリスト教学校は、登録の意欲は持ってはいても、改組や宗教教育の制限に取り組む熱意は持っていなかったと言うことが出来よう。

第2節　キリスト教学校の登録

Ⅱ　多様な登録規定——1925年から1927年——

　　キリスト教学校側がようやく登録問題に真剣に取り組み始めるのは、1925年の北京政府の規定発布後のことである。1926年2月の「基督教大学連合会」年会では登録の必要性を全員一致で承認しているが、登録を申請するかどうかは、個々の学校に任せられた[11]。しかし、1927年までに北京政府に登録申請したのは燕京大学だけであり、広東国民政府に登録申請したのは嶺南大学だけである。キリスト教学校の登録ははかばかしく進展していなかった。この年はすでに見たとおり、教育権回収運動がキリスト教学校全廃論にまで急進化していた時期であり、登録規定に対するキリスト教学校の対応は、全般に恐れと疑問の混じり合ったものであったからである。ちなみに1927年1月、漢口で行われた国民政府関係者とキリスト教学校関係者との非公式会談のメモは、その間のキリスト教学校側の動揺をよく伝えている。これによれば、当時キリスト教学校関係者は、登録をめぐって次のような危惧と疑問をもっていた。

(1)　最近の例は、学校登録後、教育団体とは思われない外部の学生連合会や労働組合が学校管理に介入してくる危険性を示している。
(2)　学校は、誰に助言と援助を求めたら良いのか。
(3)　当局は即時登録を要求し、その期限は4月といわれているが正しいか。
(4)　現在の規定を公平と思い、それに従う準備をしている人でも、それらの規定がすぐに、キリスト教主義学校として対応できないものに変えられてしまうのではないかという恐れから、ためらっている。
(5)　地方教育当局の最近の行為は、中央政府の規定と矛盾し、いくつかの場合は、キリスト教主義学校にとって由々しき困難をもたらしている。
(6)　次のような財政要件は、キリスト教学校側にとって極めて困難である。
　　①授業料の規制
　　　政府は私立学校の授業料を引き下げようとしているのか。これは、多く

第 4 章　国民政府治下におけるキリスト教学校

の学校の継続を不可能にする。

②学校資産

省政府の規定に見えるような資本金の提供は、多くの学校にとっては不可能である。

(7)「財産の清理」という規定は、学校閉鎖の場合の財産没収を意味するのか。

(8) かなり多くのキリスト教徒が、孫文記念朝礼を宗教儀式であると考えている[12]。もしそうならキリスト教徒にとって、これに参加することは出来ない。

(9) 学校が、ナショナリズムと党化教育を教えるよう強制される恐れがある[13]。

上記メモの第 5 項は、北伐の過程において出現した省政府・市政府の登録規定に、中央政府の規定と内容を異にするものがあり、中央政府の規定を越えてキリスト教学校に完全な「中国化」「世俗化」を要求する厳しい規定が多かったことに起因する。前章 3 節で見たように浙江省の「収回外人所弁教育事業弁法」は「中国化」の要求をより徹底したものであった。之江大学が登録を一時見合わせたのも、この規定に問題を感じたからである。また「世俗化」の要求についても、たとえば福建省の場合のように、

いかなる学校もカリキュラムに宗教科を加えてはならない。また宗教観念をすすめることを禁止する[14]。

と、宗教教育・宗教儀式の全面禁止を要求するものさえあった。湖北省の規定では、更に進んで、宗教教育はもちろん、宗教思想に関するすべてを学校から排除するよう求めている[15]。このほか教育行政機関として、教育庁に代わって新しく成立した教育行政委員会が、キリスト教学校理事会の人事を掌握しよう

第2節　キリスト教学校の登録

とする規定や、学生自治・学生運動を奨励する規定や、中国人教員と西洋人教員の同等待遇を規定するものもあった。

こうしたキリスト教学校に対する地方政府の厳しい規定は、中央政府規定の付加条項として示されていたのであるが、キリスト教学校がこれらの省政府を素通りして、中央政府に直接登録の申請を行うことは許されず、結果的に登録を遅滞させることとなるわけである。全般的に言って、地方政府の規定は、登録規定としての権威に乏しく、登録期限がまちまちであった。そのためキリスト教学校側としては、中央政府が確立し、登録条件を統一するまで時期を待とうとする大学が多かったのである。

Ⅲ　登録の完成―南京政府成立後―

以上のように、教育権回収運動の攻勢の下でキリスト教学校に突付けられた登録条件は、全面的な学校改革を要求するものであった。ところが、今述べたように、それらは部分的に発生した地方政府の要求であり、多様で統一性に欠けるものであった。このため登録申請はいずれ避けられないとして、この準備に着手しつつも、これらの地方政府規定に対応しようとしたキリスト教学校はほとんどなかったのである。しかし、1928年、国民党政権が北伐を完成し、一応中央政府としての体裁を整えて来ると、登録認可問題がキリスト教学校の現実問題となったのである。教育権回収運動が沈静化・穏健化した1928年2月に南京政府「大学院」によって出された登録規定に対しては、各キリスト教学校は次のような好意的な評価をなすに至っている。

(1) 国民政府が中国における教育事業すべてを管理するため何らかの手段をとることは、全く当然である。
(2) 3年間の困難な状況にもかかわらず、国民政府はキリスト教学校が到底受け入れることのできない条件を強制することはないであろう。
(3) 宗教や道徳の教授は他の方法でも十分に与えられるので、学校は、宗教

第4章　国民政府治下におけるキリスト教学校

教育の選択制、宗教儀式参加の任意制を定めた政府規定に合致しなければならない。
(4)　登録規定のいくつかは信教の自由に抵触しているが、登録を完成するよう直接的な強制はない。
(5)　キリスト教色の維持に困難を感じなければ、登録規定に沿うよう準備に着手しなければならない[16]。

とは言うものの、キリスト教学校関係者の、登録への態度は積極的ではなかった。政府との関係を求めず、これまでどおりの学校経営に固執する意見も強かった。表11の①と②は調査の対象が同一ではないが、1928年においても、登録を望む中国人は半分に達せず、1932年においても、登録を望む外国人は半分に達していないことを示している。がしかし、卒業資格、したがって医師資格などが公認されず、上級学校進学資格のないキリスト教学校には、政情安定後、開校に踏み切っても生徒数の回復が見られなかったのである。ここに至って、登録を求めず、政府公認の利益を断念するか、登録を求めて学科課程を変更するかの選択しか残っていなかった。1930年代初期には、大部分の学校が登録認可を得る道を選ぶこととなり、前者を選択した学校は、中国国民の支持を欠き、廃校するしかなかったのである。

その結果、キリスト教大学は表12にみるように聖約翰大学を除いて全部の大学が登録を完了することとなったのである。これは一つには、キリスト教学校の本格的な取締りを開始した国民政府ではあったが、満州事変の勃発により、日本の侵略に対処するため、同政府としては可能な限り欧米諸国との間の摩擦は避けねばならず、その一環としてキリスト教学校との妥協策がとられたことも大きな原因となっていると思われる。

第2節 キリスト教学校の登録

表11 キリスト教学校職員の登録に対する意見

①1928年

	外国人	中国人	平均
登録する	37%	46%	41.5%
期限を延期する	54%	54%	54.0%
反対する	9%	0%	4.5%
閉鎖する	0%	0%	0%
合 計	100%	100%	100%

〈出典〉 'Opinions of Christian Educators,' *Educational Review*, 1928年4月号より作成。

②1932年

	外国人	中国人	平均
登録する	49%	78%	63.5%
期限を延期する	44%	20%	32.0%
反対する	5%	1%	3.0%
閉鎖する	2%	1%	1.5%
合 計	100%	100%	100%

〈出典〉 *Laymen's Foreign Missions Inquiry*, Vol. 5 China Part 2, p. 126

表12 キリスト教大学の登録年月

大学名＼登録先	北京政府	広東国民政府	南京政府
東 呉			1928（法科のみ） 1929.8
滬 江			1929.3
聖 約 翰			1945（重慶政府へ） 1946.11
金 陵	1921.7（農科のみ）		1928.9
華 西 協 合	1927.11（省政府へ）		1932.10
之 江			1931.7
華 南 女 子			1933.6（省政府へ） 1934.6
雅 礼			華中大学と同じ
金 陵 女 子			1930.12
嶺 南		1927.1	1930.7
福 建 協 和			1931.1
斉 魯			1931.12
燕 京	1927.2		1929.6
華 中	1926.10（省政府へ）		1929.9

〈出典〉 『第一次中国教育年鑑』丁編第一p.42、およびUnited Board for Christian Higher Education in Chinaの大学史シリーズより作成。

第4章　国民政府治下におけるキリスト教学校

第3節　中国の私立学校としての再出発

　登録を完了したキリスト教学校は、南京国民政府下の私立学校として中国教育の一翼を担い、公教育の補完的役割を果たすべく期待された。しかしながら、その道は決して平坦なものではなかった。南京政府は、1929年8月、29条に及ぶ「私立学校規程」を公布したが、「中国化」「世俗化」の基調は同一ながら、細部にわたってその徹底を要求するものであった。キリスト教学校には選択の余地はなく、改めて南京政府に対し登録を行うこととなるのである。1927年末には登録学校は全体の7割と言われていたが、1930年にはほぼ全部が登録を完了したものと思われる[17]。しかし登録を終えたキリスト教学校数は、1932年になっても、かつてほどの盛況を回復することはなかった。1927年はキリスト教学校系中学校にとって最悪の年であり、表13によればその数は約100校に減少したが、1932年には196校に増加している。それでもまだ、1924年の339校には至っていない。登録の過程で閉校してしまった学校もまた、多かったからである。

I　宗教教育をめぐる問題

　前述したとおり、1928年2月、南京国民政府大学院が公布した「私立学校条例」は、北伐の過程で各地方政府が実施した私立学校規制策に比べて、より穏健な立場に立ち、各キリスト教学校にとっては、それにもとづく政府への登録手続きを促進するものであった。しかしながら、相対的に穏健な規定であるとは言え、これまで特権的地位を占有し、政府から何らの拘束も受けることなしに、自由な教育活動を展開してきたキリスト教学校が政府に登録し、その規制に対応して行くには、いくつかの点で自らを大きく変革させる必要があった。ことに宗教教育の学校教育全体の中での位置づけの問題、および学校経営における外国人宣教師と中国側関係者との権限問題の二つは、その中心問題であった。

第3節　中国の私立学校としての再出発

表13　中国キリスト教系中学校の校数推移

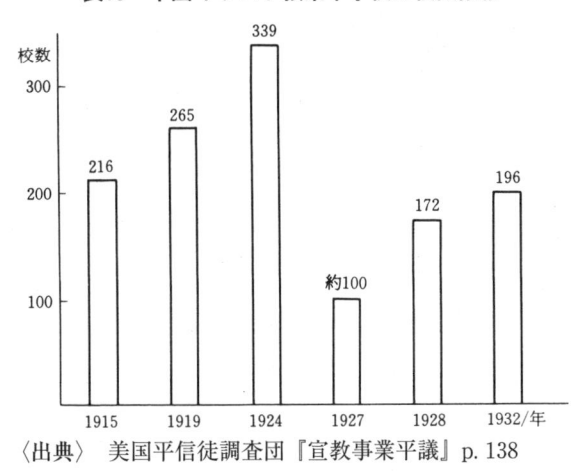

年	1915	1919	1924	1927	1928	1932
校数	216	265	339	約100	172	196

〈出典〉　美国平信徒調査団『宣教事業平議』p. 138

表14　1920年代末におけるキリスト教大学の校長

大学名	西洋人前校長	登録後の地位	中国人校長	着任年月
東　　呉	W.B. Nance	顧　　問	楊　永　清	1927.12
滬　　江	F.J. White	平　教　員	劉　湛　温	1928.1
聖 約 翰	(J.L.H. Pott)	不　　明	(沈　嗣　良)※	不明
金　　陵	A.J. Bowen	平　教　員	陳　裕　光	1927
華西協合	J. Beech	教　務　長	張　凌　高	1927.2
之　　江	E.L. Mattox	副　校　長	朱　経　農	1927.8
華南女子	I.B. Lewis	顧　　問	王　世　静	1928.6
雅　　礼	E.H. Hume	(帰　国)	不　　明	1927.1
金陵女子	M. Thurston	名誉院長	呉　貽　芳	1928.1
嶺　　南	J.M. Henry	顧　　問	鐘　栄　光	1927.1
福建協和	J. Gowdy	(帰　国)	林　景　潤	1927.1
斉　　魯	L.J. Pavis	教　務　長	劉　世　伝	不明
燕　　京	J.L. Stuart	教　務　長	呉　雷　川	1927.2
華　　中	A.A. Gilman	校長代行	韋　卓　民	1929.5

※　聖約翰大学はこの時点では未登録で、沈嗣良は副校長。

〈出典〉　United Board for Chriatian Higher Education in Chinaの大学史シリーズより作成。

— 119 —

第4章　国民政府治下におけるキリスト教学校

まず、宗教教育の問題を見よう。1925年、北京政府が「外人捐資設立学校請求認可弁法」を公布して以来、キリスト教学校が政府への登録を拒否し続けたのは、登録規定の中にある宗教教育に関する条項が、キリスト教学校の宗教教育の自由を奪うことになるのを危惧したからに外ならない。問題の第一は、同弁法第五条に「学校は宗教の宣伝を宗旨としてはならない」との規定があり、これがキリスト教伝道を使命とするキリスト教学校の存在意義そのものを否定しかねない危険性を持つと見なされたことにある。この第5条の規定の解釈をめぐって、キリスト教学校側は教育部総長あてに質問状を提出したが、1926年7月の教育部批188号による回答はあいまいであった。教育目的は教育部設定のものに限るとしか書かれておらず[18]、キリスト教関係の特別な目的を追加することが許されるかどうかは不明であった。

「中華基督教教育会」においても第5条の解釈が問題となり、1925年の年会決議は、明確な方針を確立するまでは登録申請を行わないということであった。1926年には、各学校はそれぞれの決定にもとづいて行動して良いという決議を採択し、登録を妨害しないという前向きの姿勢を示したものの、宗教教育が保証されない場合は登録申請を行わない、というのが各宣教会に共通する態度であった[19]。キリスト教学校の中には、宗教教育に執着し、登録はしても必ずしも政府の規定に服従しない学校も少なくなかったようである。例えば1929年12月、漢口博学中学校生徒は市教育局に請願書を提出して、次のように学校当局を非難している。

1．生徒に礼拝の執行、聖書の朗読、賛美歌の合唱等を強制している。
2．三民主義に背馳し、中国古来の学説を侮辱して、キリスト教の宣伝に努めている。
3．党歌の奏唱を禁止し、総理記念週を軽視し、生徒に他校生との接触・合作を許さない[20]。

第3節　中国の私立学校としての再出発

各省市教育行政機関が、当時しばしばキリスト教学校の規定違反の有無を調べる通令を発しているのも[21]、こうしたキリスト教学校の違反があったからであろう。

　全国統一を一応実現した南京国民政府が、従前に比しより厳しくキリスト教学校に対して登録規定の遵守を要求して来たことも確かである。特に宗教科目に関しては、政府は厳密に選択制を要求し、カリキュラムに選択教科がない初級中学校の場合は宗教教育を全く禁止した。そのため1930年春、いくつかの宣教会がまとまって教育部に対して宗教条項の緩和請願を行っているが、これに対して、教育部は次のような理由を以て、その請願を却下した。

1．我々は教育を一宗教だけ限ることを認めない。
2．もし我々が初級中学以下の未成年者に独自の原理だけを教えこむことを許すとすれば、それによって彼らに先入観を与えてしまい、後年成長した暁に自己の宗教を選択する能力を失わせる。
3．教会学校の第一目的は、教育を広く一般に享受させることにある。
4．宗教というものは抽象的な想像の世界に属することがらであって、教育学理の範疇以外のものである[22]。

　こうしてキリスト教学校内におけるキリスト教教育の地位は低下して行かざるを得なかったのである。宗教書・宗教雑誌・宗教新聞・宗教画の陳列も許されないようになり、選択科目としての宗教学習の際にのみその使用が認められた。学校の教育目的に関する規定についても事情は同じで、例えば上海麦倫両級中学校の場合で見ると、1928年1月、新董事会を結成したときの教育宗旨は次のようであった。

1．教育能率ノ最高標準ニ合致スルノ教育ヲ施ス。
2．新興支那共和国々民トシテ最高ノ理想ト一致セル社会善化ノ為メニ貢献

第4章　国民政府治下におけるキリスト教学校

シ得ル教育ヲ施ス。
3．学校創立者ノ素志タル基督教ノ布教ト合致スル宗教目的ノ為メニ貢献スル教育ヲ施ス[23]。

　ところが、1931年春、教育部に登録したときの教育宗旨には、第3番目のキリスト教関係の項目が欠落しているのである[24]。
　教育目的の「世俗化」は、その後のどの登録規定においても基本的な条件として、キリスト教学校の前に立ちはだかった。キリスト教学校が登録するためには、この問題を克服しなければならなかったのである。そのため、この頃盛んにキリスト教の目的の広い解釈と、キリスト教にもとづく学校の目的の再定義が行われ、教育目的と登録規定との一致が図られて行くのである。その状況を考察すると、1919年当時の調査によれば、149のキリスト教中学校で、教育目的として掲げられていたのは、キリスト教社会の教育と維持、教会指導者の訓練、キリスト教の社会的高揚など、極めて宗教色の濃いものであった。ところが1920年代の後半に入ると、さまざまな人から盛んに、キリスト教学校の教育目的の設定に当たっては、中国の国民教育に留意した目的規定に変更すべきだ、という意見が出されるようになっていた。例えば、次のようなものがある。

1．中国人の国民性を中国独自の方向にそってその国民性を発達させる。
2．社会との関わりの中で、生徒の自然にもつ力を十分かつ効果的に発現させる。
3．キリスト教民主主義の発展[25]。

　また、教育目的として掲示される言葉が問題なのではなく、キリスト教教育の目的は精神的なものであると広く解釈されるようにもなった。つまり、学校にキリスト教的な雰囲気や特色を持たせることが強調されるようになるのである。例えば、次のような教育目的が考えられていた。

第3節　中国の私立学校としての再出発
1．中国社会におけるキリスト教的目標を指向すること。
2．非キリスト教の学校とは違った雰囲気と特色とをもつこと。
3．学校生活にダイナミックで精神的な理想をもたらすこと。

　宗教条項の問題の第2は、第6条の「学校の課程は教育部所定の標準に遵照し、宗教科目を必修科とすることは出来ない」のうち、後半部分の規定にあった。宗教科の必修制が禁止され、選択制だけがかろうじて許されることになったのである。選択制の宗教科は欧米に全く見当たらないものであった。したがって宣教会本部の、宗教教育は学校教育の根本であり、それに関する教科目は必修でなければならないとする固定的な観念からの反対は根強く、「中華基督教教育会」の1926年年会においても、選択制を主張する宣教師は少数派であった。
　しかし、キリスト教学校の中には、選択制の方がより信仰生活を深められるとして、実践に乗り出した学校もあった。安徽省安慶市の聖保羅中学校や、江西省九江市の南偉烈中学校の場合がそれである。両校ともに宗教科を選択するものは多数であったと報告されている。1926年当時中学校で選択制を採用したのは、この2校程度であったが、キリスト教大学では、同じ時期すでに8大学が選択制を実施していたことが報告されており、その点で、この問題に関する中学校レベルでの問題の解決が如何に困難であったかがうかがわれよう。
　しかしながら、登録を迫られた各中学校は、宗教教育の機会を多様に供給することで、この問題の克服をめざした。多数の生徒が宗教科を選択するよう説得するのは勿論のこと、全校集会における宗教演説、歴史や文学の授業における宗教史や宗教観、社会科で取りあげる宗教問題など、さまざまな教育場面で宗教教育が展開されるようになったのである。更には、生徒のレポートの課題としたり、課外活動における教師と生徒の触れ合いの中で、あるいは図書館の宗教図書・雑誌を通じて、キリスト教を浸透させることも出来た。このようにして選択制の問題については、その影響を出来るだけ少なくする努力が続けら

第4章　国民政府治下におけるキリスト教学校

れたのである。

　しかしそれにしても、当時学校のキリスト教的特色の創出と維持のためには、教職員の大部分が信徒であること、および生徒の半分以上が信徒または信徒家庭出身であることが必要であると指摘されていたが、この割合が年々低下して行く傾向にあったことも確かである。この点はキリスト教学校にとって大きな悩みの種であったようである。例えば、「華東基督教教育会」所属の42の中学校の信徒学生の割合は、1924年度において、男子中学校で38％、女子中学校で58％、平均45％であったが、1928年度においては、男子中学校13％、女子中学校30％、平均20％と変化している[26]。

　登録を完了したキリスト教大学の姿を見てみよう。登録完了により、キリスト教大学が失ったものは余りにも多かった。その最大のものは、宗教の大学教育内での位置の低下である。まず、キリスト教大学の教育宗旨について見てみよう。私立学校登録規定は法規に定める教育宗旨以外の独自のものを認めず、各キリスト教大学は大学規約の改訂を行わなければならなかった。キリスト教に関する言葉は一切、大学規約に載せることが出来なかったから、大学規約の改訂をめぐる宣教会本部と中国人教職員との悪戦苦闘が、あちこちの大学で見られたのであった。

　元来キリスト教学校は、それ自身決して全般的な国民教育制度の構築を意図するものでなく、その地におけるキリスト教伝道を使命とするものである。この特殊な教育目的を否定する登録規定は、キリスト教大学そのものの存在理由を根底から否定しかねないものである。したがってキリスト教教育の特色をあくまで守ろうとする宣教会本部としては、登録に消極的態度をとるのは当然であった。これに対しキリスト教大学の中国人教職員は、大学の存続こそがキリスト教を中国で生かす道であると考え、宣教会本部に対して、登録問題に柔軟に対処するよう精力的な説得を試みたのである。その結果、たとえば華南女子大学では「支配的な雰囲気が愛であるところの学校[27]」がキリスト教主義の学校であるとし、福建協和大学では「キリスト教教育そのものでなく、キリスト

第3節　中国の私立学校としての再出発

教の真に意味するところを教える」「大学の性格はmore Chinese、大学の精神はmore Christian[28]」として、宣教会本部との妥協を図っている。こうしてほとんどのキリスト教大学は、登録を経て自らの役割を再定義し、キリスト教の雰囲気の中で性格形成を図るという、広い意味でのキリスト教的な目的を明らかにすることになるのである。

　宗教教育について見てみると、登録前のキリスト教大学においては、言うまでもなくこれは必修であり、単位数が非常に多く、専門教育よりも重視され、飛び抜けて高い比重をもっていた[29]。それが登録により選択制となったが、最初のうちは学生のほとんど全員が宗教科を選択したようである。しかし国民政府の追求は厳しく、各キリスト教大学に対し、「多数の学生が宗教を選択することのないように」という制限をつけており[30]、かくして宗教科は、選択科目の中の一教科としての地位に甘んぜざるを得なくなるのである。

　宗教儀式にしても同様であった。それまで寄宿生活の中で礼拝は毎朝行われ、学生全員が参加してきた。朝夕2回の礼拝を行うところもあったほどで、キリスト教は学生生活において突出した地位を占めていたのである。しかし、登録直後こそ教会の礼拝に出席するものが高い割合を示しているものの、この割合は次第に減少し、増加することはなかったのである。1935年には、多くの大学で信徒学生の割合は3分の1以下となり、大規模な大学では、学生全体に占めるこの割合が4分の1になる傾向があったという。当時「中華基督教教育会」は、こうした信徒学生の減少傾向に危機感を抱いていたようで、各大学に対し、教職員の4分の3、学生の2分の1が信徒でなければキリスト教の雰囲気の維持が困難になる旨、警告を発するほどであった[31]。ともあれ、このようにしてキリスト教大学の「世俗化」は完成されて行くのである。

Ⅱ　「中国化」をめぐる問題

　次に、キリスト教学校の「中国化」をめぐる問題を検討してみよう。「中国化」についての情勢の厳しさも同じであった。この問題は、まず第1に、北京

第4章　国民政府治下におけるキリスト教学校

政府規定の第3条に「学校長は中国人とする」とある中国人校長の問題であった。これは形式上の問題であり、比較的スムーズにその実現を見ることが出来た。当のキリスト教学校と何がしかの関係があれば、教師経験がなく、また教育専門家でなくとも校長にする例が多かったからである。

　第2の問題は、北京政府の規定第4条に「学校に董事会を設ける場合、必ず中国人が董事の過半数を占めるようにする」とあるような、学校経営の根幹に触れる問題であった。広東国民政府の規定では、必ず董事会を設けることになっており、それまで宣教会や宣教師が独占的に学校を管理していた学校は、全面的な改革を迫られた。

　これに対して宣教会側では、宣教会とは名称を異にする別個の教育団体をつくり、この教育団体が自派のいくつかのキリスト教学校の董事会を兼ねるという形をとった。例えば華東バプティスト会の教育団体は、

宣教会から（西洋人）	4名
教会会議から（中国人）	4名
同窓会などから（中国人）	3名[32]

で構成されることになり、宣教会と中国の教会との共同経営という形式をとっている。こうしたキリスト教学校の宣教会単独経営から中国側との共同経営への変更の例は非常に多く、中国側の単独経営への移管という形はごく少数であった。中国側にとってみれば、キリスト教学校の経常費の3分の1から3分の2を外国からの基金に仰いでいる学校財政の現状から見て、中国側のみによる学校経営は到底実現不可能と考えられたからである。

　一方、宣教会側にしても、四川・浙江・福建省におけるような教会財産の放棄は、これ以上行うべきではないというのが共通した考え方であった[33]。結局宣教会本部では、中国人による学校管理の下でも、キリスト教の特徴を保てるならば、という条件で共同経営と資金援助を容認し、登録手続きの開始を承認

— 126 —

第3節　中国の私立学校としての再出発

せざるを得なかった。本国からの拠金による校地校産については、その総額は莫大で中国側に買い取る余裕は無く、例えば広東省の場合のように、宣教会側は1年に1ドルという安い料金で中国側に貸与し[34]、大幅に譲歩を強いられたのであった。そして宣教会は、学校経営の参加にあたっては、経営団体としての董事会の名称から宣教会名を削除するなど、一歩背後に退く形をとったのである。

当初から懸念されていた人事の面での中国化は、宣教師の予想を越えて急速に進行したが、それは結果からみれば、北伐の時期における西洋人の不在がもたらしたものでもあった。すなわち、政治的激動の嵐の中で学校を継続出来たところでは、中国人が学校行政を担当し、学校存続のために努力した実績が認められることになるからである。こうした経緯の中で、ミッションの学校（mission school）は、より広義のキリスト教主義の学校（Christian school）へと移行・発展して行くのである。その後、学校の政府への登録の過程で、こうしたミッションスクールのキリスト教学校への移行は、多数の中国人教職員の熱望や宣教師の理解に支えられて進行することになる。多くの中学校で「中国の精神」「中国の教材」「中国人による維持管理」「中国人民への奉仕」などを合言葉に改革が行われたという。

このようにして中国の私立学校としての面目を一新した各キリスト教学校は、1920年代末までに政府への登録をほぼ完成し、30年代における活動再開のための体制を整えて行くこととなるのである。勿論、キリスト教主義学校が真の意味で「中国化」するには多くの困難があった。ことに財政面での宣教会依存の体質を脱却することは容易なことではなかった。ちなみに、1937年の段階においてさえ、次のように報告されている。

> 250校のキリスト教主義中学校の中、63校はミッションから援助を受けないようになった。また65校は一人も外国人宣教師が関係していない[35]。

第4章　国民政府治下におけるキリスト教学校

　また、特に党義教育の導入はキリスト教学校関係者に大きな抵抗を呼び起した。週2時間の党義教育がカリキュラム中に付け加えられ、それに用いる教科書には教育部の承認が必要であった。党義教師には資格が必要で、有資格者のいない学校では、国民党員のリストの中から党義教師を選び、これをパートタイムで雇用したが、彼らは学校行政に介入し、摩擦を起こすこともしばしばあったという[36]。このほか政府によって義務づけられた総理記念週間の開催は、キリスト教学校においても例外ではなかったが、これを新しい宗教儀式ではないか、とする信徒教師たちの反発も少なくなかった。こうしたキリスト教学校と国民政府とのギクシャクした関係が微妙に変化し始めるのは、1931年の満州事変以後のことである。国民政府の英米依存度が高まるにつれて、国民政府のキリスト教学校規制策の緩和がその度合を増し、キリスト教学校の勢力回復が見られるようになるからである。

　では、キリスト教大学の「中国化」はどのように進められたであろうか。表14に示すとおり、キリスト教大学における中国人校長は、登録に先立ってかなり早く実現している。中国人校長には同じ大学の卒業生を充てる場合が多く、中にはキリスト教徒と言うだけで、大学教育の経歴がなくても校長となった人もいる。このように形式的な「中国化」はスムーズに進み、董事会の中国化も完成された。従来の本国にあった大学董事会は改組され、大学内に中国人主体の校董事会が組織されており、これが大学行政に関する最高機関となったのである。

　しかし、これはキリスト教大学の完全な「中国化」が実現したことを意味するものではなかった。表14に示すとおり、西洋人前校長は顧問あるいは副校長や教務長の肩書で、依然として大学運営の実権を掌握している例が多かったからである。たとえば燕京大学の場合、chancellor（校長）という職を創出し、呉雷川がその任に当たったが、前校長のスチュアート（John Leighton Stuart）が相変わらずpresident（教務長）であり、実権をあくまで維持していたのである[37]。

第3節　中国の私立学校としての再出発

　このように登録完了後も西洋人の発言権がきわめて大きかったのは、キリスト教大学の財政問題が関係していたからである。設立者団体として校董会に参加を認められた宣教会本部の代表者は、大学資産の所有とその運営とに関して絶大な権限を有していたのであり、大学財政の中国化は、表15にみるように、非常に困難な問題であったからである。

　しかしながら、登録によってキリスト教大学が得たものもまた、大きかったと言わねばならない。というのは、キリスト教大学は中国の私立大学として中国教育制度の中に自らを明確に位置づけることが出来たからである。事実、キリスト教大学は登録により中国教育の管轄下に入ることで、かつての特権的地位は失ったが、以後表16にあるように学生数を回復増加させ、1930年代に入って再びその地位を確固たるものにすることとなるのである。換言すれば、登録によってキリスト教大学は、補完的ではあるが正式に中国高等教育の一翼を担う地位を獲得するに至るわけである。

　この間、国民政府とキリスト教大学との関係はきわめて円満であり、表15のとおり、国民政府からの補助金が各大学に与えられている。中国人実業家からの資金援助も実現し、中国産業界との教育・研究契約も政府から承認された。総じて、学生数に比し、キリスト教大学が他の国公私立大学と比べて施設・財政等に恵まれていた様子は表17から知ることが出来よう。キリスト教大学の卒業生は増え続け、個々の大学は専門分野での高い実績を誇り、それぞれ評価を得て、特徴ある地位を占めたのである。キリスト教大学のあり方が根底から問い直され、その存在が完全に否定されるのは、解放直後の1950年代はじめにおける中華人民共和国政府による高等教育機関の改編、いわゆる「院系調整」の過程においてであった。

第4章 国民政府治下におけるキリスト教学校

表15　1930年代前半におけるキリスト教大学の財政

大学名	総経費	授業料収入の割合	国民政府よりの補助金
東　　　呉	167,000 元	23%	10,000 元
滬　　　江	190,000 〃	24%	20,000 〃
聖　約　翰	708,000 〃	15%	0 〃
金　　　陵	320,000 〃	17%	30,000 〃
華 西 協 合	261,000 〃	14%	20,000 〃
之　　　江	113,000 〃	不明	8,000 〃
華 南 女 子	66,000 〃	2%	8,000 〃
雅　　　礼	（華中大学と合併）		
金 陵 女 子	103,000 〃	不明	12,000 〃
嶺　　　南	620,000 〃	29%	不　　明
福 建 協 和	122,000 〃	7%	12,000 〃
斉　　　魯	460,000 〃	6%	30,000 〃
燕　　　京	926,000 〃	13%	60,000 〃
華　　　中	170,000 〃	4%	15,000 〃

（注）授業料収入の割合は1932年度、他は1935年度。
〈出典〉東亜研究所『諸外国の対支投資』下巻第3編より作成。

表16　1930年代の中国高等教育概況

キリスト教大学	在校生 計	男	女	国立・省立大学		
燕 京 大 学	549	391	158	計	男	女
滬 江 大 学	545	377	168	17,631 (47.6%)	15,592	2,039
金 陵 大 学	537	505	32			
東 呉 大 学	401	358	43			
斉 魯 大 学	325	254	71	その他の私立大学		
嶺 南 大 学	284	214	70	計	男	女
之 江 文 理 学 院	221	197	24	16,114 (43.5%)	14,598	1,516
金陵女子文理学院	192	—	192			
福 建 協 和 学 院	174	173	1			
華 中 大 学	74	58	16	合　計	男	女
計	3,302 (8.9%)	2,527	775	37,047 (100%)	32,717	4,330

（注）キリスト教大学のうち、華西協合・華南女子・聖約翰の各大学は未登録のため表に含まれていない。
〈出典〉『第一次中国教育年鑑』丁編第一「全国二十年度各大学之概況表」より作成。

第3節　中国の私立学校としての再出発

表17　キリスト教大学と中国高等教育機関―1931年―

	中国高等教育機関 実数	%	キリスト教大学 実数	%
学　校　数	73	100	10	13.7
在校生数 男	34,751	100	2,527	7.3
女	4,651	100	775	16.7
(人)　　計	39,402	100	3,302	8.4
教　員　数（人）	6,183	100	783	12.7
卒業生数（人）	6,392	100	612	9.6
歳　入（元）	31,897,848	100	4,407,267	13.8
歳　出（元）	31,682,507	100	4,474,536	14.1
設備価値（元）	6,171,956	100	1,010,538	16.4
図書冊数（冊）	3,325,729	100	866,779	26.1

（注）　1）中国高等教育機関は大学と独立学院よりなり、専科学校は含まれていない。
　　　　2）キリスト教大学はプロテスタント系13大学のうち、聖約翰、華西、華南女子大学は、未登録のため含まれていない。
〈出典〉『第一次中国教育年鑑』丁編p.34、p.37

第4章　国民政府治下におけるキリスト教学校

第4節　日中戦争下のキリスト教学校

　このようにして、1928年から1933年にかけて、登録による宗教教育の制限を嫌った聖約翰大学を唯一の例外として、各学校は国民政府への登録に踏み切ることとなる。登録の申請にあたっては、宣教会の持つ学校経営権の中国人への移管が前提とされた結果、以後これらの学校は外国のミッションスクールと言うよりも、むしろ中国のキリスト教学校（Christian School）と呼ぶ方がふさわしくなるのである。

　実際、外国人の地位とその権限とに関して「私立学校規程」第4条は、外国人校長の存在を認めず、第19条は大学理事会の絶対過半数を中国人にするよう求めている。このため、例えば金陵大学の場合、これまで校長職にあった外国人は、ようやく平教員として大学に留まる外なくなるのである。

　また、宗教教育に関しても国民政府はキリスト教学校に対して厳しい態度をとった。それは、国民統合の新しい教育の原理を三民主義に求めた国民政府が、キリスト教教育をこれに違背するものとして排除しようとしたからである。学校の教育目的にキリスト教を掲げることは禁ぜられ、聖書講義や礼拝への出席を強制・勧誘することも禁止された。このため、宗教科は自由選択科目となり、礼拝は学生の任意参加となった。

　いわば「中国化」と「世俗化」とが、1930年代のキリスト教学校改革の特徴であった。こうして中国の伝統を重視し、中国の近代化に取り組み始めたキリスト教学校は、徐々に学生数を回復し、中国の私立学校として、中国近代教育の一端を担うようになったのである。1935年12月、日本の華北分離化工作に反対して、北京大学の学生などと共に激しい学生運動を展開した燕京大学[38]、また郷村教育運動を推進した滬江大学などに[39]、「中国化」「世俗化」したキリスト教学校の姿を見ることが出来よう。

　しかし、キリスト教学校が完全にアメリカの影響から脱したわけではなかっ

第4節　日中戦争下のキリスト教学校

たのは言うまでもない。依然としてアメリカとの関係は密接であり、満州事変以後、国民政府の対キリスト教学校規制策が緩和されて行く中で、むしろその関係は一層強化されたと言えよう。というのは、キリスト教学校の経済基盤はいっこうに「中国化」されず、アメリカ依存のままであったからである。1930年当時ですらキリスト教学校の予算の3分の2が欧米からの援助であったと言われる。アメリカでの効率的な資金獲得を目的に、1932年キリスト教学校がニューヨーク市に組織した「中国キリスト教大学校董連合会」（Associated Boards for Christian Colleges in China）の活動は、これらキリスト教学校のアメリカ依存を一層強めた[40]。

そもそも、これらの大学の理事会はアメリカ等にあったのであり、資金の獲得と援助の調整のため、各理事会の参加する在米事務所が創設されたのは1922年のことである。その後、キリスト教大学の資金需要の増大につれて、その調整がますます切実なものとなって来ていた。1931年、アジア各国の宣教活動を調査した「平信徒調査団」（Laymen's Foreign Missions Inquiry）は、中国キリスト教教育の統合を強く勧告し、このため、個別大学理事会の連合体という形で、前述の「中国基督教大学校董連合会」が誕生したのである。

やがて、より統合した組織としての「中国基督教大学連合托事部」（United Board for Christian Colleges in China）が戦後結成され、滬江・嶺南両大学を除く11大学が一大理事会を結成した時は、もうすでに1950年になっていた。同年、米中関係の途絶により活動を停止せざるを得なかったが、それまでアメリカでの募金をせっせと中国に送金していたのであった。

以上のような経緯の中で、中国の私立大学として再出発したキリスト教学校は、安定した発展を示すようになったが、1937年以降の日中全面戦争の中で、再び混沌の時代を迎えねばならなかった。当時、国立大学の大部分は奥地の非占領地区へ避難していた。奥地移転は、中国の生存を維持する方法であったが、同時にそれは日本に対する抵抗のシンボルでもあった。しかし、交通手段の不足する中での備品・人員の運搬は多大の困難を伴うため、キリスト教学校

第4章　国民政府治下におけるキリスト教学校

で開戦後まもなく移転したのは、金陵大学と福建協和大学だけであった[41]。むしろ多くのキリスト教学校は、可能な限り現在の地に踏みとどまり、意識的に欧米との結びつきを強調する形で、直面する難局を切り抜けようと努めた。

これらの学校は常に星条旗を掲揚し、治外法権を誇示したためか、いずれも1941年まで教育活動を継続することが出来た。例えば北平にとどまった燕京大学の場合、再びスチュアートを校長に迎え、日本軍の支配下にあって学生数を大幅に増加させたのである[42]。もちろん中には、嶺南大学のように香港に移転したり、聖約翰・滬江・東呉・之江大学のように上海国際租界に避難する道を選んだものもあった。

こうした奥地移転を拒否した大学では、日本軍を刺激しないよう学生の救国運動を厳禁するなどして、中立を保つように苦慮した。しかし、1941年12月の日米開戦以後は、キリスト教学校はもはや中立とは言えず、他の中国の大学のように、生き残ることに希望を託して奥地移転を開始したのであった。移転しなかったのは華西協合大学と聖約翰大学であるが、そもそも華西協合大学は成都にあって避難先の大学であった。また、聖約翰大学は登録していなかったため、かえって上海での活動が可能であったからである。

絶望的な状況になってからの奥地移転であったが、キリスト教学校の学生や教職員の志気は、極めて高かったという。しかし学生数は3分の1に減少し[43]、施設の貧弱さ、キャンパスの狭さに耐えなければならなかった。このような状態の中で、ひたすら平和を待ち望みながら、キリスト教学校は活動を継続していたのである。

日本の敗戦とともに、奥地にあったキリスト教学校は元の所在地への早急な復帰を願ったが、それが実現されたのはようやく1946年になってからであった[44]。臨海地区への帰還は政府関係者や軍人が最優先されたためである。こうしてやっと帰り着いたものの、構内は荒れ果てており、莫大な修理費を必要としていた。しかも戦後の猛烈なインフレに直撃され、移転前のような大学経営は望むべくもなかった。

第4節　日中戦争下のキリスト教学校

ここに至って、キリスト教学校の再編成が課題となった[45]。かつて上海の国際租界に避難した4大学を「華東基督教大学」という名称の下に統合したり、華南女子大学と福建協和大学、燕京大学と斉魯大学、金陵大学と金陵女子大学のそれぞれが合併を進め、効率的な大学経営を行おうとする案もあった。しかしいずれの場合も、各大学の思惑がからんで計画は中途で挫折せざるを得なかった。

また当時、国民党・共産党間の対立状況は厳しいものがあり、すでに内戦状態が始まっていた。そうした中でキリスト教学校の教職員・学生も漸次、革命的傾向をもつに至り、正常の教育活動は阻害されがちであったという。

注

1）浙江省、漢口市、江西省、福建省、湖北省の規定があった。
2）H.C. Chao, 'The Present Situation of Christian Education in China', *Educational Review*, Oct. 1928, 所収。
3）同上
4）'Government Education', *Educational Review*, Oct. 1928, 所収。
5）教育法規については、多賀秋五郎『近代中国教育史資料』民国編上・中に依拠した。
6）阿部洋編『日中関係と文化摩擦』1982年、p. 72
7）日本外務省記録「外国人経営学校管理規則発布ニ関スル件」1927年2月10日、『文化施設及び状況調査関係雑件、在外の部』所収、参照。
8）「反宗教教育運動勢力之増長」『教育雑誌』22-8．1930年8月、教育界消息所収。
9）Clarence B. Day, *Hangchow University*, 1955, pp. 62-63
10）多賀前掲書 民国編（中）p. 378、p. 222
11）「基督教大学連合会対於註冊問題之討論」『教育雑誌』18-4．1926年4月、教育界消息所収。
12）孫文の遺影の前で、孫文の遺稿の朗読を聞き黙祷するもの。週1回月曜日に行

第 4 章　国民政府治下におけるキリスト教学校

われ、登録した学校はこのカリキュラムを実行しなければならなかった。

13) 'Christian Schools under the Nationalist Government', *Educational Review*, 1927年1月、p. 150

14) 'News,' *Educational Review*, 1927年1月、p. 201

15) 同上p. 200

16) 'Christian Education,' *Educational Review*, 1929年1月、p. 20

17) L.H. Crabtree, *Christian Colleges and the Chinese Revolution*, 1969, pp. 255-256

18) 'Editorial Notes', *Educational Review*, 1926, 10. 所収。

19) 'Editorial Notes', *Educational Review*, 1926, 7. 所収。

20) 日本外務省記録「漢口博学中学校排基督教的学潮ニ関スル件」1929年12月27日、在漢口総領事より外相あて書簡、『文化施設及び状況調査関係雑件、在外の部』所収。

21) 熊正徳「帝国主義最近的文化侵略」『中華教育界』18-11、1930年11月所収。

22) 「反宗教教育運動勢力之増長」『教育雑誌』22-8、1930年8月、教育界消息所収。

23) 外務省文化事業部『欧米人ノ支那ニ於ケル主ナル文化事業』1929年、p. 35

24) 外務省文化事業部『満州及支那ニ於ケル欧米人ノ文化事業』1938年、p. 386

25) C. S. Miao and F. W. Price, *Religion and Character in Christian Middle Schools*, 1929, pp. 53-60. 以下、宗教教育の改革については同書に依拠した。

26) East China Christian Educational Association, *Middle School, Standards* 1929, p. 94

27) Ethel Wallace, *Hwa Nan College*, 1956, p. 39

28) Roderick Scott, *Fukien Christian University*, 1954, p. 40, p. 45

29) 金陵大学の例では、宗教の時間は1日1時間ずつ毎日設けられ、卒業までに20単位を必要としていた。満鉄総務部編『支那ニ於ケル外国人経営ノ教育施設』1915年、pp. 202-203

30) Mrs. Thurston & Ruth M. Chester, *Ginling College*, 1955, p. 66

31) Luts前掲書pp. 279-280

第4節　日中戦争下のキリスト教学校

32) 'News', *Educational Review*, 1927, 10. 所収。
33) 前掲「反基督教運動及キリスト教学校ノ現況調査ニ関スル件」1926年12月15日、在上海総領事より外相あて書簡。
34) 'Anti-foreign Education in South China', May 11, 1932, from American Consulate General in Canton to American Minister in Peiping, *Records of the Department of State Relating to Internal Affairs of China*, 1930-1949, 所収。
35) 山本澄子『中国キリスト教史研究』1972年、p. 129
36) C.S. Miao and F.W. Price, 'Religion and Character in Christian Middle Schools,' *Educational Review*, Oct. 1929, 所収。
37) P. West, *Yenching University and Sino-Western Relations 1916-1952*, 1976, 第4章参照。
38) Lutz前掲書pp. 333-340。
39) Shuming Liu, 'Education for Citizenship and for the Service of the Common People', *Chinese Recorder*, Jan. 1937, 所収。
40) Willilam Fenn, *Ever New Horizon*, 1980, にその歴史と経緯が示されている。
41) Lutz前掲書p. 371
42) 日本外務省記録「燕京大学校長スチュアートノ香港大公報記者ニ対スル談話要領」1939年5月2日付
43) Lutz前掲書p. 370
44) William Fenn, *Christian Higher Education in Changing China, 1880-1950*, 1950, 1976, p. 214
45) 前掲*St. John's University*, p. 23

第4章　国民政府治下におけるキリスト教学校

斉魯大学医学部の教授と学生―1911年―
(C. Corbett, *Shantung Christian University*, 1955)

第4節　日中戦争下のキリスト教学校

斉魯大学医学部の病院（同上書）

第4章　国民政府治下におけるキリスト教学校

斉魯大学の正門
(同上書)

第5章　キリスト教学校の消滅

第1節　人民共和国の成立と教育政策

　戦後再建を完了しないうちに共産党の勝利という新しい状況が展開した。キリスト教学校は、中国社会主義革命の成功によって、内的・外的な新しい影響を受けることとなったのである。各地における人民解放軍の勝利の後、キリスト教大学に顕著な変化が現れた。まず、学生の大学運営に対する発言権が増大した。聖約翰大学では「学生自治準備委員会」が結成され[1]、学生の手による大学管理が目指された。他のキリスト教大学でも、学生が代表権を認められて評議会に出席したりした[2]。

　また、共産党支部・労働組合・新民主主義青年団といった新組織が結成され、次第に大学行政に介入して来た。更に、カリキュラムの変化があった。中国の知識人の大多数は、その出身の上で土地とつながりをもっているため、理論学習と自己批判、土地改革への実際的参加が、教育部により促進されたからである。キリスト教大学においても、唯物弁証法にもとづく社会発展史の学習が必修となった[3]。学生のみならず、教授達も参加し、農村に出かけ土地改革運動に参加した。

　しかし、人民政府はキリスト教学校に対する方針を決定したわけではなかった。1949年10月、中国人民政治協商会議第1回全体会議は「共同綱領」を採択した。その41条によれば「封建的、買弁的、ファッショ的思想を一掃し、人民のために服務する思想を発展させることを主要な任務としなければならない」と、新しい教育の推進を決定していたが、計画の細部は未決定であった。このため、キリスト教大学は社会発展史を除けば、自由で柔軟性のあるカリキュラ

第5章 キリスト教学校の消滅

ムを展開することが出来た。また教授陣はほとんど変化しなかったし、表18にあるように、学生のコース選択にも大きな変化が見られなかったのである。

したがって、キリスト教学校とすれば、人民への奉仕を通じて新民主主義の建設に貢献することは可能ではないかと考え、新体制の下での教育活動について楽観視していた。しかし一方、キリスト教大学内部には、西洋からの資金、西洋人の参加に多くを依存する大学の存続に疑問を呈する人もいた。当時の駐華大使であった燕京大学校長スチュアートは、次のように冷静な観察を本国に書き送っている。

社会・政治・経済・文化・宗教の改革が先ず起こるであろう。そのスピードは、国内外の複雑な要素による。急にアクセルが踏まれる場合もあるかも知れないが、数年間は抑圧を見ることはないであろう。共産党の命令で閉鎖されることがあるかも知れないが、早い時期にあるとは考えられない[4]。

第2節 社会主義体制下のキリスト教学校

前節で述べたようなキリスト教学校に対する穏健な政策は、共産党政権が資金や人材に十分でない間の便宜的な処置に過ぎなかった。キリスト教大学は表19のように戦後も多くの中国人学生を集めていたが、中国高等教育機関は、学生・教師数、設備機器など不均衡な実態を呈するに至っており、新国家建設の要求に応ずるため、その整備と改革が必須となって来たからである。特に高等教育では外国模倣が顕著であり、徹底した改革が必要であるとされた。したがって、キリスト教大学を特徴づけている西洋人の優越的地位、宗教色の強さ、リベラルアーツの強調といったものの規制は、避けられなかった。

教育部は1950年5月、第1次全国高等教育会議において、私立大学に対する「積極維持」「逐歩改造」「重点補助」を決定した後[5]、同年8月、「私立高等学校管理暫行弁法」を公布した。主な内容は次のようであった。

— 142 —

第2節　社会主義体制下のキリスト教学校

第4条　私立高等教育機関の行政権・財政権・財産所有権は、すべて中国人によって掌握されねばならない。

第8条　私立高等教育機関は、宗教課目を必修科とすること、或は学生に宗教儀式や宗教活動への参加を強制することは出来ない。

第9条　私立高等教育機関の資金、資産、校地、校舎、房屋と一切の設備の所有権がまだ学校に移管していないものは、移管手続きを取らねばならない。

第10条　私立高等教育機関の財産は、学校経費以外に使用できない[6]。

これはまさに、1920年代の教育権回収運動のねらいであったキリスト教学校の「中国化」「世俗化」を完全に実現しようとしたものと言えよう。これによれば、大学運営に対する外国人の権限は全く否定されている。また、たとえ中国の教会であっても、学校の所有を認めず、学校財産を宗教目的に使うことも禁止している。このように、政府の徹底した「中国化」と「世俗化」の方針によって、キリスト教学校における西洋人の地位は完全に失われ、宗教色は払拭されて行ったのである。

次に、国家建設要員の養成という高等教育の任務と目的に沿って、カリキュラムの改革が始まり、キリスト教大学は細部にわたって教育部の監督を受けることとなった。全国高等教育会議は、農・林・工業各分野における専門人材の養成と、農・工業出身者への大学の門戸開放を取り決めていたから、リベラルアーツに依る教育は、中国にとっては贅沢品と見なされるようになった。

キリスト教大学では、以上の状況を反映し、人文・社会科学系の学生は減少する一方であった。之江大学では、1950年度、半数以上の学生が工学を専攻し、文学専攻生は全体の8分の1以下であったという。更に、1930年代以来国民党により奨励されたものの、学生の反対で実現できなかった短期実技コースが導入され、金陵女子大学に看護コース、東呉大学に薬学コースが新設された。このように職業技術教育がリベラルアーツをしのいだキリスト教大学は、

第5章　キリスト教学校の消滅

全くこれまでのイメージを破るものであった。

しかも、それらの科目の教科書・教育技術・科学理論のモデルはソ連であり、ロシア語ははいち早く学内で人気を集めた。こうしてキリスト教大学は、アメリカ型教育からソ連型教育へと大きな転換を強いられることになる。

表18　燕京大学の学科別選択者の割合

学　　科	1950年度	1936年度
新　聞　学	8.8%	8.0%
経　済　学	11.5%	12.3%
中　国　語　学	2.4%	3.3%
西　洋　言　語　学	10.3%	6.1%
歴　史　学	2.3%	5.8%
社　会　学	2.9%	9.8%
宗　教　学	2.4%	2.5%
工　　学	20.0%	
そ　の　他		

〈出典〉　P. West, *Yenching University and Sino-Western Relations, 1916–1952*, 1976, p. 207

第2節 社会主義体制下のキリスト教学校

表19 キリスト教大学の学生数の変化

大学＼西暦	1899-1900	1910-11	1919-20	1929-30	1936-37	1944-45	1948-49
燕　　京	(26)	(176)	161	743	807	408	800
斉　　魯	(61)	(400)	232	336	567	400	約350
金　　陵			29	88	508	908	1,272	1,145
金陵女子			70	166	259	336	480
東　　呉		27	163	708	667	750	約1,500
聖 約 翰	16	119	256	279	578	2,100	1,479
滬　　江		14	120	449	629	1,182	1,349
之　　江	24	30	61	111	537	384	約950
福建協和			111	142	169	591	574
華南女子			14	約100	96	120	約300
嶺　　南		24	81	315	500	500	1,202
華　　中		44	71	28	209	215	572
華西協合		10	97	約170	440	1,300	約1,750
合　　計	127	873	1,525	約4,055	6,424	9,558	約12,451

(注)　1)（ ）は、前身の諸学校学生数の合計。
　　　2) 合計の数値が合わない個所があるが、原文のままとした（編者）。

〈出典〉　W.P. Fenn, *Christian Higher Education in Changing China, 1880-1950*, 1976, p. 239

第5章　キリスト教学校の消滅

第3節　キリスト教学校の終焉

　これまで見てきたように、社会主義革命後のキリスト教学校は、次第にその力を削減され、消えて行った。最初は人民解放軍の勝利の段階、次に中央人民政府による高等教育の整備の段階を追って消えて行った。中央政府が関わって来るにつれ、キリスト教学校に対する取締りは、厳格で官僚的になって行ったが、教育活動継続の可能性はまだ残っていた。ところが、朝鮮戦争は西洋との関係断絶、国立大学化の急激な変化をもたらし、キリスト教大学はその名も組織も全く失うこととなるのである。

　1950年6月、朝鮮戦争が勃発し、10月には米中両国軍が衝突した。この時、反米感情は一気に中国全土に噴出し、翌11月にはすでに抗米援朝運動が開始され、全国的規模の運動が展開された。工場、学校などには抗米援朝運動の支部が結成され、キリスト教学校においても例外ではなかった。かつての教育権回収運動のように、キリスト教学校生は大デモ隊を街頭に繰り出し、アメリカ帝国主義反対を叫んだ。構内では、時事学習や集会が毎日のように続けられ、1920年代と同じく文化侵略という非難がアメリカ人に向けられたのである。

　このように、抗米援朝運動は教育権回収運動と同じく反帝国主義運動であり、ナショナリズムの運動であった。キリスト教学校はかつてのように絶好の攻撃目標となる可能性があった。しかも、教育権回収運動は単なる運動に過ぎなかったが、今度の運動は権力を伴う政治組織からの攻撃であった。その上、キリスト教学校はブルジョアジーの聖域であり、反革命の拠点であるとの告発も相次いだ。朝鮮戦争前までは、キリスト教学校の継続を信じ、楽観視していた人々は、抗米援朝運動の拡大の中で、その見方を変えなければならなかった。

　アメリカからの送金を受け取ることは、中国の世論を考慮して好ましくないと判断したキリスト教学校は、中国内のアメリカ資産の名義を中国人に変更す

第3節　キリスト教学校の終焉

ること、西洋との関係を途絶することの2点をニューヨークへ打電した。その時すでに、同年12月、アメリカ財務省は在米中国資産を凍結し、中国への送金を違法とする処置をとっていた。2週間後には、中国も同様の処置をとった。ここで遂に19世紀後半以来、中国領土を舞台に長期にわたったアメリカとの関係は、その幕を下ろすことになったのである。キリスト教大学は1951年春学期から、外国資金の援助無しに大学を経営しなければならなかった。その間、「米国在華基督大学連合託事部」は中国送金の許可を得て、中国側と香港で接触する計画を立て、キリスト教大学に打電して来た[7]。しかしこの電報が、中国世論の目に明らかにされたため、誰もキリスト教大学からは香港に受け取りに行くものはいなかったのである。

1951年1月、教育部はキリスト教学校関係者を召集した。これらの学校の関係者を前に、教育部長馬叙倫は、

> アメリカ帝国主義は、中国人民のもっとも凶悪な敵であり、徹底的にアメリカ帝国主義の文化侵略の影響を粛清する必要がある。そのためにアメリカより援助をうけている学校問題を処理しなければならない[8]。

と述べた。その処理の方針は、政府が国家事業として経営するか、または完全に中国人自弁の事業として経営するかであった。

ここに至って、キリスト教大学は国立大学となるしかなかった。すでに予算も人事も公的なものとなっていたから、キリスト教大学側の抵抗は少なかった。その上、次のような大学内部の変革をほとんど伴わぬ処置であった。

①中国人の校長、教職員、労働者は原職に留まる。
②処理過程中にあっては、一律に学校の現状を維持し、遷校せず、合併せず、院系を調整しない。
③接収後の経費、教職員、労働者の待遇は元の水準を維持する。

第5章　キリスト教学校の消滅

④高等教育機関中の神学院、神学校は、しばらく現状を維持する。
⑤キリスト教学校処理に当たっては、必ず教職員、労働者、学生の信教の自由を保証尊重し、非教徒の団結を強固にする[9]。

　キリスト教大学生の「国立大学化歓迎」の呼び声が全国に鳴り響く中で、国立大学への転換が実行された。金陵大学と金陵女子文理学院は合併して国立金陵大学となり、福建協和大学と華南女子文理学院は合併して国立福建大学となった。燕京大学、華西協合大学、華南大学もそれぞれ国立大学となった。
　このような中で、西洋人の帰国は急増した。大量の出国者が見られた1951年5月には、キリスト教8大学では一人の西洋人も存在しなくなったのである。しかしまだ、キリスト教大学は一つの組織として独立して存在していた。国立大学化されたとはいえ、組織自体に独自性を持って残っていたからである。
　ところが1952年、高等教育の抜本的再編成、いわゆる院系調整によりキリスト教大学は解体され、校名も組織も失い完全に中国教育界から姿を消すこととなった。院系調整とは、教育再編成の過程が、院（学部）と系（学科）の調節を伴なったのでこう呼ばれる。中国高等教育は工業化の課題に答えるため、ソ連高等教育制度から専攻課程としての「専業」を導入し、国家建設のために必要とされる専門職と大学の教育とを直結させることを目指したが、結局、大学そのものの根本的改編に向かわねばならなかったのである。
　1951年9月に全国の大学で起こった公務員の浪費・腐敗・官僚主義の三悪摘発をめざす三反運動は、集団討議と自己批判を通じて、大学再組織に対する知識人の抵抗を克服するものとして機能して行った[10]。続いて翌1952年4月、教育部は「全国工学院調整方案」を決定した。これは科学技術教育促進のため、既存の大学を再編成し、専攻分野を同じくする教員を集めて1、2の専門分野に特定した大学を建設しようとするものであった。高等教育機関は総合技術学校か特殊専門学校が主体となり、人文・社会科学科はごく少数の大学にしか認められなかった。

第3節 キリスト教学校の終焉

　その結果、地質・鉱業・鉄鋼等の単科大学が次々と出現して行くなかで、学校存続を希望してもキリスト教大学の役割はすでになかった。キリスト教大学は他の大学と共に解体され、名実共に消滅する最後の場面を迎えたのである。

　院系調整はまず華北から始まり、1952年4月、燕京大学文学院・社会科学院・理学院は新北京大学に吸収されて行き、キャンパスもまた新大学のキャンパスとなった[11]。続いて華東で院系調整が実施され、之江大学の文学院・理学院・商学院は解体されて工学院は国立浙江大学へ、キャンパスは浙江師範大学に吸収された。斉魯大学は、文学院が解消され、キャンパスと医学院は山東省医科大学へ、理学院は南京の国立大学へ編入され三分されてしまった。次いで華南で実施された院系調整により、嶺南大学は国立中山大学の一部となった。このようなキリスト教大学の学部の移転に連れて、教職員も新しい大学へ移って行った[12]。はじめ、彼らは布告を待つように言われ、やがて、割当が始まった。新しい地位は保証されていたものの、その割当リストは教育部の意向を反映し、遠隔地に送られるものもいた。考えるために2、3日与えられた後、新しい大学で働くもの、大学を去るものと分かれてスタッフは去って行った。こうして見分けのできる形での個々のキリスト教大学の存在は失われて行き、1952年秋には、全てのキリスト教大学が消滅したのである。中国キリスト教学校の19世紀後半以来百年に及ぶ長い歴史は終わったのであった。

注

1) from General Consulate in Shanghai to the Department of State Jun. 22, 1949, *Records of the Department of State Relating to Internal Affairs of China, 1930-49*. (以下、米国国務省記録と略称) 所収。

2) John Coe, *Huachung University*, 1962, p. 192

3) Mrs. Thurston & Ruth Chester, *Ginling College*, 1955, p. 143

4) 米国国務省記録　from J.L. Stuart to the Secretary of State, Jun. 22, 1949

5) 銭俊瑞「団結一致、為貫徹新高等教育的方針、培養国家高級建設人才而奮闘」『人

第 5 章　キリスト教学校の消滅

　　民教育』1950年12月、p. 12

6 ）多賀秋五郎『近代中国教育史資料』人民中国編、1976年、p. 215

7 ）紀暁「全国接受外国津貼的高等学校的概況」『人民教育』1951年 2 月、p. 60

8 ）馬叙倫「処理接受外国津貼的高等学校会議的開幕詞」『人民教育』1951年 2 月、
　　p. 6

9 ）陸定一「在処理接受美国津貼的高等学校会議上的講話」『人民教育』1951年 3 月、
　　p. 7

10）P. West, *Yenching University and Sino-Western Relations, 1916−52*, 1976, p. 209

11）同上書p. 235

12）Lutz 前掲書pp. 473-484、Fenn 前掲書pp. 227-230参照。

補章　戦前日本のキリスト教学校
―ナショナリズムへの対応を中心に―

　現在、日本でキリスト教学校とされているものの多くは、ミッションスクールとしての長い歴史を持っている。ミッションスクールとは何か。狭義には「特定のキリスト教外国教会の未開拓伝道事業の一環として設立され、経済的に当該教派に対し強い依存関係を持つ」学校であり、広義には「学校自体が積極的なキリスト教伝道（ミッション）の意図とプログラムとを有している」学校であるとされている[1]。一般には前者の定義が使われているので[2]、ここでは、日本のキリスト教学校として、欧米宣教会から独立しているか否かを問わず、キリスト教を標榜している学校を取り上げた。これらの学校は、日本が早くから独立の近代国家を形成し、国民教育の制度を確立することが出来たという歴史的状況から、第2次世界大戦後まで、総じて、私的な領域に限ってのみその存在を許されて来たものと言える。しかし、教育と伝道の統一を目指すキリスト教学校は、その私的な領域を離れて、しばしば国家権力により、統制と管理の対象とされてきた。それは、道徳教育や宗教教育の実施に関して、これらキリスト教学校が、公的な性格を強く持たざるを得なかったからである。

　本章は、戦前日本におけるプロテスタントのキリスト教学校をとりあげ、日本の近代化過程におけるこれらの学校の歩みを振り返りながら、それらの統制と管理がどのようなものであったのかを明らかにしようとするものである。

第1節　キリスト教学校の設立と発展

I　家塾から学校へ

　欧米プロテスタント教会によるアジア伝道は、1793年のバプテスト海外伝道

補章　戦前日本のキリスト教学校

会によって行われたインド伝道を嚆矢とするということであるが[3]、1804年にモリソン（R. Morrison, 1782-1834）を中国に派遣したロンドン海外伝道会（London Missionary Society）の活動がよく知られている。アジア伝道のこの動きは、アメリカ合衆国にも伝わり、1810年には、アメリカンボード（American Board of Commissioners for Foreign Missions）が結成されて、活発な伝道活動が開始された。日本は、鎖国下にあったため、宣教師の入国は、中国・インドに比し、約半世紀遅れることとなった。日本へのプロテスタント伝道の働きかけは、当時中国で伝道活動を行っていた宣教師達によって、広大なアジア伝道計画の一環として着手された。

　1859年、「日米修好通商条約」の批准と共に、アメリカのプロテスタント教会宣教師が、踵を接して入国してきた。聖公会のリギンス（John Liggins 1829-1920）やウイリアムズ（Channing M. Williams 1874-1889）、オランダ改革教会のフルベッキ（G.F. Verbeck 1830-1897）やブラウン（S.R. Brown 1810-1880）、長老会のヘボン（J.C. Hepburn 1815-1911）らが、キリスト教宣教師として公然と日本の土を踏んだ最初の人々であった。ブラウン、リギンス、ウイリアムズは共に中国伝道の経験を持っているが、特にブラウンは、マカオや香港においてモリソンスクールを経営して、中国人子女の教育に当たっていた。帰米に際し、容閎ら3人の中国人青年を伴い、清末における中国人のアメリカ留学のきっかけを作った人物として、中国教育史上著名である。

　宣教師達は、日米修好通商条約に定められた居留地に居住し、日本人と分離されて生活していたが、やがてお雇い教師として日本人と接するようになった。リギンスとウイリアムズは、長崎で通訳8名に英語教育を施し、フルベッキは、長崎奉行の設立になる学校の校長となった。またヘボンは、幕府の委託により青年数名を教えたという[4]。

　明治維新後、政府は王政復古の趣旨に基いて、祭政一致を標榜し、「三条教憲」を定めて、広範な国民教化運動を進めた。従って、キリスト教に対し、旧幕府以上の徹底的な禁圧方針を進めたのである。そのため宣教師達には、伝道

第1節　キリスト教学校の設立と発展

表20　家塾から学校へ

家　　　塾	学　　　校
ヘボン、バラー、ブラウン塾	明治学院
ミス・キダー女塾	フェリス女子学院
A6番、B6番女学校	女子学院
ミッション・ホーム	横浜共立学園
サウンズ女塾	捜真女学校
喜田英和女学校	駿台英和女学校
ウイリアムス塾	立教学院
ブランシュ女塾	立教女学院
女子小学校	青山女学院
グリーン、デビス塾	（後年同志社を助けた）
タルカット、ダッドレー女塾	神戸女学院
ミラー、クロスビー、エディー女塾	平安学院
大阪英和学舎（ウイリアム塾）	立教学院
スタウト夜学	東山学院
スタウト女塾	梅光女学院

〈出典〉　難波豊「明治前期キリスト学校史(2)」『桜美林論集』4号、1977年2月、所収。

補章　戦前日本のキリスト教学校

の機会は訪れなかったけれども、いわゆる「洋学」をキリスト教抜きで教えることによって、彼らは日本人との接触を図ったのである。宣教師やその夫人達は、居留地の自分の家を開放して塾を開き、英語などを教えた。それらの家塾には、明治学院の前身であるヘボン塾やバラー塾やブラウン塾、フェリス女学院の前身であるミス・キダー女塾があった。表20にみるとおり、このような家塾が、次第に明確な学校形態を持つようになり、キリスト教学校の設立となったのである。

Ⅱ　欧化主義時代のキリスト教学校

　明治6年、政府は太政官布告第68号を以て、切支丹禁制高札の撤去を命じた。それはキリスト教を公認するという意味ではなく、単に諸外国を刺激しないよう高札を取り除いたに過ぎなかったが、この時からキリスト教伝道は公然と展開されるようになったのである。禁教高札の撤去は、各教派ミッションの布教活動に活気を与え、各派はその活動の基盤として学校伝道に力を入れたため、キリスト教学校が次々と派生した。この中で、キリスト教学校が明治初年の女子教育界において先駆的な役割を果たしたことは特筆に値するであろう。日本各地において、ほとんど荒れ地状態のままの女子教育の開拓に志し、女子教育の近代化に著しい功績を残したのである。

　実際、明治日本の指導者が男子のみの教育に忙しくしている時、宣教師は日本女性に教養や生活技術を教えることによって、伝道の実を上げようとしたわけである。このことはやがて、日本人をしてキリスト教女学校をおこす気運を醸し出し、表21のような多数の女学校が、明治22年までに設立され、日本の女子教育の基礎を形成することとなった。キリスト教学校は、日本の近代女子教育の開拓者であると共に、常にそれへの大いなる刺激物として、存在し続けたのであったと言えよう。

　ここで重要なことは、キリスト教学校とミッションとの関係であろう。すでに明治5年、日本人自身によりキリスト教会が設立されており[5]、これは中国

— 154 —

第1節　キリスト教学校の設立と発展

表21　日本人の手になるキリスト教女学校　（明治前半期）

設立年	校　名	場　所	設立関係者
明治8年	三浦女学校	東京	三浦徹
9年	原女学校	〃	原胤昭
〃年	桜井女学校	〃	桜井ちか
11年	梅花女学校	大阪	沢山保羅
12年	同人社女学校	東京	中村正直
14年	山口英和女学校	山口	服部章蔵
15年	高梁順正女学校	岡山	福島繁子・木村静子
16年	長栄女塾	東京	浅井さく
18年	金沢女学校	金沢	
〃年	明治女学校	東京	木村熊二
〃年	頌栄女学校	東京	岡見清致
19年	一致英和女学校	大阪	桜井ちか
〃年	宮城女学校	仙台	押川方義
〃年	山陽英和女学校	岡山	石黒涵一郎
〃年	松山東雲女学校	松山	二宮邦次郎
〃年	来徳女学校	弘前	本多庸一
〃年	広島女学校	広島	砂本貞吉
20年	鳥取英和女学校	鳥取	井伊松蔵
〃年	熊本女学校(熊本女学会)	熊本	徳富久子・不破つる子
〃年	名古屋清流女学校	名古屋	山鹿旗之進
〃年	新潟女学校	新潟	成瀬仁蔵
21年	前橋英和女学校	前橋	不破唯一郎
〃年	宇都宮女学校	宇都宮	太田こと子・磯島せつ子
〃年	修身職業英和女学校	東京	佐々木とよ
〃年	薔花女学校	静岡	花島兵右衛門
22年	女子独立学校	東京	加藤とし子
〃年	米沢英和女学校	米沢	
〃年	山梨英和女学校	甲府	新海栄太郎
〃年	高田女学校	新潟	
不詳	鹿児島女学校	鹿児島	竹崎一二
〃	八王子女学校	八王子	
〃	婦人英学舎	岡山	炭谷小梅
〃	将成女学校	仙台	

〈出典〉　難波豊「明治前期キリスト教女学校(2)」『桜美林論集』4号、1977年2月、所収。

補 章　戦前日本のキリスト教学校

に比べてずっと早いものである。キリスト教学校内の日本人信徒の独立の気運は高かった。平塚益徳氏は、キリスト教学校を3種に分類した[6]。第1型は純粋キリスト教学校、第2型は内外人の協力型、第3型はミッションとは無関係の日本人設立の学校としているが、歴史的には、次第に学校経営の実態が、第1型、第2型、第3型とミッションから離れて行ったのである。第3型の学校については、その一例を表21の女子教育に見ることが出来るように、数が非常に多い。

　第2型については、数こそ少ないが、日本人信徒の自主性を貫こうとした同志社英学校が有名である。明治22年の「同志社通則」によると「宣教師は資産管理と帳簿閲覧する権利を持ち、特別の職務を委託されることがある名誉員あるいは礼友となり得るにすぎず、しかもその選定権は日本人の社員会が保有していた」[7]。しかし、財政的には明らかにミッションに依存する外なく、ミッションからの独立は中途半端であり、同志社とミッションとの緊張関係が続いたのであった。

　全般的にこの時期は、明治政府の教育行政はなお流動的であり、政府からの制約は少なく、キリスト教学校は比較的自由な教育を展開することが出来た。特にこの時は、新たなる国家統一への軌道を敷くに当たり、官民挙げて欧米風を追求した時代であったことにより、キリスト教学校の隆盛が招来されたのであった。このことは、日本のキリスト教諸学校のうち、明治22年までに創立されたものが、男子校で57％、女子校で70％という高い数字に示されている[8]。明治10年代のいわゆる文明開化期に、キリスト教学校は漸次発展し、その存在を誇示するまでに至ったのである。明治期全体としては、その総数は94校の多きに達するものであった[9]。

　このようなキリスト教学校の発展は、一つには公立学校が整備不十分であったことによる。例えば、帝国大学予備門に入学を許可される生徒の数は、公立中学校と比べて、英語教育の充実したキリスト教学校の方がはるかに多かったと言われており[10]、近代化を急ぐ明治の日本において、国民教育の一部を担当

していたのである。私立中学校の校数は、明治20年代はじめ、全体の10%から20%を上下していたが[11]、そのほとんどがキリスト教中学校であった。西洋的なものは何によらず、社会から著しい歓迎を受け、圧倒的な欧化思潮の中で、キリスト教学校は、欧米文化の移植機関として、近代的教養を子女に与える機関として、急激に発展したのである。いわば、当時における英語学習熱がきわめて旺盛であったため、キリスト教学校は国民教育に進出し、多数の生徒を集めることが出来たのである。

第2節　文部省訓令第12号問題

Ⅰ　明治20年代のナショナリズムとキリスト教学校

　前節でみたように、明治10年代は、まさにキリスト教学校の順風時代であり、数の上での隆盛時代であった。明治22年、「大日本帝国憲法」により、信教の自由が認められ、キリスト教信仰が公認されたが、明治20年代は、欧化主義への反動としてのナショナリズムが本格的に発現した時でもあった。この時期は、民族の自覚と民族文化の復興を求めて、国民意識が高揚し、国民的統合のための新しい教育が模索され、確立されて行く時期である。それがまた、キリスト教学校への非難、攻撃、政府規制の開始の時期ともなったのである。キリスト教学校は、そのエキゾチックな校風に見られるように、欧化思想の産物として、新たなる批判にさらされねばならなかったからである。

　キリスト教学校への非難が始まる前に、反キリスト教思想の蔓延が見られた。欧化政策を採ることによって成功を期待した不平等条約の改正が失敗した後、強力な国権回復運動が勃興し、欧米人排斥の気運は、反キリスト教思想となって高まった。明治25年、第1次「教育と宗教の衝突」論争を引き起こした井上哲治郎の論旨は、「是れ勅語の道徳と、耶蘇教の道徳と、互いに趣をことにする一個条なり[12]」という談話にある通り、キリスト教は教育勅語に反するものとして、その排斥を意図したものであった。井上は、日本の近代化を内面

補章　戦前日本のキリスト教学校

表22　キリスト教学校と日本歴史科

本科に於て日本歴史科の有無	本科に於て其他の國史科	校長、校主、総理の國	學　校　名
有	萬、米、英	日本人	同 志 社 學 院
有	萬、英、佛	全	東 華 學 院
有	萬	全	櫻 井 女 學 校
有	萬、英、米	全	照 暗 女 學 校
有	萬	全	東 京 英 和 學 校
有	萬	全	頌 榮 女 學 校
有	外國	全	宮 城 女 學 校
有	萬	全	正 教 會 神 學
有	萬	全	梅 花 女 學 校
有	萬	全	松 山 女 學 校
有	萬	英國人	普 獨 女 學 校
有	萬	日本人	山 陽 英 和 學 校
有	萬、英、米	全	新 潟 女 學 校
有	萬	日本人	日本聖公訓路英和女學校
有	萬、米	米國人	横 濱 英 和 學 校
無	萬	米國人	共 私 女 學 校
無	萬、米、英	日本人	同 志 社 女 學 校
無	萬、米	米國人	維 耳 美 那 女 學 校
無	萬	米國人	布 恵 利 須 和 英 女 學 校
無	萬、米	日本人	英 和 學 院
無	萬、米	米國人	立 教 學 校
無	萬、英	米國人	明 治 學 校
無	萬	英國人	東 洋 英 和 女 學 校
無	萬	米國人	東 京 英 和 女 學 校
無	萬、英、米	日本人	秦 西 學 舘
無	萬、希、羅、英	日本人	東 洋 英 和 學 校
無	萬	日本人	上 毛 共 愛 女 學 校
無	萬、米、英	米國人	鎭 西 學 舘
無	萬	日本人	明 治 女 學 校
無	萬、英、米	日本人	福 山 英 和 學 舘

〈出典〉　小摂稿「基督教主義の學校と日本史」『六合雑誌』明治23年120号、pp. 10–11

第2節　文部省訓令第12号問題

から支えるエートスを、天皇絶対主義に求めて、国民道徳の形成を図ろうとしたのである。この論争は、キリスト教学校に対する世論を喚起し、一斉に非難が集中するという結果を生んだ。ここにおいて、政治的にも教育的にも、日本ナショナリズムがその存在を明らかにしたのであった。

　欧米文化の移植機関として、社会より著しい歓迎を受けたキリスト教学校は、欧米の圧力への反発のために、今度は社会より激しい非難を浴びたのであった。各種の雑誌にみられる非難の論調は、キリスト教学校の外国風に対するものであり、例えば、カリキュラムについて、日本歴史がないとして、表22のような学校名を挙げて非難している。そのほか、宣教師の教育的素養の欠如も盛んに指摘された。宣教師が独裁的な力を持った古い体質の学校があったためであろう。

　キリスト教学校の内部においてもナショナリズムの高揚により、学校運営や教育方針を巡る対立事件が続発した。明治23年、立教学院の学生による制度改革要求問題が勃発した[13]。明治25年には、宮城学院の学生が、日本精神を基調とする教育を要求してストライキを決議している[14]。また明治27年、神戸女学院の日本人教員有志は日本人院長の実現を要求している[15]。

　外国教会の宣教会が経営する純粋なミッションスクールではなく、日本人が経営するキリスト教学校として設立された同志社でも、外国教会に財政を依存し、経営の実権は、その派遣宣教師が掌握していたため、明治20年代ナショナリズムの高揚は、同志社社員と宣教会本部との深刻なあつれきを引き起こしている。明治27年、同志社教授浮田和民の発表した「外国宣教師論」は、次のようであり、宣教師の欠点を列挙し、同志社にいる外人宣教師・教師の激昂を招いたのである。

　外国宣教師は其特質の保守なるに拘はらす我國進歩の第一期破壊の時代に於て或は有用なる事業を為せしことあらん又た現今と雖ども我が社會の進歩に後れて未だ有形偶像教の下に沈淪せる部分に對しては其事業必しも無益なり

補 章　戦前日本のキリスト教学校

と言ふ可らず然ども一旦有形偶像教の勢力を破砕したる後に於て其の妄進する無形の偶像教を確立せんとするに至ては啻に我國進歩の第二期建設の時代に於て其の先鋒者と共に肩を比べて進行する能はざるのみならず却て社會の進歩を妨害する一代破壊力となるやも亦未だ知る可からず。（中略）これの如く傳道會社の組織たるやまったく営業的なるが上に斯く狭隘なる標準を立て、宣教師の資格を定むるが故に苟くも宣教師たらん者は本國にありて他に有為の事業なく教會を牧するも面倒なれば去りて外國に傳道の業に従事せんと言ふの人に多きが如し[16]。

同志社女学校においても、婦人宣教師と日本人教師の対立のため、同校が一時廃止されるという事件が起こっている[17]。

II　登録認可問題

以上述べたようなナショナリズムとキリスト教学校との緊張関係は、当然のことながら学校経営の重大危機をもたらした。そのため、キリスト教学校は、様々な対応策を強いられたが、その中で、政府との新しい関係の獲得、つまり登録認可が有力な危機打開の道として講じられて行くこととなった。ここでは、登録認可の際の宗教教育の問題、外国人の地位の問題などを考察する。

欧化主義時代から一転して、反動の時代を迎えた日本のキリスト教学校を待ち受けていたのは、生徒数の激減であった。表23によると、男子校も女子校も明治21年、最高の生徒数を記録した後、目に見えて減少して行った。男子校は明治30年には、その約75％まで、女子校は明治24年には、その約80％にまで減少している。各学校の記録によると、明治20年代末における生徒数が、同年代初期におけるそれの半数以下に激減しているところが多い。

かかる学校経営の危機に直面して、キリスト教学校の中には、神戸女学院のように明治27年、従来の「英和女学校」の校名を廃止したところがあった。英語教育を中心とする学校の特色を明示することを避ける配慮をしなければなら

第2節　文部省訓令第12号問題

なかったのである[18]。ついには仙台東華学校のように明治24年、聖書講義を廃止した学校もあった[19]。また積極的に事態に対応して、礼拝・日曜学校を撤廃した北越学館、キリスト教を全く捨て去った麻布中学校もあった[20]。

しかし、この時期にキリスト教学校生徒数の激減をもたらし教育活動の沈滞を招いたものに、さらに国民教育制度の充実があった。明治20年代には、全般に国民の知識水準・就学率の向上が見られ、また、明治19年の各種学校令により、ピラミッド型教育制度の確立が見られたからである。このような中で、官公立学校は、教育諸条件の充実を果たし、宣教師が英語で教授に当たるキリスト教学校が、明治10年代当時、不足していた中等教育を補ったというような優位性はすでに崩れ去っていたのであった。明治学院の場合を見ると、普通学部は高等中学校の予備門的性格を持っていたが、明治28年の高等学校令により、尋常中学校卒業生にのみ進学資格が認められたため、生徒数が激減したのであった[21]。

官学との格差、国民の排外感情、国民教育体制の確立という状況の中では、尋常中学校としての政府の認可を得ることに、キリスト教中学校の劣勢打開の希望がかけられたのである。国家の目指す教育制度の整備が次第に成果を収めて来る中で、この制度の枠内に入ることが学校として存続するために必要と感じた立教学院、明治学院、青山学院らは、尋常中学校の設置を決めたのである。かくして当時の主なキリスト教小学校・中学校・高等女学校は、学科課程を改め、課程外での宗教教育にとどまることにより、国家の教育制度中の学校として認可を得たのであった。このような対応策の後、キリスト教学校はようやく劣勢を挽回するかに見えたが、その矢先、文部省訓令12号が突如として発せられたのである。

Ⅲ　訓令12号の発布

明治32年8月3日、文部大臣樺山資紀の名で、「官報」4827号に公布された訓令12号は次のようなものであり、新条約の実施による外国人内地雑居に備え

補 章　戦前日本のキリスト教学校

表23　キリスト教学校の発展

年　　次		1882年 (明治15)	1885年 (明治18)	1888年 (明治21)	1891年 (明治24)	1894年 (明治27)	1897年 (明治30)	1900年 (明治33)
男子校	校　数	8	8	14	17	18	16	15
	人　数	280	529	2,072	1,899	1,630	1,585	1,898
女子校	校　数	7	13	36	45	52	47	44
	人　数	201	604	3,287	2,625	2,836	3,026	2,962
合計	校　数	15	21	50	62	70	63	59
	人　数	481	1,133	5,359	4,524	4,466	4,611	4,860

〈出典〉　Tokyo Missionary Conference　巻末の表より作成。

たものであった。

一般ノ教育ヲシテ宗教ノ外ニ特立セシムルハ学政上最必要トス依テ官立公立学校及学科課程ニ関シ法令ノ規定アル学校ニ於テハ課程外タリトモ宗教上ノ教育ヲ施シ又ハ宗教上ノ儀式ヲ行フコトヲ許ササルヘシ[22]

政府は、内地雑居が実施されれば、従来よりも多数の宣教師が広く国内に居住し、青少年によくない影響を与えると憂慮した。そのため、明治32年4月の第3回高等教育会議において審議された「私立学校令案」17条には次のような案文が配されていた。

小学校中学校高等女学校其他学科課程ニ関シ法令ノ規定アル学校及政府ノ特権ヲ得タル学校ニ於テハ、宗教上ノ教育ヲ施シ、又ハ宗教上ノ儀式ヲ行フコトヲ得ス[23]

— 162 —

第2節　文部省訓令第12号問題

　この規制の対象は明らかにキリスト教学校であった。しかし、法典調査会は「此の如き條項を勅令中に入るるは穏当ならざるが故に之を削除すべし」との意見を答申した[24]。この答申に従って、原案より削除、文部大臣訓令として発布されたのであった。訓令12号によると、官公立私立の区別なく宗教教育が禁止され、私立でも小学校・中学校・高等女学校においては、課程外といえども宗教教育が禁止されたのである。このためキリスト教学校は、ようやく獲得した上級学校進学資格・徴兵猶予の特権を返上して各種学校となっても、宗教教育を行うか、宗教教育を放棄するかの選択を迫られたのである。

　その結果、建学の精神を放棄し、特権を維持し得たのは立教中学校、喜音小学校、美以美小学校のみであり、品川知本小学校、桜井小学校、青山女学校予備科は廃校しなければならなかった[25]。キリスト教学校のほとんどは、正規の学校としての資格を返上して、キリスト教教育を維持する道を選択している。特権を放棄して元の各種学校に戻った学校、特に男子校では退学者が続出し、例えば明治学院普通部卒業生は、明治33年には前年の9名から一挙に0に減少している[26]。

　このままでは、キリスト教学校の死活問題となるところであったが、外国人の内地雑居に対する各種の憂慮が杞憂に過ぎなかったためか、その後間もなく、各種学校のまま小学校・中学校・あるいは高等女学校と同じ特権が与えられている。訓令発布の2カ月後、代用小学校としての認可の道が開かれた。また明治34年に青山学院中等科は徴兵猶予の特典を復活し[27]、明治36年には専門学校令により、いくつかの学校は専門学校入学者無試験検定校の認定を得ている。

　以上から分かるように、ほとんどの日本のキリスト教学校は、代用小学校、あるいは中学部・普通部、あるいは指定女学校として認可され、従来どおりの宗教教育を実施出来たわけである。従って、次の関西学院憲法のようにキリスト教教育を教育目的として堂々と掲げていた。

補 章　戦前日本のキリスト教学校

本学院ノ目的ハ基督教ノ伝道ニ従事セントスル養成シ、且ツ基督教ノ主義ニヨリテ日本青年ニ知徳兼備ノ教育ヲ授クルニアリ[28]

　次に、聖書講義や礼拝の問題を見てみよう。認可中学校であった立教学院中学校では聖書講義・神学・キリスト教倫理等が、訓令12号の規定にも関わらず、希望者のために設定されていた[29]。しかも学校令によらない立教専修学校での礼拝には中学生が参加していた。中学校寄宿舎では、「学校付属の寄宿舎は文部省の所管でない」という東京市教育局の回答を得たため[30]、従来どおりの宗教教育が維持されたようで、完全に宗教教育を放棄したのではなかったのである。各種学校としての認可を得た他の学校とほぼ同じような宗教教育が実施されたと考えられる。

　では、外国人の地位とその権限に対して、政府はどのような規制を実施したのであろうか。前期の「私立学校令」の原案は、外国人の地位に関し、次のようになっていた。

　　第9条　私立学校設立者ハ相当学校教員免許状ヲ有スル者又ハ教員タルノ認
　　　　　　可ヲ得タルモノニ限ル
　　第10条　私立学校教員ハ相当学校ノ教員免許状ヲ有スル者ヲ除ク外ハ其学力
　　　　　　品行ヲ証明シ
　　第11条　前条ノ認可ヲ受ケントスル者ハ国語ニ通達スルコトヲ証明スルヲ要
　　　　　　ス[31]

　この原案によれば、外国人が設立者となることは、到底不可能であり、教員免許状を持たない外国人教員は「国語ニ通達スルコト」を証明して認可を得る必要があったのである。しかし「私立学校令」本令は、原案のもつ著しい排他性を緩和し、第9条削除、教員資格の特例設置など、全体として排外的条項を大幅に削除して公布されたのであった[32]。このようにキリスト教学校の外国人

— 164 —

第3節　天皇制国家下のキリスト教学校

宣教師・教師は「私立学校令」の影響をほとんど受けず、従前通りの活動を続けることが出来たのであった。国民教育制度が早期に整備された日本では、「私立学校令」は結局、新条約実施後のいわゆる開放体制に比較的ふさわしいものとなり、訓令12号のもつ意味は、「教育の中心として教育勅語の旨趣を積極的に貫徹せしめようと[33]」するものであった。

　確かに、訓令12号問題を通じて、キリスト教学校は体制順応を余儀なくされ、その体質を変化させられたと言える。しかし、かつての優位性・独立性を失い、「政府の定める学制に準拠しつつ、その後いわば日陰者として僅かに政府による特権の附与を頼りとしながら存立を続けねばならなかった[34]」キリスト教学校には、宗教教育や外国人の地位に関する政府の統制は不必要だったのである。キリスト教学校は「他の一般官公私立諸学校の中に漸次その姿を没入して、その特色を失って行ったとしか観ぜられないのである。否、特色を失って行ったのみではない。その実力に於いてもほとんど問題とならない程の地位に堕していったのである[35]」。

第3節　天皇制国家下のキリスト教学校

　文部省訓令第12号の施行以後、宗教教育を施すキリスト教学校は、近代日本の教育制度の片隅に追いやられ、いわば私的な学校として、その存在を容認されることとなった。私的な存在に甘んじさえすれば、濃密な宗教教育を展開することは出来たわけである、しかし、キリスト教学校には、訓令12号以後も天皇制国家からの取締と、それへの動員が続いたのであった。ここでは、明治33年以後、敗戦に至るまでのキリスト教学校を扱い、これらの諸学校の受けた干渉が如何なるものであったかを検討する。

I　相対的安定期のキリスト教学校

　前節で見たように訓令第12号施行以後、宗教教育を継続した全国のキリスト

補章　戦前日本のキリスト教学校

教学校は、私立学校令のみの「各種学校」として存続することとなった。訓令施行以後しばらくは激しい生徒減に悩まされたものの、キリスト教学校は、昭和6年の満州事変勃発までは全体としては相対的安定期にあったと言えるであろう。その理由は、一つには改正条約施行後、予想していたよりは内地雑居の影響が見られなかったため、官民からのキリスト教学校への非難攻撃が下火になって行ったことが考えられる。しかし、何よりも道徳教育としての宗教教育への期待が、この時期になって見られるようになったことが上げられよう。そのため、キリスト教学校はその存在価値を失わずに済んだのであった。

そもそも、訓令第12号施行当時の樺山文相は、当初から次のように述べて、キリスト教が教育上大きな意義を持つことを認めていた。

該訓令は決して宗教を迫害し、又信教の自由を妨げんために発布せるにあらずして、すなわち宗教と教育とを区別して、国民教育の系統に宗教の混入を避けんために発布せるものなれば(中略)尚人民の道徳を維持改良するには、是非共高尚なる宗教の力を借らざるべからずして、現に基督教主義の学校に於て教育せるものは、他の学校出身者よりも寧ろ信用するに足るほどにて、基督教の如きは徳育上十分普及せしむる必要あり[36]

又、「過日樺山文相が、該訓令は、個人としては不必要なるを認むるよし自白して、教育界の輿論に迫られたる結果なることを暗示したりといへば[37]」という記事も見られる。宗教教育が、教育界において極めて嫌われていた状況にも関わらず、体制内の指導者には宗教教育による精神教育に期待するものがあったわけである。事実、訓令12号発布当時、普通学務局長をしていた沢柳政太郎や谷本富らは、教育と宗教の結合を示唆していた。このような宗教の社会的役割を評価する動きは、明治45年2月、内務省主催による「三教会同」に見ることが出来よう。無政府主義の発展に不安を感じた政府は、宗教を利用して国民思想を導こうとした。

第3節　天皇制国家下のキリスト教学校

　これ以後、宗教による国民教化が広く論じられるようになり、第1次大戦後は、大正12年「国民精神作興詔書」が出される中で、大正13年、清浦内閣が三教代表者を集めるなどして、教育と宗教の提携を求める声が高まったのである。大正14年秋の高等女学校長会議では、宗教教育の必要性を認めている。昭和に入ってからは、訓令12号の適用について広義の解釈が行われるようになった。ついに昭和3年7月、文部参与官安藤正純は、全国道府県学務部長並に視学官会議の席上、訓令12号解釈の緩和を明言し、特定宗教の信仰によらなければよいという解釈を示し、宗教的情操の涵養を目的とする宗教教育は構わないとしたのであった[38]。

　このことは、一貫した教育勅語的国民教育体制のもとで、キリスト教学校も協力すべきことを意味していた。教育勅語こそ、他の既成宗教を超絶する宗教的情操であり、宗教的情操の涵養により、国体観念の宗教性の強化が図られるはずであったからである。宗教学校関係者は、このようにして与えられた国民教育における宗教の積極的役割を、明るい兆しとして歓迎した。折しも第1次世界大戦後は、欧米流デモクラシーの流行と、中・高等教育の要求への対応により、キリスト教学校は整備充実され、生徒数の増加を見ていた。キリスト教学校の評価が高まり、制度的な安定が見られたのであった。昭和5年度のキリスト教学校の概況は表24のとおりである。

Ⅱ　戦時体制下のキリスト教学校

　しかし、昭和6年の満州事変を契機に、軍部は教育に対する発言と介入を強めて行った。キリスト教学校は、キリスト教故に被る圧迫と共に、学校教育に対する政府の管理統制を受けねばならなかった。昭和8年12月、文部省は宗教局長・普通学務局長の名で、三重県知事宛通牒を発し、訓令12号は「通宗教的情操の陶冶」を妨げない旨を明らかにしたが、昭和10年10月には文部次官より全国に「学校に於ける宗教的情操涵養」に関する通牒が発せられている。伝統思想・宗教の国体論的解釈、反国家的な思想・宗教の排除がますます強化され

補 章　戦前日本のキリスト教学校

て行ったのである。このような中でキリスト教学校は、日本国家の趨勢と自発的に共存する道を選ぶしかなかった。フェリス女学院の場合を見てみよう。明治32年10月認可を受けたときの規則は次のようであった。

　　　目　的
　本校の目的は智徳体三育を兼ねたる基督教的教育を施すにありて其要領左の如し、
　１．時勢の要求に応じて心身の諸能力を開発せしむる事
　２．教授は邦語并に英語の会話に熟達せしむる事
　３．英語教師たらんと志すものの為に便益を供する事
　４．家庭の整理并に交際法等に関して実際に適切なる修養を与ふる事
　５．校内諸般の設備管理に注意して以て聡明なる基督教的女子の品格を養成する事[39]

しかし、昭和6年の新校則は次のように変わっていた。

第1条　本校ハ基督教主義ニ基キ教育勅語ノ聖旨ヲ体シテ女子ニ教育ヲ為シ家庭及社会ニ於ケル本務ヲ完ウスルニ足ル教養ト品性トヲ具ヘシムルヲ以テ目的トス[40]

第3節　天皇制国家下のキリスト教学校

表24　昭和5年度キリスト教学校人的財政的統計

	中学	高女	男専	女専	神学校(男子)	神学校(女子)	大学	総計
校　　数	17	38	9	23	15	10	2	114
1930年5月1日在籍生徒学生数	10,049	13,818	6,397	※77 4,555	596	223	1,194	36,909
定員に対する志願者の比率	159%	150%	211%	92%	95%	89%	107%	129%
1930年卒業生数	1,584	2,083	990	1,007	127	64	299	6,154
〃　官立上級学校入学者数	145	29	28	1	0	0	0	203
〃　私立上級学校入学者数	370	204	201	10	0	0	0	785
〃　キリスト教上級学校入学者数	282	336	232	7	5	1	0	863
日本人教員数	413	755	329	419	112	39	186	2,253
外人教員数	39	107	52	89	39	15	15	356
日本人教師（専任）の基督者の比率	72%	78%	71%	81%	100%	98%	51%	79%
〃　（講師）の基督者の比率	49%	50%	31%	56%	82%	91%	30%	56%
卒業生中の基督者の比率	30%	49%	27%	65%	100%	100%	18%	56%
授業料収入	631,182	754,757	403,969	297,780	10,936	1,935	283,622	2,384,181
基本金収入	8,714	9,245	6,557	32,335	5,341	13	62,987	125,192
外国補助	190,258	308,930	232,977	270,871	138,106	59,088	15,492	1,215,722
宣教師俸給	42,673	138,360	34,983	108,911	70,014	8,360	30,000	433,301
外国補助金の全体の比率	26.7%	36.9%	32.6%	53.5%	92.7%	97.2%	11.6%	50.2%
内国寄付金（1929）	14,622	206,165	15,630	38,588	13,441	2,290	623	291,359
外国寄付金（1929）	272,063	292,944	67,644	72,707	16,000	0	4,892	726,250
内国・外国寄付金の比率	756.5%	360.2%	182.9%	502.3%	248.8%	0	92.6%	343.1%
基金（一般）	149,028	146,192	1,090,000	562,638	48,778	0	1,225,293	3,221,929
基金（特別）	81,903	16,389	113,647	132,149	104,494	0	64,052	512,634
基金として必要額	4,460,000	10,263,016	5,832,000	9,123,617	4,311,400	410,000	6,550,000	40,950,033

※は大学部を示す。
〈出典〉　基督教学校教育同盟『日本におけるキリスト教学校教育の現状』p.17

補章　戦前日本のキリスト教学校

　つまり、キリスト教学校の教育目的は何かという問題であった。教育勅語はすでに早く、明治36年度の青山女学院規則「生徒心得」第1条に「教育勅語の聖旨を奉仕し人倫の道を実践すべし[41]」と規定されていたが、キリスト教との内的関連が問題である。フェリス女学院の規定のように、キリスト教教育と教育勅語とは矛盾するものではなく、キリスト教教育は天皇制教育の有効且つ強力な手段であった。ファシズムの嵐はキリスト教学校を除外することなくここにも及び、学校はキリスト教を標榜するが故に動員され、振り回され、このような教育目的を規定せざるを得なかったのである。

　教育目的だけではなかった。戦時体制の要求する新体制に対応して、学校経営の主体の切り替えが不可避と思われた。すでに昭和12年には日華事変が始まり、事態はますます拡大して、その解決の道を見出すことが出来ずにいた。非常時時代下の昭和15年9月、キリスト教教育同盟会理事会による同盟加盟学校長会議が開かれ、次のような決議がなされた。

(1)　わが国キリスト教学校の学校長、学部長科長等は日本人たること。
(1)　学校経営主体は財団法人たること。
(1)　財団法人の理事長は日本人たること。
(1)　財団法人理事の過半数は日本人たること。
(1)　未だ財団法人たらざる学校の設立者は日本人たること[42]。

　このように日本人を中心とした学校経営を決議すると共に「各学校は外国教会よりの経済の独立を期すること[43]」を申し合わせた。表24を見ると外国補助金は平均約50％であったから、これは大きな課題であった。フェリス女学院の場合は、昭和15年12月に校名を「横浜山手女学院」と変更し、翌年3月ミッション本部より土地建物を譲渡され、経済的独立を果たしたのである。同年9月には宣教師が帰国し、11月には次のような寄付行為の変更を行なって「日本化」を完成させたのであった。

第3節　天皇制国家下のキリスト教学校

1．第13条　理事数を「八名」とすること
2．第14条　ミッション選出理事の規定を削除すること
3．同　条　同窓会選出理事を理事会選任とすること
4．同　条　「理事会にして適当と認めた者四名以内」とすること
5．第22条　外国人の場合に関する規定を削除すること
6．第23条　25条、27条の各条の「理事八名以上」を「理事五名以上」とすること[44]

キリスト教学校の「日本化」は、これらの学校が完全に皇国主義・軍国主義的統制の下に置かれてしまったことを意味していた。御真影の奉戴、兵役上の特典に連なる軍事教練実施、英語などのカリキュラムへの制約、学校再編成などにより、天皇中心、国民総動員の非常時に順応せしめられるに至った後、敗戦を迎えたのであった。

注

1）赤城泰「今日の日本における基督教主義学校の課題」『東北学院大学論集』18号所収。
2）『立教学院百年史』p.128では、「…社会的欲求の名の下に少数教育方針が崩れ始めるとと共に建学精神が希薄になってきたとの反省にたって、キリスト教に基づくないしはキリスト教精神に立脚する教育・人間形成の場としての学校は、本質的にミッション＝スクールすなわち文字通り伝道的学校に回帰すべきであるとの主張が強く叫ばれている」とあり、経営面からではなく、目的的に、ミッションスクールを使う場合もある。
3）『関東学院百年史』p.6
4）斉藤秀夫「明治前期のプロテスタンチズム」『歴史評論』90号所収。なおキリスト教各学校の歴史については、現在のキリスト教学校関係者による豊富な研究がある。キリスト教学校全体を考察したものとして『平塚益徳著作集Ⅰ　日本

補 章　戦前日本のキリスト教学校

教育史』(教育開発研究所)から多くの示唆をうけた。

5)『関東学院百年史』pp. 14-15

6) 前掲『平塚益徳著作集Ⅰ　日本教育史』p. 61

7) 土肥昭夫『日本プロテスタント・キリスト教史』(新教出版社) p. 84

8) 前掲『平塚益徳著作集Ⅰ　日本教育史』p. 57

9) 小沢三郎『日本プロテスタント史研究』(東海大学出版会) pp. 25-27「主要クリスチャンスクール一覧表」参照。

10)『明治学院百年史』p. 195

11) 堀内守「私立学校及び学習院」『井上毅の教育政策』p. 977

12)「宗教と教育との関係につき井上哲二郎氏の談話」『教育時論』明治25年11月5日号所収。

13)『立教学院八十五年史』p. 24

14)『宮城学院七十年史』p. 11

15)『神戸女学院百年史』総説p. 101

16) 浮田和民「外国宣教師論」『六合雑誌』明治27年164号所収。

17)『同志社百年史』通史編一p. 206

18)『神戸女学院百年史』総説p. 412

19)『同志社百年史』通史篇一p. 273

20) 前掲『平塚益徳著作集Ⅰ　日本教育史』p. 137

21)『明治学院百年史』pp. 195-196

22) 教育史編纂会編『明治以降教育制度発達史』第四巻p. 662

23)『教育時論』506号　明治32年5月p. 18

24) 前掲『明治以降教育制度発達史』第四巻pp. 661-662

25) 前掲『明治学院百年史』p. 201

26)『立教学院八十五年史』p. 54

27)『青山学院九十年史』p. 291

28)『関西学院七十年史』p. 38

第3節　天皇制国家下のキリスト教学校

29)『立教学院八十五年史』p. 82
30) 同上書 p. 56
31)『教育時論』明治32年5月5日、p. 19
32) 石田加都雄「明治32年文部省訓令第12号宗教教育禁止の指令について」『清泉女子大学紀要』8号所収を参照。
33) 同上 p. 68
34) 工藤英一「日本近代化の過程におけるキリスト教学校教育の問題」『明治学院大キリスト教研究所紀要』1号、p. 111
35) 前掲『平塚益徳著作集Ⅰ　日本教育史』p. 161
36)「文部大臣と宗教学校代表者」『教育時論』522号、明治32年10月15日、内外雑纂所収。
37)「十二号訓令の運命」同上、時事寓感所収。
38) 鈴木美南子他『日本近代教育史再考』p. 238
39)『フェリス女学院百年史』p. 86
40) 同上書 p. 248
41)『青山学院九十年史』p. 257
42)『関東学院百年史』p. 407
43) 同上
44)『フェリス女学院百年史』p. 309

終 章　中国教育の近代化とキリスト教学校の役割

　以上、19世紀後半以後1世紀に及ぶキリスト教宣教会の教育活動の展開状況を検討してきたが、最後に、このようなキリスト教学校が、中国近代教育の発展の中でどのような意義をもったかを考察し、結びとしよう。
　キリスト教学校は設立されて以来、西洋文明の媒介者として人材の教育と供給にあたり、近代中国の建設に大きな役割を果たしたことは確かである。キリスト教学校の卒業生はあらゆる分野で活躍したが、特に専門分野での高度な学問研究で活躍する姿も多く見られた。
　医学研究は、キリスト教学校が最も大きな影響力を持った分野である。1910年の6つの医学校のうち、4つまでがキリスト教医学校であった。1930年代に入り、医学教育におけるキリスト教学校の独占的地位は崩れたが、依然としてその重要性は変わらず、当時においてなお中国全土の医師の1割を供給していたという。豊富な資金と新式の医療設備を備えたキリスト教大学医学部が、高度の医学教育を提供し、中国医学界の指導的役割を果たしたことは否定すべくもない。このほか華西協合大学歯学部は長期間、中国で唯一の歯学部であったことも指摘しておく必要があろう。
　農業教育においても、キリスト教大学の活躍が顕著であった。特に金陵大学農学部は、中国で最初に農業に関する高等教育のカリキュラムを作ったことで知られており、1930年代には、7つの国立農科大学の校長すべてがその卒業生で占められていた。
　女子教育の分野でもその功績は顕著であった。周知のとおり、中国での女子教育の開拓者はキリスト教系女学校であり、女子高等教育についても同様であった。キリスト教学校における女子教育の発達が、中国国民に女子高等教育

終章　中国教育の近代化とキリスト教学校の役割

の意義を認識させたといっても過言ではないであろう。高等教育における男女共学についても、キリスト教大学が先鞭をつけ、嶺南大学ではすでに1905年から男女共学を実施していた。

　当然のことながら、英語教育の分野では、キリスト教学校は他の学校より著しく抜きん出ており、高い水準を維持していた。勿論、こうしたキリスト教学校の役割は、中国の公教育制度の発達に伴って次第に減少し、その権威は漸次下落して行くのであるが、中国近代教育の展開過程全体を見通した場合、長期間継続されたその教育活動は、それなりに大きな意義を持ったと評価すべきであろう。

　しかし、その限界もまた明らかである。キリスト教学校のアメリカとの強い結びつきは、結局、アメリカの対華進出の尖兵として中国ナショナリズムの発展を阻害する結果を生んだからである。中国社会・文化の革新と改良にはある程度貢献はしたとしても、キリスト教学校は結局のところ、中国革命に対してはこれを阻止し、破壊する役割しか果たさなかったことは否定すべくもないであろう。このことは、キリスト教学校における教育が、中国の現実と無縁な知識人の養成に終わったことに端的に示されている。比較的富裕な階層出身の子弟に、近代的な諸知識を授けたが、それらはいずれも中国の実生活とかけ離れたものであり、結局、キリスト教学校は民族の危機に対応できる人材を養成することが出来なかったからである。

附　録

資料一覧

A 『帝国主義侵華教育史資料』に見られるキリスト教学校統計資料

1 キリスト教義学及び学堂―1866年―
2 清末のキリスト教学校―1905年―
3 キリスト教学校学生数の増加
4 1930年代のキリスト教中学校及び学生数
5 1930年代のキリスト教高等教育機関の学生数

B キリスト教学校関係参考資料

1 中国全国公私立学校教職員数及び学生数―1925年―
2 キリスト教学校と公私立学校―1925年―
3 中国キリスト教教育連合会組織系統図
4 中国キリスト教省区教育分会組織系統図
5 私立學校規程（教育行政委員會第39次議決中華民國15年10月18日公布）
6 「関於處理接受美国津貼的文化教育救済機関及宗教団体的方針的決定」（1950年12月29日公布）
7 陸定一「在處理接受美国津貼的高等学校会議上的講話」（1951年1月16-22日）
8 キリスト教大学の特許状
9 キリスト教大学理事会による校史編纂

C 年　表

1 教育権回収運動と私立学校規程関係年表
2 キリスト教大学における教育権回収運動と登録問題関係年表

D キリスト教学校関係拙稿（既発表）

附　録

A 『帝国主義侵華教育史資料』に見られるキリスト教学校統計資料

1　キリスト教義学及び学堂─1866年─

地　区	義学数	学生数	学堂数	学生数
広　東	3	36	10	268
香　港	4	60	4	60
汕　頭	1	15	1	22
厦　門			7	70
福　州	4	46	3	63
寧　波	2	40	7	84
上　海	2	32	5	42
煙　台			1	6
登　州	1	5	1	6
天　津	1	6	4	55
北　京	1	8	1	20
注	衣　食　給　付			

〈出典〉　李楚材編『帝国主義侵華教育史資料』（教育科学出版社1987年）p.12より作成。

2　清末のキリスト教学校─1905年─

校　　別	校　数	学生数	内女生数
大書院、書院	12	1,814人	96人
天道院	66	1,315人	543人
高中等学堂	166	6,393人	3,509人
工芸学堂	7	191人	96人
医学院及服事病人院	30	251人	32人
小孩察物学堂（幼稚園）	6	194人	97人
初等蒙学堂	未詳		

〈出典〉　同上書p.13より作成。

3 キリスト教学校学生数の増加

典　　拠	年　度	学　生　数
教会百年記	1876	4,909
1890年教会大会記録	1889	16,836
教会百年記	1906	57,683
中国教会年鑑	1912	138,937
中国教会年鑑	1915	172,973
中国教会年鑑	1916	184,646
中国教会年鑑	1917	194,624
中華帰主調査	1918-19	212,819
中華帰主調査	1920	245,049

〈出典〉 同上書p.14より作成。

4 1930年代のキリスト教中学校及び学生数

省　別	民国21年（1932）学校数	学生数	民国22年（1933）学校数	学生数	民国23年（1934）学校数	学生数
江　　蘇	40	7,335	42	8,406	43	9,619
河　　北	19	6,249	24	6,945	25	7,478
広　　東	21	2,394	22	3,382	27	5,821
福　　建	52	3,978	52	3,978	43	4,324
山　　東	20	2,827	29	3,229	28	3,739
浙　　江	20	3,249	20	3,089	19	3,265
湖　　北	11	1,810	15	2,647	14	2,372
四　　川	16	1,656	20	1,261	18	1,419
東　三　省	14	671	14	401	14	1,353
湖　　南	8	1,048	7	1,078	9	1,334
河　　南	5	472	4	489	4	937
安　　徽	7	695	7	667	7	792
山　　西	3	558	3	588	3	650
江　　西	4	554	4	595	4	617
広　　西			1	246	1	246
陝　　西			1	60	1	66
総　　数	240	34,081	267	37,059	259	44,032

（注） 合計数字が合わない個所があるが、原文のままとした（編者）。
〈出典〉 同上書p.16より作成。

附　録

5　1930年代のキリスト教高等教育機関の学生数

校　名	登録年代	民国19年(1930)	民国20年(1931)	民国21年(1932)	民国22年(1933)	民国23年(1934)
総合大学						
斉魯大学	1931	220	365	420	471	480
華中大学	1931	41	63	101	126	133
嶺南大学	1930	263	244	361	379	462
金陵大学	1928	422	539	582	586	761
聖約翰大学		289	371	403	461	535
滬江大学	1929	531	566	509	564	566
城区商学院				431	483	483
東呉大学	1929	1,044	713	633	666	618
華西協合大学	1934	201	164	355	347	375
燕京大学	1929	793	803	783	779	779
小　計		3,809	3,829	4,578	4,862	5,197
文理学院						
福建協和学院	1931	126	174	185	175	155
金陵女子学院	1930	164	192	174	212	213
之江文理学院	1931	139	215	356	397	438
華南女子学院	1933	97	84	72	72	88
小　計		526	665	787	856	894
医学院						
広州夏葛医学院	1932	56	50	44	49	53
遼寧医科専門学校	1917	96	90	97	107	107
上海女子医学院	1934	29	23	25	26	25
小　計		181	163	166	182	185
神学院						
信義神学院			32	35	34	38
斉魯神学院					32	35
金陵神学院				54	60	57
滬江神学院					3	12
広東協和神学院			22	22	29	27
華西協和神学院					3	9
燕京宗教学院					27	21
小　計			54	111	188	199
総　数		4,516	4,710	5,642	6,088	6,475

（注）　合計の数値が合わない個所があるが、原文のままとした（編者）。
〈出典〉　同上書pp. 17-18より作成。

B キリスト教学校関係参考資料

1 中国全国公私立学校教職員数及び学生数―1925年―

校　　別	校　数	教職員数	学　生　数
大学及専門学校	125	5,613	344,880
師範学校	275	4,487	38,277
師範講習所	110	526	5,569
中学	547	9,349	103,385
中等實業学校	164	3,349	20,360
初等實業学校	439	2,478	20,467
高等小学	10,236	39,061	582,479
国民学校	167,076	223,279	5,814,375
総計	178,981	288,142	6,619,792

（注）　1）キリスト教学校は含まれていない。
　　　　2）合計数字が合わない個所があるが、原文のままとした（編者）。
〈出典〉　舒新城『収回教育権運動』（1927年上海中華書局）p.42より作成。

2 キリスト教学校と公私立学校―1925年―

校　　別	学　校　数	百分比	学　生　数	百分比
新舊教学校※	13,637	7.65	358,598	5.14
公私立学校	167,076	92.35	6,619,792	94.86
総　　計	180,713	100.00	6,978,390	100.00

（注）　カトリック系諸学校を含む。
〈出典〉　同上書p.42より作成。

附　録

3　中国キリスト教教育連合会組織系統図

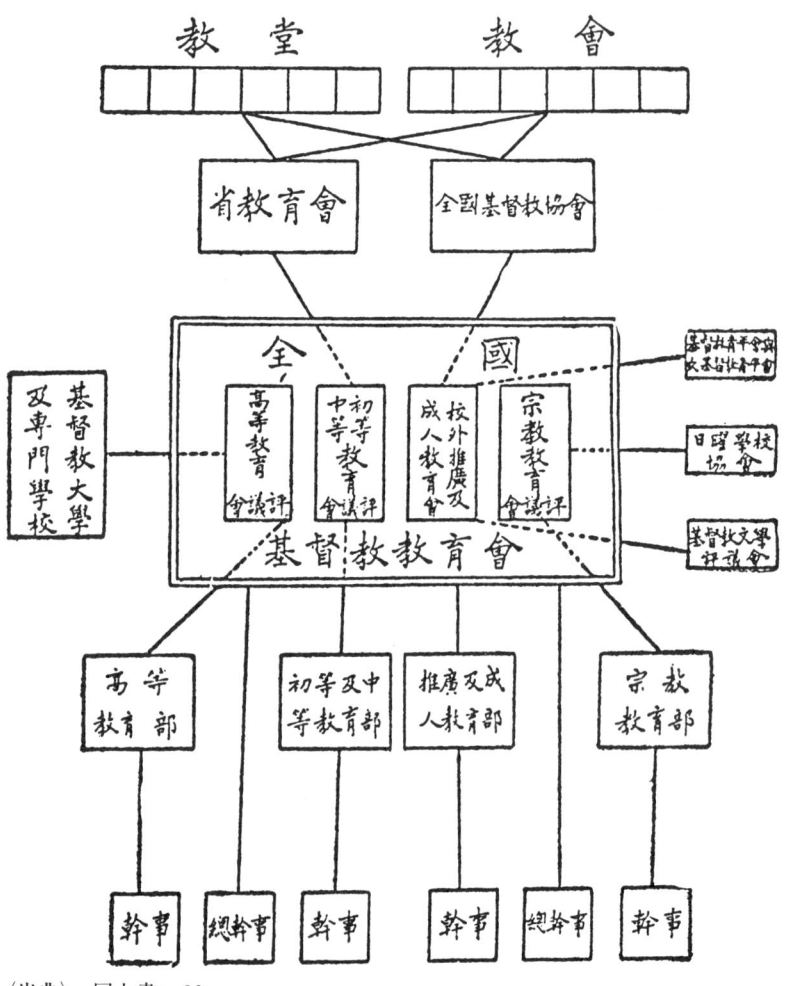

〈出典〉　同上書p.30

4　中国キリスト教省区教育分会組織系統図

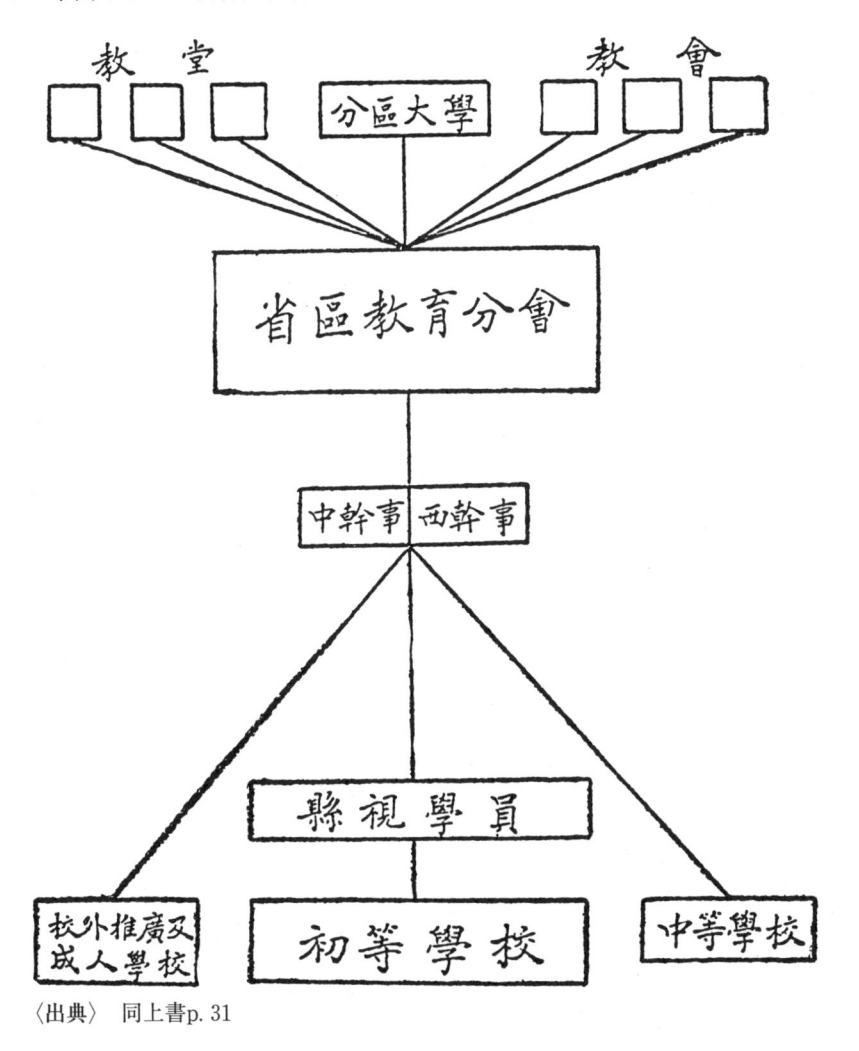

```
     教　堂              　　　　　　　　　　教　會
  □  □  □   [分區大學]   □  □  □
        ╲  ╲  ╲   │   ╱  ╱  ╱
           [省區教育分會]
                 │
           [中幹事│西幹事]
            ╱    │    ╲
           ╱ [縣視學員] ╲
          ╱      │      ╲
 [校外推廣及  [初等學校]  [中等學校]
  成人學校]
```

〈出典〉　同上書 p. 31

附　　録

5　私立学校規程（教育行政委員会第39次議決、中華民国15年10月18日公布）

第1条　凡ソ私人或ハ私法團設立ノ學校ヲ私立學校トス外國人設立及教會設立ノ學校モ均シク之ニ属ス

第2条　私立學校ハ教育行政機關ノ監督及指導ヲ受クヘシ

第3条　私立學校ノ名稱ハ應ニ學校ノ種類ヲ明確ニ標示シ並ニ校名ノ上ニ私立ノ二字ヲ冠スヘシ

第4条　私立學校ハ設立者ヨリ校董ヲ推擧シテ校董會ヲ組織シ學校經營ノ全責ヲ負ハシムヘシ校董會設立ノ規程ハ別ニ之ヲ定ム

第5条　私立學校ノ設立及變更ハ校董會ヨリ主管教育行政機關ニ申請シテ認可ヲ受クヘシ

第6条　私立學校ノ停止ハ須ク校董會ヨリ主管教育行政機關ニ申請シテ認可ヲ受クヘシ、其財産ハ政府ノ議員ト會同シテ清理スヘシ

第7条　私立學校ノ校長ハ董事會ニ對シ完全ニ校務執行ノ責ヲ負フ

第8条　私立學校ハ外國人ヲ以テ校長ト爲スコトヲ得ス若シ特別ノ事情アルモノハ外國人ヲ聘シテ顧問トナスコトヲ得

第9条　私立學校ノ組織課程教授時間其他一切ノ事項ハ現行教育法令ニ根據シテ辨理スヘシ

第10条　私立學校ハ一律ニ宗教科目ヲ以テ必修科トナスコトヲ得ス又課業中宗教宣傳ヲナスコトヲ得ス

第11条　私立學校ニシテ宗教儀式アルトキハ學生ノ參加ヲ強迫スルコトヲ得ス

第12条　私立學校ノ校務教務ノ各事項ハ定章及教育行政機關ノ命令ニ遵照シ随時報告スヘシ

第13条　私立學校ニシテ經營不良或ハ法令ニ違背スルモノハ政府ニ於テ之ヲ解散スルコトヲ得

第14条　凡ソ未タ登録セサル私立學校ハ應ニ本規程頒布後遅滞ナク登録ノ申請ヲ爲スヘシ

第15条　本規程ハ公布ノ日ヨリ之ヲ施行ス

〈出典〉「外国人経営学校管理規則発布ニ関スル件」1927年2月10日、外務省記録『在中国及満州国外国人学校学校関係雑件』所収。

6 「米国出資の文化教育福祉機関及び宗教団体の接収処理に関する方針の決定」(1950年12月29日公布)

中央人民政府政務院第65次政務会議は、郭沫若副総理より「米国出資の文化教育福祉機関及び宗教団体の接収処理に関する方針の決定」の報告を受け一致同意した。並びに政務院文化教育委員会はこの方針にもとづき、各関連部門と会同し、迅速に実施弁法を提出し、完全実現を行なう。政務院は各級人民政府・各民主党派・各人民団体及び全国の文化・教育・救済・宗教各方面人員を号召して、愛国精神にもとづき、同心協力し、郭総理が報告中に提出した光栄ある任務を徹底的に実現し、アメリカ帝国主義の中国における文化侵略の影響を完全に粛清するために奮闘しなければならない。

〈出典〉『人民教育』2-4、1951年2月1日、p.68

7 陸定一「米国出資の高等教育機関の接収処理会議での講話」(1951年1月16〜22日)
1 中国人の校長・教職員・労働者は原職に留まる。
2 処理過程中にあっては、一律に学校の現状を維持し、不遷校・不合併・院系不調整とする。
3 接収後の経費・教職員・労働者の待遇はもとの水準を維持する。
4 高等学校中の宗教学院・神学校はしばらく現状を維持する。
5 教会学校の処理にあたっては、必ず教職員・労働者・学生の信教の自由を保障尊重し、非教徒と教徒の団結を強固にする。
6 私人で、出資弁学を積極的に願い出るものに対しては、これを奨励する。

〈出典〉『人民教育』2-5、1951年3月1日、p.7

附　録

8　キリスト教大学の特許状

大　学　名	授　与　年	授与者
福建協和大学	1918、1934	N.Y.
金陵女子大学	1911、1935	N.Y.
之　江　大　学	1920	D.C.
華　中　大　学	1910	N.Y.
華南女子大学	1922、1934	N.Y.
嶺　南　大　学	1893	N.Y.
金　陵　大　学	1911	N.Y.
聖　約　翰　大　学	1905	D.C.
滬　江　大　学	1917	Va.
斉　魯　大　学	1924	Canada
東　呉　大　学	1900	Tenn.
華西協合大学	1922、1934	N.Y.
燕　京　大　学	1929	N.Y.

（注）１）N.Y.　The Regents of the State of New York.
　　　　　D.C.　District of Columbia.
　　　　　Can.　The Dominion of Canada.
　　　　　Va.　General Assembly of the State of Virginia.
　　　　　Tenn. State of Tennessee.
　　　２）授与年が二つあるのは、前身校が授与されたもの
〈出典〉　W.P. Fenn, *Christian Higher Education in Changing China, 1880-1950*, 1976, p. 241

9 キリスト教大学理事会による校史編纂

大学	出版者	刊行年
FUKIEN CHRISTIAN UNIVERSITY, by Roderick Scott	UBCCC	1954
GINLING COLLEGE, by Mrs. Lawrence Thurston and Miss Ruth M. Chester	UBCCC	1955
HANGCHOW UNIVERSITY, by Clarence Burton Day	UBCCC	1955
HUACHUNG UNIVERSITY, by John L. Coe	UBCHEA	1962
HWA NAN COLLEGE, by L. Ethel Wallace	UBCCC	1956
NANKING, UNIVERSITY OF, by William P. Fenn	UBCHEA	未定
LINGNAN UNIVERSITY, by Charles Hodge Corbett	LINGNAN	1963
ST. JOHN'S UNIVERSITY, by Mary Lamberton	UBCCC	1955
SHANGHAI, UNIVERSITY OF, by John Burder Hipps	SHANGHAI	1964
SHANTUNG CHRISTIAN UNIVERSITY, by Charles Hodge Corbett	UBCCC	1955
SOOCHOW UNIVERSITY, by W.B. Nance	UBCCC	1956
WEST CHINA UNION UNIVERSITY, by Lewis C. Walmsley	UBCHEA	1974
YALE-IN-CHINA, by Reuben Holden	YALE	1964
YENCHING UNIVERSITY, by Dwight W. Edwards	UBCHEA	1959

（注）
- UBCCC　　United Board for Christian Colleges in China, New York
- UBCHEA　United Board for Christian Higher Education in Asia, New York
- LINGNAN　Board of Trustees of Lingnan University, New York
- SHANGHAI　Board of Founders of the University of Shanghai, Richmond, Va.
- YALE　　　Yale-in-China Association, Inc., New Haven, Conn.

〈出典〉　W.P. FENN, *Christian Higher Education in Changing China, 1880–1950*, 1976, p. 249

附　録

C　年　表

1　教育権回収運動と私立学校規程関係年表

年	(月日)	教育権回収運動	(月日)	私立学校規程	(月日)	政治・宗教
1919年		少年中国学会の結成	1917年	中外人士設専門以上同等学校考核待遇法	1919年	五・四運動
			1920年	外人設立専門以上学校准照大学及専門学校各項令規程	1921年	中国共産党の結成
			1921年	教会所設中等学校請求立案弁法		
1922年	(3.9)　(上海)	非基督教学生同盟宣言			(4.4)	世界基督教学生同盟大会
	(3.21) (北京)	反宗教大同盟宣言			(5　)	中華基督教協進会結成
	(4.9) (北京)	反宗教大同盟講演会				
	(5　)	社会主義青年団第1回大会決議				
1923年	(10　)	少年中国学会決議				
1924年	(3末)	東三省における教育権回収の宣言			(1.20)	第一次国共合作
	(4.22)	広州聖三一学校生徒の宣言				
	(6　)	広東学生連合会決議				
	(7　)	中華教育改進社年会決議				
	(8　) (上海)	全国学生連合会決議　非基督教同盟結成				
		各地に「非基督教同盟」の支部できる				
	(10　)	全国教育会連合会決議				
	(12　)	中国青年社の結成、出版活動				
		上海・長沙・広東の教育権回収運動				

— 188 —

年	教育権回収運動	(月日)	私立学校規程	(月日)	政治・宗教	(月日)
1925年	各地で反帝国主義学生運動 反文化侵略大同盟の結成 反基督教総同盟の結成 全国学生連合会決議 光華大学設立	(6　) (夏) (12)	外人捐資立学請求認可弁法	(11.16)	五・三〇事件 広東国民政府成立	(5.30) (7.1)
1926年			教育部、規程第188号を批准 登録申請期限 広東国民政府、私立学校規程、私立学校董事会設立規程、学校登録規程を公布 湖北私立学校規程	(7.6) (9.15) (10.18) (11　)	北伐開始	(7.9)
1927年			登録申請期限 国民政府大学院、私立大学及専門学校立案条例を公布	(4　) (10.20)	南京宣教師殺害事件 上海クーデター 国共分裂	(3.24) (4.12) (7.15)
1928年〜			私立学校の登録促進命令　国民政府教育部、私立学校規程を公布 第二次全国教育会議決議 登録申請期限	(3.20) 1929 (8.29) 1930 (4　) 1932 (6.30)		

附　録

2　キリスト教大学における教育権回収運動と登録問題関係年表

大　学　名		教　育　権　回　収　運　動
東　呉　大　学	1925. 6	学生からの質問状と授業停止要求 中国人教師から西洋人教師への要求
聖 約 翰 大 学	1925. 6 1925. 9 1927. 1 1928. 秋	国旗事件（大学生262名、中学生290名が退学）閉鎖 少数の学生で開校 西洋人教師引揚により閉鎖 開校
華 西 協 合 大 学	1925. 5 1926. 9	学生デモ参加により閉鎖 学生ストライキ 西洋人教師引揚により閉鎖
之　江　大　学	1927. 3 1927. 3 1927.	西洋人教師引揚により閉鎖 中国人の手により開校 西洋人教師と対立混乱、閉鎖
華 南 女 子 大 学	1925. 6 1925. 9 1927. 1.16 1927. 2.24 3.24	学生デモ参加により閉鎖 開校 戦乱により閉鎖 開校 接収を叫ぶ学生達が侵入
金 陵 女 子 大 学	1925. 6. 3 1926. 6 1927. 3	学生デモ参加により閉鎖 学生からの質問状と討論会 暴民による略奪
福 建 協 和 大 学	1925. 6 1927. 1	１週間の学生ストライキ 北伐軍により建物の接収
斉　魯　大　学		
燕　京　大　学	1926. 3.18 1927. 4	学生ストライキ、発砲事件 ニューヨーク托事部よりの避難指令
華　中　大　学	1926. 9 1927. 2 1927. 3	武昌包囲戦により閉鎖 学生の自主管理要求 西洋人教師の引揚により閉鎖

〈出典〉　United Board for Christian Colleges in Chinaの各大学校史より作成。

登　録　問　題	
1926. 秋 1927. 3	宗教科の選択制、中国人理事 Nanee校長辞任、12月、中国人校長
1927.11.11 1928. 秋 1929. 1. 1 1931. 夏 1945 1946.11	登録問題委員会を設置 非登録方針を決定 中国人副校長 理事会の登録申請、却下 重慶政府に登録 理事会の登録申請、認可
1925.11 1926. 4 1927. 2 1927. 9	北京政府への質問状 宗教科の選択制 中国人校長 省教育庁へ登録申請
1927. 6 1927. 8 1928. 5 1928. 7. 5 1929. 秋 　　　12	校長Fitch、蔣夢麟と会談 Fitchは副校長へ。中国人校長 ミッション本部より登録不許可の電報 省教育庁に登録申請、却下 理事会は登録まで学校閉鎖を決定 開校 本部より登録許可
1927. 6 1928. 6 1931. 9	中国人のみの理事会を開催 中国人校長 登録申請、却下
1928. 1	中国人校長 教育部への質問状 学生からの登録要求
1927. 1 1927. 4 1927. 6	Gowday校長辞任 中国人を議長とする行政委員会を組織 ミッション本部に登録について電報 登録申請
1926. 6 1928.11 1929. 5	教育部への質問状 現地管理委員会よりカナダ管理委員会に対し登録を勧告 登録申請、却下
1927. 2 1928	登録認可 Stuart校長辞任、教務長に
1926.10.25 1927 1927 1929. 5	武漢政府に登録 宗教科の選択制、宗教行事の任意参加制 省教育庁に登録期限の延期を要請、許可 中国人校長、Gilman前校長は校長代行

— 191 —

附　録

D　キリスト教学校関係拙稿（既発表分）

＊「解放前中国における教育権回収運動とミッション系大学―私立学校登録規定をめぐって―」教育史学会紀要『日本の教育史学』25集所収、1982年9月
＊「1920年代中国におけるミッションスクールと教育権回収運動―プロテスタント系中等学校を中心として―」阿部洋編『日中教育文化交流と摩擦』所収、第一書房、1983年11月
＊「中国キリスト教主義学校の登録認可問題―日本における訓令12号問題との比較―」『日本比較教育学会紀要』10号所収、1984年3月
＊「キリスト教宣教会の中国における教育活動―高等教育を中心に―」『東亜』203号所収、霞山会、1984年5月
＊「社会主義革命後の中国ミッション系大学―新体制への適応から消滅まで―」国際基督教大学学報『教育研究』27号所収、1985年3月
＊「キリスト教宣教会の中国における教育活動―プロテスタント系13大学を中心として―」阿部洋編『米中教育交流の軌跡』所収、霞山会、1985年12月
＊「中国における女子教育の発展とミッションスクール」国際基督教大学学報『教育研究』29号所収、1987年3月
＊「デューイと中国―1920年代の教育改革を中心に―」『日本デューイ学会紀要』28号所収、1987年6月
＊「戦前日本のキリスト教学校―ナショナリズムへの対応を中心に―」文部省科学研究費補助金研究成果報告書『道徳教育における宗教教育の意義に関する基礎的研究』所収、1988年3月

参 考 文 献

A　史料

①図書

〈中国〉

中国基督教教育調査会編『中国基督教教育事業』上海、1922年

中国青年社・非基督教同盟編『反対基督教運動』北京、1925年

『東呉大学25週紀念特刊』1926年

張欽士選輯『国内近十年来之宗教思潮』北京、1927年

舒新城編『中国新教育概況』上海、1928年

山西銘賢学校『銘賢二十周年紀念冊』上海、1929年

王雲五編『最近三十五年之中国教育』上海、1931年

『第一次中国教育年鑑』1932年

美国平信徒調査団『宣教事業平議』上海、1933年

丁致聘編『中国近七十年来教育記事』1935年

燕大学生自治会編『燕大三年』1948年

九龍真光中学編『真光創光九十五周年紀念特刊』1967年

『丁韙良遺著選粋』台湾、1981年

嶺南大学同学会『鍾栄光先生伝』1967年

瞿立鶴『清末民初民族主義教育思潮』中央文物供應社刊、1984年第3章3節

— 193 —

参 考 文 献

〈欧米〉

American Presbyterian Mission Press,

Memorials of Protestant Missionaries. 1867 (Reprinted in 1967)

Records of the Triennial Meeting of the Educational Association of China held at Shanghai, May 2-4, 1893 (Reprinted in 1971)

Records of the Second Triennial Meeting of the Educational Association of China. Shanghai, 1896

Records of the Third Triennial Meeting of the Educational Association of China. Shanghai, 1899

China Christian Educational Association (Educational Association of China),

Records of the Sixth Triennial Meeting of the Educational Association of China. Shanghai, 1909

Handbook of Christian Colleges and Universities. 1926.

The Christian College in New China. 1926

China Educational Commission, *Christian Education in China.* New York, 1922

East China Christian Educational Association, *Middle School Standards,* Shanghai, 1929

Educational Association of China, *Records of the Triennial Meeting of the Educational Association of China* (1899, 5/17-5/20, Shanghai) 台湾, 1971

International Missionary Council, *Chinese Christian Education: A Report of a Conference Held in New York City, April 6th, 1925.* New York, 1925

Laymen's Foreign Missions Inquiry,

Regional reports, China. New York and London, 1933

Fact-Finders' Reports. New York and London, 1933

Miao and Price, *Religion and Character in Christian Middle Schools,* 1929

Wei, Francis. *Dr. Francis C. M. Wei's Writings on Education, Culture and Religion*. Taipei, 1980

United Board for Christian Colleges in China (United Board for Christian Higher Education in Asia),

West China Union University, 1973, by L. C. Walmsiey

St. John's University, 1955, by M. Lamberton

Huachung University, 1962, by J. L. Coe

Ginling College, 1955, by L. Thurston and R. M. Chester

Hangchow University, 1955, by C. B. Day.

Yenching University, 1959, by D. W. Edwards

Shantung Christian University, 1955, by C. H. Corbett

National Christian Council of China, *Religious Education in the Chinese Church*. Shanghai, 1931

〈日本〉

満鉄総務部編『支那ニ於ケル外国人経営ノ教育施設』1915年

朝鮮総督府『支那教育状況一斑』1919年

余家菊「教育権回収問題」『北京満鉄月報』特刊8号、1926年

外務省文化事業部『欧米人ノ支那ニ於ケル主ナル文化事業』1929年

外務省文化事業部『満州及支那ニ於ケル欧米人ノ文化事業』1938年

華北総合調査研究所『華北公理会調査報告書』北京、1944年

多賀秋五郎『近代中国教育史資料』清末編、民国編（上）・（中）・（下）、人民中国編、1974-1976年

舒新城著、阿部洋訳『中国教育近代化論』明治図書、1972年

参考文献

②定期刊行物

〈中国〉
醒獅週報社『醒獅』
教育雑誌社『教育雑誌』
東方雑誌社『東方雑誌』
中国青年社『中国青年』
中華教育界社『中華教育界』
中華教育改進社『新教育』
人民教育出版社『人民教育』
基督教会全国議会続行委辦会『中華基督教会年鑑』(Reprinted)
中華基督教教育会『教育季刊』
中国全国学生連合会『中国学生』

〈欧米〉
China Christian Educational Association, *Educational Review*
International Missionary Council, *International Review of Missions*
National Christian Council of China, *Chinese Recorder*
 The China Christian Year Book（*The China Mission Year Book*）

③**日本外務省記録**『文化施設及び状況調査関係雑件　在外の部』
　　　　　　　　　『支那ニ於ケル利権回収問題一件』
　　　　　　　　　『参考資料関係雑件、学校及び学生関係』

④その他

〈中国〉

「中華民国学生連合会総会第七届全国代表大会宣言及議決案」1925年

「私立金陵大学一覧」1933年

「私立金陵大学文学院概況　民国23年至24年」

「私立燕京大学一覧─民国19年至20年─」

「燕京大学宗教学院簡章─民国18年-19年」

「銘賢学校農科工作概況報告─民国24年度─」

「私立福建協和学院一覧─民国27年度─」

「私立華南女子文理学院一覧─民国23年度─」

「私立滬江大学一覧1929-1930」

「私立滬江大学1936-1937」

「私立齊魯大学文理学院一覧─民国21年度─」

「私立徳貞中学三十週年校慶特刊」

「私立華西協合大学一覧」1928年

「私立嶺南大学一覧─民国20年至21年度─」

「弘道女子中学二十週年紀念刊」1932年

参 考 文 献

B　研究書

①図書

〈中国〉

舒新城『収回教育権運動』上海、1927年
程謫凡『中国現代女子教育史』上海、1936年
楊森富編『中国基督教史』台湾、1968年
林治平『基督教與中国近代化論集』台湾、1970年
陳景磐編『中国近代教育史』北京師範大学、1979年
陳元暉『中国現代教育史』北京、1979年
顧長声『伝教士与近代中国』1981年
顧長声『従馬礼遜到司徒雷登』上海、1985年
華東師範大学教育系編『中國現代教育史』上海、1983年
高奇主編『中国現代教育史』北京、1985年
胡光麃『影響中国現代化的一百洋客』台湾、1983年
李時岳『近代中国反洋教運動』北京、1985年
梁元生『林楽知在華事業與万国公報』香港、1978年

〈欧米〉

Band, Edward. *Working His Purpose Out: The History of The English Presbyterian Mission 1847-1947*, Presbyterian Church of England, (Reprinted in 1972)

Burton, Margaret. *The Education of Women in China.* New York, 1911

Chow Tse-tsung, *The May Fourth Movement.* Harvard University Press, 1960

Corbett, Charles. *Lingnan University.* New York, 1963

Crabtree, L. H. *Christian Colleges and the Chinese Revolution.* 1969

Fairbank, John K.(ed.) *The Missionary Enterprise in China and America.* Harvard University Press, 1974

Chinese American Interactions. New Jersey, 1974

Barnett, Suzanne (ed.) *Christianity in China: Early Protestant Missionary Writings.* Harvard University Press, 1985

Fenn, William. *Christian Higher Education in Changing China 1880–1950,* 1976

Fenn, William. *Ever New Horizon,* 1980

Gregg, Alice Henritta. *China and Educational Autonomy: The Changing Role of the Protestant Educational Missionary in China, 1807–1937,* Syracuse University, 1946

Hipps, John. *History of University of Shanghai,* Board of Founders of the University of Shanghai, 1964

Holden, R. *Yale-in-China,* 1964

Keenan, Barry. *The Dewey Experiment in China: Educational Reform and Political Power in the Early Republic,* Harvard University, 1977

Lacy, Walter. *Hundred Years of China Methodism,* New York

Latourette, Kenneth Scott. *A History of Christian Missions in China,* London, 1929

Lutz, Jessie Gregory. *China and the Christian Colleges 1850–1950,* 1971. Cornell University Press

Rabe, Valentin. *The Home Base of American China Missions, 1810–1920,* Harvard University Press, 1978

Rea, Kenneth and Brewer, John. *The Forgotten Ambassador: The Reports of John Leighton Stuart, 1946–1949,* Boulder, Colorado, 1981

West, P. *Yenching University and Sino-Western Relations 1916–52,* 1976

Wheeler, Reginald. *Flight to Cathay: An Aerial Journey to Yale-in-China,* New

参　考　文　献

Haven, 1949

Wilber, Harr (ed.). *Frontiers of the Christian World Mission since 1933*, New York and London, 1962

〈日本〉

平塚益徳『近代支那於教育文化史』目黒書店、1942年

平塚博士記念事業会編『平塚益徳著作集Ⅱ　中国近代教育史』教育開発研究所、1985年

鈴江言一『中國解放闘争史』石崎書店、1953年

山本澄子『中国キリスト教史研究』東大出版会、1972年

寺廣映雄『中国革命の史的展開』汲古書院、1979年

阿部洋編『日中関係と文化摩擦』巌南堂書店、1982年

同上編『日中教育文化交流と摩擦―戦前日本の在華文化事業―』第一書房、1983年

同上編『米中教育交流の軌跡―国際文化協力の歴史的教訓―』霞山会、1985年

②その他

〈中国〉

胡國台「早期美國教会在華教育事業之建立」台湾政治大学碩士論文、1979年

楊翠華「非宗教教育與収回教育権運動」台湾政治大学碩士論文、1978年

〈欧米〉

Ka-che Yip, '*The Anti-Christian Movement in China 1922-1927*', 1970 (Dissertation)

Putten, Dyke Van. *Christian Higher Education in China.* Chicago, 1937 (Dissertation)

Records of the Department of State Relating to Internal Affairs of China

Seto, Yau. *The Problem of Missionary Education in China.* New York, 1927 (Dissertation)

Soochow University Anniversary Catalogue. Taipei, 1982

Bulletins of China Christian Educational Association

あ と が き

　国際基督教大学大学院に進学してから、まことに遅々たる歩みであったが、ようやくのことで論文を提出し、1988年6月、学位を授与された。その博士論文に対し、昨年、文部省科学研究費補助金「研究成果公開促進費」の交付を受けて、本書を発行する運びとなった次第である。幸いにも同年、活水女子短期大学に新しい職場を得て赴任し、日本と中国のキリスト教学校の史的展開に思いを巡らせる昨今である。

　その間、国立教育研究所の阿部洋先生からは、多くの御教示をいただき、本書の再検討に着手したが、十分な加筆を加える時間がなく、刊行に至ったことは心苦しい限りである。あらためて阿部先生に御礼を申し上げる。

補　篇　欧米諸国の在華教育事業

第1部　キリスト教宣教会の在華教育活動

〔1〕　東方女子教育協進社による中国女子教育の開発

　中国の女子教育史は日本と比べて大きな違いを持っている。男女共学が日本より早く実現していることである。1920年から北京大学は女子学生を受け入れ、他の大学もそれに続いた。中等教育における男女共学は、少し遅れたが実現した。男女共学が民国時代を通じ、明言されていたわけではないが、実態として存在していた。初等教育における男女共学は日本と同じである。勿論、女子学校教育の普及は日本の方が早くから進んだ。このような男女共学の受容は、前近代中国における厳しい「男女別あり」の価値観から急速に展開したことになる。旧中国における教育の主要な目的は科挙に及第し役人になることであったから、女子には教育は閉じられた道であった。儒教の女性観の影響もあって女性に独立した人格を認めず、男児の教育における女性の役割も認めなかった。

　ではなぜ、このような急速な展開を見せたのか。日本との違いにもう一つキリスト教宣教会の教育事業が中国女子教育において活発に行われた点がある。宣教会によるキリスト教女子教育は、決して男女共学を前提とするものではない。しかし、これらの学校教育がもたらした国際社会の共通ルール、システム、カリキュラムが影響を与えたことが考えられる。本稿では、西洋キリスト教世界が中国の女子教育に着目し、中国宣教の重要な手段であると発見した最初の例として、英国の「東方女子教育協進社」(Society for Promoting Female Education in the East) を取り上げる。

第1部　キリスト教宣教会の在華教育活動

Ⅰ　キリスト教宣教会の中国伝道

　19世紀初頭、プロテスタント宣教会の中国伝道が開始された。1842年、アヘン戦争に敗北した清朝政府は開港場での伝道を認め、1860年から内地伝道が始まった。欧米宣教会は宣教事業とともに教育や出版印刷、医薬治療に進出したが、この中で教育事業の影響がもっとも大きかった。中国における公教育の開始は1904年であり、それまでは欧米宣教会が学校教育を提供し、また、引き続き中国の各学校段階で教育事業を展開していたからである。

　中国におけるプロテスタント宣教会の教育事業は、1839年に設立された澳門のモリソン学校に始まるとされる。その後、開港場には初等教育を施す小規模なキリスト教学校が多数出現した。1904年に清朝政府は近代学校制度を発足させたが、女子のための学校制度は1907年まで待たなければならなかった。このような中国女子教育の遅れが、西洋キリスト教世界から着目されることになったのであった。

　やがて、1920年代後半になると、中国全土にナショナリズムが高揚し、これらのキリスト教学校は、欧米列強の中国侵略の手先として激しい糾弾を浴びることになる。そのため、外国のミッションスクールから中国のキリスト教学校への転換を余儀なくされるが、同時に私立学校としての公認を得て、中国公教育を補完する地位を築いて行った。しかし、やはり、社会主義中国となって、その外国依存を非難され、ついにその活動の幕を閉じなければならなかったのである。

　戦前日本のキリスト教学校が114校（1930年、基督教学校教育同盟『日本におけるキリスト教学校教育の現状』p. 17）であったのに対し、中国キリスト教学校は13,637校（1925年、舒新城『収回教育権運動』p. 42）と、その数が大きい。一方、中国キリスト教学校の歴史に対する評価はどうかというと、現代中国において最近はかなり高い。『中国教会学校史』（高時良主編、湖南教育出版、1994年）は、

　　　　　〔1〕　東方女子教育協進社による中国女子教育の開発
(1)　中国と西洋の文化交流を促進した。
(2)　先進的な科学技術の知識と技能とを輸入した。
(3)　女子教育を開発した。
(4)　近代学校教育のモデルを導入した。
(5)　学校管理体制を打ち立てた。

と、高く評価している（同書pp. 292-301）。

　このように中国キリスト教学校が女子教育の開発者とされるのは何故だろうか。何故、女子教育であったのか。一つの理由として、女性宣教師の存在が考えられよう。日本において「明治初期、プロテスタント・キリスト教の宣教師によって、日本における近代的な女子教育が着手されたことは、広く知られている。婦人宣教師を創立者とする、いわゆるミッション系私立女子校は今日に至るも健在であり、その一部は大学を擁して、日本の女子教育に一定の影響力を保持している」と言われているからである（小桧山ルイ『アメリカ婦人宣教師』東京大学出版会、1992年、p. 1）。この事は中国においても全く同じである。しかし、中国において近代的な女子教育を開始した東方女子教育協進社とは何か。イギリスの宣教会を示す名称を持っていない。中国最初の女学校の設立運営に関わった東方女子教育協進社の活動の考察が必要となる。

II　キリスト教宣教会による中国女子教育の開始

　1844年、中国寧波に寄宿制のキリスト教女学校が設立された。それは東方女子教育協進社が派遣したミス・アルダーシー（Mary Ann Aldersey, 1797-1868）により創設された。その後、中国では次頁の表1のようにキリスト教女学校の設立が続いた。

　アメリカの宣教会による設立が圧倒的に多いが、最初のキリスト教女学校はイギリスにより設立されたのである。「海外伝道への出資において、アメリカがイギリスを追い越すのは漸く第一次世界大戦の少し前である。ところが、女性の手による海外伝道だけを比べてみると、すでに1889年の時点でアメリカは

イギリスをはるかにリードしている」(小桧山ルイ、前掲書、p. 18) と言われているが、1834年に東方女子教育協進社がイギリスに誕生している。女性の手による海外伝道は、最初にイギリスで生まれたのである。

このようなアメリカ・イギリス人女性による活動にも関わらず、中国の女学校は次の表2・表3のように遅々とした歩みしか見せていない。当時の中国では、男子の教育には最大限の力を尽くすのに、女子に教育の価値を認めることはきわめて稀であった。女子を学者や役人にする希望も欲求も持てないからであった。いち早く中国における女子教育の惨状に気が付いたのは、アビール (David Abeel) というアメリカ人在華宣教師であった。彼はアメリカで、アメリカの女性が中国などの女性を対象に伝道団体を組織することを提唱した。

表1 キリスト教女学校の設立

1851年　上海文経女塾（米国聖公会）	1872年　北京慕貞女塾（米国美以美会）
1854年　福州文山女子中学校（米国公理会）	1873年　九江儒励女塾（米国美以美会）
1860年　上海清心女塾（米国北長老会）	1874年　武昌布倫女塾（米国聖公会）
1864年　北京貝満女塾（米国公理会）	1888年　広州培道女塾（英国）
福州陶淑女子中学校（英国）	1890年　上海中西女塾（米国婦女南監理会）
1868年　広州真光書院（米国長老会）	

〈出典〉 郭衛東他『近代外国在華文化機関総録』より作成。

表2 キリスト教女学校の発展

西　暦	学校数	生徒数
1849年	3	50名以下
1860年	12	165名
1869年	31	556名
1877年	38	524名
1896年	308	6,798名

〈出典〉 梁歐第他『近代中国女子教育』1985年、pp. 32-33

表3 清朝末期の女学堂

西　暦	女学堂数	生徒数
1904年	25	468
1905年	71	1,665
1906年	233	5,945
1907年	391	11,936
1908年	513	18,202
1909年	722	26,465

〈出典〉 同左　p. 38

〔1〕 東方女子教育協進社による中国女子教育の開発

しかし、既存の宣教会の猛反対にあった。イギリスでも同様の提唱をおこない、1834年に東方女子教育協進社が結成されたのである。

Ⅲ 東方女子教育協進社とは何か

　中国において早くから女子のための学校教育を開始したのは、欧米宣教会であった。中国に到着した宣教師の妻や女性宣教師たちがすぐに、女子のための学校を設立し運営したからである。その最初の学校は、1844年寧波に設立されたミス・アルダーシーの女学校である。彼女は、1834年ロンドンで結成された東方女子教育協進社から最初に中国に派遣されたが、この組織は、宣教会との密接な関係をもたない単立の団体であった。会員欄には名流婦人の名が見られるが、一般女性も個人の資格で多数参加していた。個人が払う会費で運営されていたのである。英国において女性の自覚が進んだこの時期に結成された、いわば女子教育を中心にした女性解放運動を東へ東へと進める団体であったと言えよう。

　女侯爵を会長にし、その他の役員全てが女性であった。独身女性もいれば既婚女性もいた。会則を見ると、次のようになっていた。(*Female Missionary Intelligenncer*, January, 1862)

(1) この会の目的は、東方に学校を設立することおよび学校の維持管理である。東方においては望ましい教育機会が提供されなければならない。そのために敬虔でよく教育された人を校長として派遣出来るよう、この国で選抜し準備する。また、現地の教師を従わせられるよう訓練し励ます。

(2) 必要な資金は他の組織と同様集められなければならない。年会費、寄付金であり、その他可能な方法で集める。

(3) この会と関係をもった学校においては、生徒が聖書についての知識を獲得すること、そして救い主イエスを信じることが常に目指されなければ

ならない。また、生徒の環境から望ましいと思われるその他のすべての有用な知識が知らされなければならない。

((4)・(5)・(6)略)

　会則から、東方における女子の教育によって信徒を獲得していくことが目指されたことが分かる。宗派は記されていない。東方女子教育協進社の他の文書にも宗派性はない。アルダーシーは非国教徒であり、非国教徒の女性の伝道組織であると考えられる。

　経費については、1863年の報告によれば、3,689ポンド余りの収入があったという。その内訳を見ると、直接的な寄付が1,042ポンド、会費と補助団体からの寄付が2,061ポンドで、この2つが大きな比率になっている（*Female Missionary Intelligenncer*, January, 1863, p. 22）。キリスト教伝道団体ではあるが、イギリスの教会や宣教会とは関係のない女性会員組織で支えていたことが理解できよう。

　当時のイギリスはヴィクトリア朝時代であり、産業革命が進行していた。豊かになった中産階級の女性たちが、活発に家庭外での活動を始めた時期と言われる。その中で、東方への海外伝道がイギリス女性の心を捉えたのである。しかし、当時は男性主体の海外伝道が展開していたと思われる。受け入れられなかった女性達が自分達で組織を作り、経営し、女性教師を養成し、海外へ派遣したのであった。日本のキリスト教女子教育はアメリカにおける女性解放の歴史とともに進んだという。中国の場合は、イギリスにおける女性解放の歴史とともに始まったと言うことができよう。

Ⅳ　東方女子教育協進社の活動

　それでは、東方女子教育協進社はどこでどのような活動を行なったのであろうか。次に示すとおり、東方の範囲がきわめて広かったことが分かる。
（*Female Missionary Intelligenncer*, January, 1862）

〔1〕 東方女子教育協進社による中国女子教育の開発
(1) 出先機関の設置
ケープタウン、マドラス、ボンベイ、シンガポール、ホンコン、モーレシャス、レバノン、カイロなど
(2) 現地の学校への援助
中国、ビルマ、ベンガル、オリッサ、テネベリ、サウストラヴァンコール、セイロン、カフウァランド、シエラレオネ、アルジェリア、カイロ、ベイルートなど
(3) 他の学校で働く現地人女性への援助
シンガポール、ホンコン、モーリシャス、レバノン、カイロなど

さらに次の表4は、東方女子教育協進社の補助を受けた生徒数を示している。補助の金額が判明していないので、東方女子教育協進社がどの程度、目的を遂げたのかは不明である。しかし、中国では東方女子教育協進社は最初の女学校を作ったという名誉ある地位を占めている。中国女子教育の発展には宣教会だけでなく、イギリス女性の自覚の高まりが関係していたことは明白で、興味深い。

次頁の表5は、東方女子教育協進社から人的金銭的援助を受けた学校数を示している。1861年頃と1867年頃の状況である。この間に、その数が1.38倍になったことが分かる。各地域もそれぞれ増加している。まだ、すべての年度に

表4 特別献金によって支えられている子ども

中国	13名	北西地方＊	96名
ガンジス以東	4名	南アフリカ	3名
ベンガル	28名	西アフリカ	8名
マドラス	20名	地中海東部	9名
ムンバイ	1名		

＊詳細不明、インド北西部と思われる。
〈出典〉 *Female Missionary Intelligenncer*, January, 1862

第1部　キリスト教宣教会の在華教育活動

表5－1　東方女子教育協進社の援助学校数（1861年頃）

	寄宿制の学校	孤児院	通学制の学校	幼稚園	計
中国	3	2	7	—	12
ガンジス以東	3	—	14	—	17
ベンガル	13	3	20	5	41
マドラス	24	57	—	—	81
ムンバイ	4	—	7	—	11
北西地方	3	4	8	1	16
セイロン	2	—	22	—	24
モーリシャス	—	—	1	—	1
南アフリカ	6	—	24	4	34
西アフリカ	1	1	2	—	4
地中海東部	5	1	6	—	12
総計	64	68	111	10	253

〈出典〉　*Female Missionary Intelligenncer*, January, 1862

表5－2　東方女子教育協進社の援助学校数（1867年頃）

	寄宿制の学校	孤児院	通学制の学校	幼稚園	計
中国	3	＊	12	—	15
ガンジス以東	2	—	7	—	9
ベンガル	13	5	27	5	50
マドラス	23	—	72	—	95
ムンバイ	6	—	20	—	26
インド中央	—	—	1	—	1
北西地方	9	＊	34	—	43
セイロン	3	—	25	—	28
モーリシャス	1	—	1	—	2
南アフリカ	7	—	27	＊	34
西アフリカ	4	＊	9	—	13
アルジェリア	—	—	1	—	1
地中海東部	4	＊	30	—	34
総計	75	5	266	5	351

＊左欄に包括される
〈出典〉　*Female Missionary Intelligenncer*, December, 1867

〔1〕 東方女子教育協進社による中国女子教育の開発

わたって数量を知ることは出来ないが、東方女子教育協進社の活動は、アジアとアフリカの各地域に広がっていたと思われる。

V　アルダーシーの女学校

それでは、アルダーシーはどのような活動を行ったのであろうか。彼女は裕福なロンドンの非国教徒の家に生まれた。教派に属さない独立宣教師であった彼女はまた、中国における女性宣教師のパイオニア的存在であるといえる。アルダーシーの活動を見てみよう（Margaret E. Burton, *The Education of Women in China*, Fleming H. Revell, 1911）。

1816年　中国語学習の開始
1824年　ロバート・モリソンから中国語を習う。(1826年まで)
1827年　ロンドン会へ寄付し、一人の女性宣教師をマラッカに送った。
1832年　マラッカ伝道団に参加。（妹の6人の子の世話のため中止）
1837年　バタビア（現在のジャカルタ）で華僑女子のための学校を設立。
　　　　アルダーシーの心は中国に向かっていた。
1844年　寧波に最初の女学校（寄宿制）を設立。

また、同書はアルダーシーの困難な教育活動を次のように記述している。

教師Lai-sunはバタビアから従ってきた。パイオニアの女学校が直面したものはきわめて強力な慣習（女子無才、ただ手芸の教育のみ）であった。アルダーシーに対する自然な質問は「なぜ来たのか」であった。また、彼女には隠された動機があると言われた。自分の子供すべてを殺したので、今度は他人の子供を殺したいと思っているのだ、などである。健康に良いとして、アルダーシーが持ち歩いていた香る塩は悪魔の精神をばらまいていると言われた。

第1部　キリスト教宣教会の在華教育活動

その後のアルダーシーについて、次のように報告されている（Dean, *The China Missions*, p. 141）。

1845年　McCartee博士（寧波の長老会宣教師）の報告によると、15名の生徒がいた。

1852年　E.W. Syle牧師が寧波を訪問（出典：*Sprit of Missions*、1852年3月）、その報告によれば、寧波市の中心部に広い家を借りていた。生徒40名、科目は共通の学科と裁縫、刺繡であり、実際の女子の生活にあわせる努力を行ったとある。

1861年　13年後、健康を害したので寧波の長老会女学校と統合を計画。その後オーストラリアのアデレードに引退した。こうして中国を去ったが、よく訓練された中国女性を残した。

　彼女の学校は、1年後に18名、8年後に40名が在籍しただけであった。このように、生徒がなかなか集まらなかったのは、外国人は「子供の目玉を取って薬にする」「悪魔であり、子供に悪魔の心を植え付ける」と、当時しばしば言われたこともあった。しかし、中国の伝統が最も阻害したと思われる。女子に対する学校教育は、中国社会にとっては革命的なことであったからである。このような革命的な事業の最初がアルダーシーの女学校であった。

　南京の宣教師の報告によれば、卒業生のZia夫人の有能な仕事ぶりを見て、アルダーシーによる教育を「たった一人の生徒しかもたなくても、感謝するように教育されている」と、高く評価している。南京の長老会女学校の校長（女性）によるアルダーシーの学校の卒業生についての報告によれば、「秘書は私の欲していた人であった。その仕事にぴったりの人であった。寮母は結婚していたが、給料は寧波の3分の2になっても来てくれた」という。これもまた、高い評価が報告されている（Mrs. Leaman, *In Woman's Work for Woman*, 1889, March）。

〔1〕 東方女子教育協進社による中国女子教育の開発

　カリキュラムについては、1900年5月の5つの女学校のカリキュラムはアルダーシーの時代のそれよりも進んでいた。また、メソジスト派の女性宣教団体の実行委員会では、1883年に福州の中国人伝道者から、もっとリベラルな教育が必要なのではないかという請願が提出されたと言うことで、英語、音楽が導入されたという。その意味では、アルダーシーの学校はきわめて程度の低い内容であり、また生徒の人数も前述したように少なかった。しかし、女子教育の需要、例えば伝道者の妻として働くよく訓練された中国女性の必要性を認識させたのであった。このようにアルダーシーの例から、キリスト教女学校設立への強い議論を起こしたことが分かる。キリスト教女学校の中国における拡大の必要性を誰も疑わなくなったため、アルダーシーが最初の女学校を建ててから、中国にキリスト教女学校が続々と建てられるようになったのであった。

第1部　キリスト教宣教会の在華教育活動

〔2〕　呉貽芳 ——中国教会大学女性校長の一生——

はじめに

　中国のクリスチャンスクールは、19世紀半ばから20世紀半ばまで100年以上にわたる歴史を持っている。それらの多くは、社会主義中国誕生後勃発した朝鮮戦争により海外からの資金援助を失い、消滅して行った。残っていた教会大学も、1952年、旧ソ連をモデルにした本格的な社会主義大学の建設が始まって消滅した。呉貽芳（1893-1985、号冬生）は、南京の金陵女子大学[1]を卒業後、母校の校長としてクリスチャンスクールの存続に腐心し、社会主義革命後も引き続き大学運営に活躍した著名な女性教育家である。金陵女子大学の運命とともに、金陵大学校務委員会副主任委員、南京師範学院副院長・名誉院長、南京師範大学名誉校長となった。

　大学校長以外においても、彼女の活躍はよく知られている。1938年、文化界知名人として国民参政会参政員となり、1941年から1947年まで参政会主席団の一人であった。1945年4月、中国無党派の代表として国連憲章制定会議に参加している。南京で人民解放軍を迎え、1949年9月の人民政治協商会議第一回全体会議に出席している。中華人民共和国成立後も、江蘇省において教育庁庁長、副省長、民主促進会主任委員、婦女連合会副主席を務めている。全国においては、第五次と第六次の政治協商会議常任委員、第一次から第五次までの人民大会代表、婦女連合会副主席、民主促進会中央副主席などを歴任した[2]。

　呉貽芳をこのように活躍させたものは何か。呉貽芳の活躍は、クリスチャンスクールの卒業生としては異質なのではないか。その異質さに光をあてながら彼女の一生を振り返って見たい。なお、呉貽芳の生涯については江蘇省政協文史資料委員会・南京師範大学編『呉貽芳』[3]（以下、『呉貽芳』と記す）の中の記述を主に使用して検討した。南京師範大学は、呉貽芳が最後まで職務を執った大学である。

〔2〕 呉貽芳 ——中国教会大学女性校長の一生——

I 学校時代

1．杭州女学堂

　呉貽芳は1893年1月26日、湖北省武昌に一男三女の中の次女として生まれた。父は呉守訓といい、彼女の祖父が翰林、父が挙人という江蘇省泰興地方の名門であった。呉貽芳が生まれた当時、父は湖北省当陽県知県であった。

　1904年3月、15歳の姉呉貽芬と11歳の呉貽芳は杭州女学堂に入学した。彼女たちが入学した学校は、『呉貽芳』によれば杭州弘道女学堂とされている。しかし、「弘道」は誤りであると思われる。杭州には「弘道女学」があったが、これと混同したのではないか。弘道女学堂は、1867年創立の米国長老会貞才女学、1899年創立の育才女学、1902年創立の恵蘭女学が合併して1912年、弘道女学と称するようになった教会学校である[4]。したがって、呉貽芳が入学した1904年には弘道という名の学校はなかったと言うことになる。実際、呉貽芳は1932年5月12日に開催された「杭州市私立弘道女子中学校20周年記念式典」に来賓として招かれ、短いスピーチをしているが、自分がこの学校の卒業生とは言っていない。呉貽芳が招かれたのは、教会学校である金陵女子大学校長としてであろう。呉貽芳博士の演説（大意）として、次のような内容が紹介されている。

　60年前の中国に、はじめてこの女学校が創立された。そのような先智先覚の人がいたことを喜ぶべきである。歴代の学校当局は、経営に苦心惨憺して来た。現在に至って、本校を全国第三位[5]の女学校と見なすことが出来よう。前人の奮闘と犠牲の精神のお蔭である。現在の女子教育の衰微は嘆かわしい。一般の人の教育もまた進歩していない。これを政治が軌道にのらなかったためとするのは不当である。教育も進歩がなかった。前人の学校創立の精神に倣わなければならない[6]。

第 1 部　キリスト教宣教会の在華教育活動

　ここから、「弘道女学」が屈指の女学校であり、「杭州女学」に比べて知名度が高かったことが分かる。そのため、混乱が生じたと思われる。他の資料の中には「杭州女子学校」と記しているものもある[7]。

　この学校は、変法自強の維新思想の影響により開設されたものであった。杭州の社会的知名人が、女子であっても読書学習して救国が可能であるという考えにもとづき、開設運営したものであった。姉妹が学校に入学した経緯は次のようであった。呉貽芳は慎ましやかであったが、4歳上の姉呉貽芬は、男勝りで自己の意見にまっしぐらという性格をもっていた。彼女は旧式な家庭生活に不満を持ち、最新式の教育を受けたいと思うようになった。姉妹で杭州女学への入学を父母に懇望したが、父は拒否、母は家庭での学習が大事と言ったという。呉貽芬はその後も何度か懇願し拒絶にあった。そこで剛毅な性格の呉貽芬は一個の金の指輪を飲み込んだので、あわててそれを取り出して一命を取りとめるという事件を起こした。このようにして父母を説き伏せて杭州女学に入学したのであった。外祖父母が杭州に住んでいたためか、杭州女学のことを知っていたらしい。

　杭州女学の雰囲気は民主的で活発であり、伝統的な私塾の旧習はなかったという。全部が新しい西学のカリキュラムで、自然科学のカリキュラムもあった。姉妹は小鳥のように学校内を自由自在に飛び回って学習したと書かれている。杭州女学堂では、二人は一切のものに新鮮さを感じたのである。「この中の全てのものが、これまでよく知っていたところと全然違っていた」[8]のである。

2．啓明女学

　このように杭州女学で学んでいた呉貽芳が転学することになったのは何故か。母方の義理の叔父陳叔通（字は敬第）が勧めたのである。彼は杭州の名士であって、旧式の伝統的な教育を受けていたが思想は開放的であった。その知識は広く、善良な人柄であった。呉姉妹の学習に関心を寄せ、生活や学習上の品物を援助していたという。陳叔通は、「あなた達の学校のカリキュラムは完善とは言えない。教学方法は十分ではないし、特に英文課が設けられていな

い。これは極めて惜しむべきことだ。現在、西学は東漸している。英語をよく理解できなければ、後日の活動において大きな進歩を得るのは困難だ」[9]として、上海にある啓明女学への転校を勧めたのである。外祖父母のいる杭州を離れての学習はさらに困難が多いと思われたが、呉姉妹は英文の学習に興味を持つようになり、上海に行き啓明女学に入学した。1906年末のことであり、呉貽芳は13歳になっていた。杭州女学では二年余学習したことになる。

　啓明女学は一種の新しい学校とされている。何故かと言えば、率先して生理学、動植物学、音楽などのカリキュラムを西洋から導入して開設したからである。とくに英文課を設け、外国人教師を招聘して授業を行っていた。初めのうち、姉妹は英語学習を難しいと思っていた。しかし、中国衰退の原因は先進的な思想・技術の欠如にあり、英語はその先進的な思想・技術を吸収する道具であるという陳叔通の話を聞き入れ、英語をよく学ぼうと決心した。女子卒業生にそのような先進的な役割が期待されたとは考えにくいが、当時の中国で英語学習のカリキュラムが魅力的であったのは確かであるし、呉貽芳もまた英語に惹かれて啓明女学に転校したことが分かる。

3．景海女学

　呉貽芳たちは、啓明女学にも長くいなかった。1907年1月、二人は蘇州にある景海女学に移った。やはり英語学習のためである。景海女学は米国メソディスト系の教会学校で、英文と西洋文化の学習を最も重視していた学校として有名であった。西洋史や西洋文学の科目があった。その最大の教育上の特徴は、すべての開設科目に英文オリジナルテキストを用いて学習を展開していたことである。外国人教師が多く、教授用語は英語であった。教師や学生の質が高く、科目や教育方法も以前の学校より適合していると感じた二人は学習に励んだらしい。姉妹は長足の進歩を示し、姉は海綿が水を吸うように広く各学科をよく学んだ。妹はとくに英文の訓練を重視していたという[10]。

　1909年11月、呉貽芬・貽芳は3年目の学校生活を迎えたが、家からの電報で二人は湖北省武昌に戻った。次章で考察するが、父が自殺し兄や姉も後を追

第1部　キリスト教宣教会の在華教育活動

い、母も亡くなるという状況であったから、以後再び蘇州に戻ることはなかった。

　以上、呉貽芳の金陵女子大学入学前の学校時代を見て来た。呉貽芳の学習歴は、当時始まったばかりの清新な女子教育の影響を受けたことが分かる。義和団事件後、西太后は新政を開始し、教育改革が始まっていた。女子教育への期待が高揚し、それを受け止めた学校や女性が出現していたのである。しかし、「女子小学堂章程」「女子師範学堂章程」が発布され、中国における女子のための学校教育が正式に始まるのは1907年からである。したがって、1904年に学校教育を受けた呉貽芳はきわめて恵まれていると同時に、自ら新しい女子教育を積極的に求めた女性であったことが分かる。また、呉貽芳は、当時の風潮であったと思われる欧米文明への憧れからか、英語学習にきわめて熱心であったことも分かった。

4．金陵女子大学

　金陵女子大学は、米国のプロテスタント諸教派が連合して南京に開設した大学であった。1911年冬、バプテスト、メソディスト、長老会、基督会の各女子中学の校長が上海で会合し、長江流域に中学卒業生のために女子大学を作ろうという動きから始まった。大学創設ともなると一つの教派のみでは負担できず、諸教派が協力して創設し維持しなければならなかったからである。他の教会女子大学に華北協和女子、華南女子の各大学があったが、最も早く正規の大学課程を開設したのは金陵女子大学であった。金陵女子大学は1915年9月、正式に開学した。1916年、スミス女子大学と姉妹校となり、1923年にスミス女子大に「金陵女子大学支援校友会」が結成されてからは、毎年経費を支援されている。その結果、中国の宮殿風の大建築物が次々と建設され、美麗で壮大なキャンパスが作られたのであった[11]。

　呉貽芳が金陵女子大学で学ぶことになった理由は、「杭州弘道女子学堂」米国人教師諾瑪麗[12]の勧めであった。米国史を教えていた諾瑪麗は、在学中の呉貽芳の堅実な英文学習と勉学に刻苦奮励する態度に強い印象を抱いていた。

〔2〕 呉貽芳 ——中国教会大学女性校長の一生——

1915年末、陳叔通が上海商務印書館で働くことになったため、呉一家も上海に来た。そこで呉貽芳は同年9月に金陵で教えることになった諾瑪麗からの手紙を受け取ったのである。諾瑪麗は呉貽芳を思いだし、学習機会を与えてやりたいと思ったのだという[13]。では「杭州弘道女子学堂」とはどの学校なのか。呉貽芳は英文学習をしていたのだから杭州女学ではない。突然学業を中止した蘇州の景海女学であると思われる。時代は民国時代に入り、青年たちは新知識と新技術を求めており、教会学校は歓迎された。呉貽芳は祖母と妹を抱え、叔父の陳叔通も家族が多く学費の工面が困難であったらしいが、決意して金陵女子大学へ入学した。1916年2月、呉貽芳23歳の時であった。

呉貽芳は遅れて同大学の一年生に登録した。前年の9月に始まっていた金陵女子大学に特別生として入学を許可されたのである。呉貽芳を含む計13名が第一期生であった。平均年齢は23歳であった[14]。

金陵女子大学での呉貽芳の学習状況は具体的には分かっていない。the most distinguished graduateと書かれているので、入学した女子のトップであったのだろう[15]。1918年、バプテスト派の教会で受洗している。呉貽芳は五・四運動において学生自治会会長として活躍した。金陵女子大学は1919年、呉貽芳を含む最初の卒業生5名を出したが、彼女たちは中国内での最初の女性学士と言うことになる。同年、金陵女子大学はニューヨーク州立大学から学位認可権を得ていた[16]。

5．ミシガン大学

呉貽芳の米国留学の経緯は次のようであった。1921年冬、マウントホリヨーク女子大学の校長が北京女子高等師範学校で講演をしたことがあった。その時、呉貽芳は通訳を担当した。彼女の流暢な英語に米国人校長は大変驚いたらしい。この校長の推薦で1922年に呉貽芳はミシガン大学に留学することになったのである[17]。『呉貽芳』によれば、留学中の呉貽芳が、1924年に北米中国キリスト教学生会の会長に選ばれたことや、1925年に起こった五・三〇運動に際し、在米中国人留学生会のリーダーとして支援のための募金活動を行ったこと

第1部　キリスト教宣教会の在華教育活動

などが紹介されている。また、1926年、豪首相がミシガン大学の講演で「中国は独立した近代国家ではない。近くのアジア国家の人々が移民して中国を改造しなければならない」と言ったことを機に、呉貽芳は自ら『大学日報』を編集、これに抗議したという[18]。

ミシガン大学での学習を終える前に、金陵女子大学校長就任の話が進行していたが、それは後で検討する。

Ⅱ　呉貽芳の家族

1．父母兄姉の死

次に呉貽芳の家族について言及しなければならない。と言うのは、二年のうちに呉貽芳の父母兄姉の4人が相継いで世を去って、このことが呉貽芳の精神に深刻な傷跡を残すと同時に、彼女の強い性格を作りあげたと思われるからである。

『呉貽芳』によれば、1909年11月、電報を受け取った呉貽芳が武昌の家に帰ると、父の名の位牌があった。父は入水して死んだのであった。祖母、母、兄、姉、呉貽芳、妹の一家6人は杭州の外祖母の家に住み、貧しい生活を送ることになった。生活費に困る状態であり、景海女学を退学した呉貽芳は16歳になっていた。彼女の兄は小さいときから聡明であり、一心に努力し、当時の青年が行きたがった北京の清華学堂に入学することができた。しかし、辛亥革命時、清朝政府は革命鎮圧に学堂費用を流用したため、学堂は閉鎖され兄は家に帰って来た。その後兄は、友達の家に寄宿し何の仕事もしなかった。性格が内向的で誇り高い彼は、穴があったら入りたい位に感じていたという[19]。そして兄は黄浦江に身を投げたのである。兄の死後、病弱であった母が臨終を迎えてしまった。それと同時に姉の呉貽芬は別人のようになり、異常な挙動をするようになったと言うが、家人の誰もが気づかなかった。母の出棺の日、門のところで姉は首を吊ったのであった。こうして一カ月間で呉貽芳は兄、母、姉の家族三人を喪ったのであった。残されたのは、18歳の呉貽芳と9歳下の貽荃、そ

〔2〕 呉貽芳 ——中国教会大学女性校長の一生——

れに70歳の祖母であった。

　以上は1911年のことであったが、その翌年呉貽芳が何をしていたのか分からない。『呉貽芳』は、1913年2月に呉貽芳が叔父の陳叔通の援助で再び杭州女学4年生に編入学したと伝えている[20]。その後1914年、陳叔通が北京に仕事を見つけたため、呉貽芳も一緒に北京に移った。そこで呉貽芳は北京女子師範学校とその附属小学校の英文教師をした[21]。陳叔通が上海に移ると呉貽芳も上海に来たので、三年ぐらい勤めたことになろう。上海で金陵女子大学に来ないかという手紙を受け取ったのは、前述したとおりである。

2．妹の失踪

　呉貽芳は生涯独身であった。国民党官僚からラブレターをもらったことがあるが、三回目のラブレターで、彼は米国留学を告げ、その後音信不通になったという[22]。したがって、祖母亡きあと妹と二人きりであった。その妹も自ら行方をくらまし、呉貽芳の必死の捜索も空しく見つからなかった。呉貽芳は妹貽荃に特別な感情を抱いており、それがかえって妹を失踪させることにつながったのである。『呉貽芳』から、妹との関係を見てみよう[23]。

　呉貽芳は妹を自分の命の一部と見なし、彼女のすべてに心を注いだ。自分は食べることが出来なくても、着るものがなくても妹にはそのような思いをさせなかった。学習上でもよい条件が提供できるよう最大限努力した。1922年、呉貽芳の金陵女子大学卒業後三年して、妹もまた金陵女子大学へ進んだ。妹は不幸の多かったこれまでの人生から、性格が比較的内向的で、孤立しがちで頑固偏屈なところがあった。1926年、呉貽芳がミシガン大学で学位を取ろうとしているころ、妹は金陵女子大学を卒業した。姉と連絡してミシガン大学に来て研究を深めることになった。妹は姉と同様学習に励み、その成績に見るべきものがあった。しかし、呉貽芳は自分の責任を感じていたので妹に厳しく要求した。あるとき、妹は努力した結果、一つの実験を完成させた。その実験報告書を姉に見せたとき、呉貽芳は喜んだが、その報告書の中の二つの間違いを指摘し、厳しく批評した。「あなたの欠点は直っていない。学習は進んでいるの。

あなたは死んだ家族に申し訳が出来るの」。このような姉の態度は、妹には耐えられないと感じさせた。両手で顔をおおって外に走り出して行った。このように、呉貽芳は妹の成長に強い責任を感じていたことが分かる。

1928年、呉貽芳は帰国してすぐ金陵女子大学校長となった。妹も米国から帰国した。妹は米国での学習継続も叔父の家に住むことも、姉の学校での仕事も望まなかった。妹は上海で家庭教師となった。南京と上海に別れて住んだ姉妹は手紙を出し合ったが、姉の手紙はいつも従姉妹の陳慧が運んだ。妹は決して自分の住所を姉に知らせなかったからである。1934年初め、呉貽芳は妹の失踪を知った。叔父は呉貽芳に打撃を与えることを恐れてすぐ知らせていなかったのである。妹の部屋を探しあてたが、写真も本もなかった。銀行には一円も残っていなかった。妹がフィリピンに行ったと言うことを告げる人がいて、呉貽芳は休暇をとってフィリピンへ探しに行った。マニラでの妹の関連先を回ったが、何も分からなかった。妹はわざと自分のよく知っている人から離れて行ったのだ。呉貽芳はそれでも諦めず、シンガポールやマレーシアを探したが無駄であった。家族が全くいなくなってしまった呉貽芳が、教育活動にさらに力を注いだことは、次に見るとおりである。

Ⅲ　金陵女子大学の校長として

1．呉貽芳の選出

では、呉貽芳が金陵女子大学校長となった経緯は何であったのか。1920年代後半の中国ナショナリズムの激しい展開を考えなければならない。中国共産党の指導した社会主義青年団、後の共産主義青年団は反キリスト教運動を展開した。一方、利権回収運動の一環として始まった教育権回収運動を国民党は支持した。反キリスト教運動は教会学校の存在を全く認めなかった。教育権回収運動は、教会学校が中国政府教育部に登録し、中国の法令に従い私立学校として運営されることを要求した。これらの運動の影響で、北京の北洋軍閥政府は1925年、広東国民政府は1927年に、それぞれ教会学校の取締まり政策を実施し

〔2〕 呉貽芳 ——中国教会大学女性校長の一生——

たのであった。

　大学の登録のためには、中国人校長が必要であった。1927年、金陵女子大学校董会は上海で会合し、呉貽芳を投票で校長に選出したのである。校董会の出席者が少なかったと書かれていたが[24]、それ以上の詳しい状況は分からない。1927年、ミシガン大学の呉貽芳は生物学博士課程5年目を迎えていた。校董会からの手紙を受け取った呉貽芳は、母校のために働きたいと思ったようだ。校董会の申し出どおり、2カ月間の米国の女子大学視察の後、博士論文を仕上げ、生物学博士を得た[25]。彼女は35歳になっていた。呉貽芳が校長に任命されたのは1928年1月13日であったが、6月1日に帰国し、1週間後金陵女子大学に熱狂的に迎えられた。

2．呉貽芳の教育実践

　以後、呉貽芳は23年にわたって金陵女子大学校長を務めた。それでは呉貽芳はどのような教育観をもち、どのような教育を実践したのか。教育観として、社会生活と政治闘争の結合、学問の自由の尊重、直感と実際の結合、カントやヘルバルトの影響も受けたが、礼記も読んでいたなどと紹介されており、断片的なものである。日中全面戦争が始まって成都へ避難した時期の呉貽芳の主要論文は「教育体制の改革には青少年の就職問題への注意が必要である」「少年の政治思想教育争論」「高度の精神文明建設のための努力」「幼児教育は三つの面に向かわなければならない」であった[26]。もちろん生物学の研究業績はない。呉貽芳の教育観は独特なものではなかったと言えよう。では、教育実践はどうか。いくつかのエピソードが紹介されている。

　①学生に対して——金陵女子大学の学生の中で、恋愛や結婚を語るものがいた。呉校長は学生が学習期間に結婚という事態に至るのに賛成ではなかった。呉校長は学生にとって最も重要なのは学習することであり、知識文化を手にすることであると考えていた。恋愛や結婚は後日考慮すべき事とした。彼女のこのような考えは、多くの学生に影響を与えた。彼女たちは学習中は読書に熱心で恋愛を語らなかった。しかし、ある学生たちは校外でボーイフレンドと楽し

第1部　キリスト教宣教会の在華教育活動

く交流し、学習が遅れていた。呉校長はこのような状況を考え、禁止するより緩和する方がよいと考えた。そして、100号棟1階の会議室の一部分を囲って、テーブルと椅子を運び、決められた時間内での男子との交流を認めた。この措置は、金陵女子大学の学生たちに自分たちへの学校の関心を感じさせ、校外で男子と恋愛を語るといったことが抑制された。学生の恋愛という女子大学の管理上最も頭の痛いことが妥当な解決をみた[27]。このように呉貽芳は、学生の意志を尊重しつつ現実的な対応をしていたことが分かる。

　②学校経営に対して――金陵女子大学は学費や経費が高額であったので、富裕な家や地位のある家の子女しか進学することが出来なかった。いわば貴族化した高等学府であった。呉貽芳は、これを改革し、入試成績による学生採用にした。経済困難な家庭の子女には、補助金を貸与した。公立中学校や教会系でない私立中学校の卒業生をもっと入学させなければならないと考えた呉貽芳は、学生募集のため各地の中学校を訪問した[28]。また、不合理な規則を革新し、教職員と学校経営者との関係を改めた[29]。

　では、登録問題に対してはどのような行動を取ったのであろうか。金陵女子大学が、中国の私立学校として公認されるためには、宗教目的を取り下げなければならなかった。しかし、それでは欧米教会からの資金援助を受けることが出来なかった。金陵女子大学の大部分の中国人教職員は直ちに登録することを主張した。欧米人教職員は中国政府の出方を見守っていて、登録に慎重であった。『呉貽芳』によれば、彼女は積極的で慎重な態度をとったという[30]。つまり、呉貽芳は学内で会議を避けていたらしい。金陵女子大学の建学の精神を十分理解すると同時に、政府への登録の重要性をも認識していたからである。1930年12月、金陵女子大学の登録はスムーズに許可されたのであった。教育目的は次のとおりであった。

　校董会は中国南京にこの女子高等学院を設立する。その目的は最高の教育効率にもとづいて社会福利及び公民としての崇高な理想を促進し、高尚な人格

〔2〕 呉貽芳 ——中国教会大学女性校長の一生——

を培養して、創立者の目的に合致せんことを期す。

　この目的の最後の「創立者の目的に合致せんことを期す」の示すものは明らかであるが、国民政府からは何も言われなかった。その後、呉貽芳は国民政府の規定に従い、宗教科を選択科目にしたり、日曜礼拝と早朝礼拝を自由参加とするなど、改革を進めた。斉魯大学など登録が順調でなかった教会大学があるなかで、呉貽芳は校長として巧妙に振舞ったのである。

　抗日戦争時期、金陵女子大学は成都へ移転し、教育活動を継続しながら抗日運動に関わって行った。呉貽芳の活躍もまためざましく、門下生は国内に満ち、呉貽芳に対する内外からの評価が高まった。

3．キリスト教教育

　最後に、呉貽芳のキリスト教教育について検討すべきであるが、そのための資料は少ない。『呉貽芳』などの資料から言えることは、呉貽芳がキリスト教に対して柔軟な考えを持っていたことである。例えば、金陵女子大学の校訓「厚生」である。これはヨハネによる福音書10章10節「わたしが来たのは、羊が命を受けるため、しかも豊かに受けるためである」から採られた。呉貽芳は、人生の目的はただ自己が生きるためだけでなく、自己の知恵と能力を用いて他人を助け、社会に幸福をもたらすことと説明していた[31]。奉仕の精神を説いているだけである。また、呉貽芳は、「非信徒の教師たちが信徒の見方と一致すると確信していた。信仰の違いで区別しても、何の意味もなかった」と考えていたのであった[32]。人間への強い信頼感をもって、キリスト教をめぐる問題に対処し、キリスト教教育を進めたと思われる。

おわりに

　以上の考察からわかるように、呉貽芳の信徒としての活動は必ずしも明確ではない。勿論、呉貽芳は1935年に中華キリスト教協進会副議長を務めたり、中国キリスト教教育委員会主席を務めたり、社会主義中国にあってキリスト教三

第1部　キリスト教宣教会の在華教育活動

自愛国運動委員会名誉主席を務めたりして活動した。彼女は1950年7月に出された キリスト教宣言を支持した50人のうちの一人であった[33]。しかし、呉貽芳はクリスチャンとしてよりも、新しい中国の、新しい時代の女性として活躍したと言わざるを得ない。そしてそのような新しい女性を教会学校が受けとめ、活躍の場を提供したのであった。

　呉貽芳は、転換期を迎えた中国の清新な空気を吸って育ち、幸い学校教育の機会を得た。そこで英語学習に励んだ呉貽芳は米国留学の幸運を得た。ミシガン大学で真理追求の精神や社会進歩という正義への貢献を学んだが、これにはキリスト教の影響があったかもしれない。帰国後、金陵女子大学校長として、呉貽芳はバランスのとれた判断、強い忠誠心、忍耐強い組織力をもって貢献したが、その背後には家族を喪った悲しみと強さがあった。国民党政府下の活躍は、呉貽芳が米国に顔が広く英語に強いため、いわば米国派として利用されてのことである。それは1948年末、呉貽芳が金陵女子文理学院の台湾移転に反対したことからも分かる。呉貽芳はいつも金縁の眼鏡をかけ、旧式の髻を結っていた。旗袍と呼ばれる衣服をまとっていた。端正で重々しく、上品であった。当時の帰国留学生が持っていた中国人らしくないところがなかった[34]。まさに呉貽芳は、中国人として新しい中国の誕生と共に生きたのであった。

注

1) Ginling College. 中国名は「金陵女子大学」と呼ばれて来たが、1930年国民政府に登録してからは、2学部しか持たなかったため「金陵女子文理学院」と改称した。この論文では金陵女子大学を通して使用する。1951年、金陵大学と合併し国立金陵大学となった。1952年の院系調整により組織が解体されたが、キャンパスは南京師範大学として存在している。

2) 「呉貽芳同志生平」より採った。これは中国共産党江蘇省委員主催「呉貽芳同志追悼紀念会」の資料である。

3) 朱学派著、江蘇省政協文史資料委員会・南京師範大学編『呉貽芳』江蘇文史資

〔2〕 呉貽芳 ——中国教会大学女性校長の一生——

料編集部発行、1993年。
4）「本校史略」（『弘通―二十週紀念刊―』民国21年6月）。
5）何が第3位なのか不明。ほかに、上海の務本女子中学校や中西女子中学校（米国教会系）が有名であった。
6）前掲4）「本校二十週紀念典礼紀略」。
7）「呉貽芳」（『歴代教育名人志』1994年、湖北教育出版）には杭州女学堂と記載されており、他書にも同じ表現が見られる。
8）前掲3）『呉貽芳』p. 7。
9）同上書、p. 9。
10）同上書、p. 11。
11）呉貽芳「金女大四十年」（江蘇省金女大校友聯誼会編『呉貽芳紀念集』1983年）p. 102。
12）氏名不詳。
13）前掲3）『呉貽芳』p. 36。
14）United Board for Christian Colleges in China（中国基督教大学校董聯合会）, *Cinling College*, 1955, pp. 12-13
15）同上書、p. 13。
16）このように教会大学は宣教会本部のある欧米諸国でチャーターを得ており、それが後に外国の大学として糾弾される理由となった。
17）前掲3）『呉貽芳』p. 48。
18）同上書、pp. 50-51。
19）同上書、p. 25。
20）同上書、p. 34。
21）王漵『呉貽芳』（著名民主人士伝記叢書、花山文芸出版、1997年）6ページによれば、呉貽芳は1914年2月に北京高等女子師範学校附属小学校4年生に英語を教えたとされている。北京女子高等師範学校は1919年に発足しており、間違いであろう。なお、この書物は小説風に呉貽芳の生涯を追っている。事実関係が

第 1 部　キリスト教宣教会の在華教育活動

はっきりしないので、筆者はほとんど参考にしなかった。

22) 前掲 3)『呉貽芳』p. 66。

23) 同上書、pp. 72-79にわたって叙述されている。

24) 前掲14) *Ginling College*, p. 64。

25) 前掲 3)『呉貽芳』p. 55。

26) 茅蔚然『中国近現代各派教育思想与教学方法簡史』(四川教育、1985年) p. 394、前掲11)『呉貽芳紀念集』には、34編の呉貽芳の著述が収められており、師範教育に熱心であったこと、女性の積極的な学習を勧めたこと、品徳教育を重視していたことが分かるが、まとまったものはない。

27) 前掲 3)『呉貽芳』p. 69。

28) 前掲14) *Ginling College*, p. 77。

29) 前掲 3)『呉貽芳』p. 58。

30) 同上書、p. 61。

31) 同上書、p. 58。

32) 前掲14) *Ginling College*, p. 123。

33) J. Lutz, *China and the Christian Colleges 1850-1950*, Cornell University Press, 1971, p. 459.

34) 前掲 3)『呉貽芳』p. 68。

〔3〕 北京崇貞学園

I 創立者　清水安三

　故清水安三氏は、東京町田市の桜美林学園の創立者であり、昭和63年1月17日、96歳で永眠されるまで長く学園総長を務められていた。氏は戦前、北京朝陽門外に独力で中国人女子のための学校を開設し、20年以上にわたって、貧しい中国人女子の教育に献身していた。この学校が北京崇貞学園であり、その卒業生は1,000余名に達している。

　氏は、中学在学中より、近江兄弟社の創立者ヴォーリズの薫陶を受けたが、表1にあるように、日本組合派教会が大津において、集中伝道を行った明治41年に受洗し、同志社神学部を卒業した。氏の中国における教育活動が、欧米宣

表1　清水安三出生より中国引き揚げまでの略歴

明治24年6月	滋賀県高島郡新儀村清水弥七の三男として出生
明治38年4月	県立膳所中学校入学
明治41年9月	日本組合教会より受洗
明治43年3月	膳所中学校卒業
明治43年4月	同志社大学神学部入学
大正4年12月	同志社大学を卒業、幹部候補志願兵として入営
大正6年5月	除隊
大正6年9月	奉天で伝道活動開始
大正8年5月〜9年5月	北京で災童収容所を設立経営
大正10年5月	「崇貞工読女学校」を創立
大正13年	米国留学、オハイオ州オベリン大学へ
大正15年	米国留学を終えて北京へ
昭和3年	読売新聞の特派員、北京週報の論説記者になる
昭和4年〜7年	同志社大学講師として日本で働く
昭和8年	メンソレータム北支販売責任者として北京へ
昭和12年	崇貞工読女学校日本人部として高等女学校を設立
昭和14年	「崇貞学園」と改称
昭和21年3月	日本に引き揚げ

第 1 部　キリスト教宣教会の在華教育活動

教会の手になる中国キリスト教学校に触発されたものであることは言うまでもあるまい。日本もまた中国に、キリスト教主義の学校を設立したのである。本論は彼の中国における教育事業の全容を解明し、その活動を明らかにすることによって、それらが中国の女子教育に果たした歴史的役割や問題点を考察し、欧米系キリスト教学校と比較して、その教育活動を検討することにある。なお、参考までに清水安三の代表的著作を表 2 に掲げておいた。

表 2　清水安三の主要著作

⑴	大正13年	『支那新人と黎明運動』
⑵	昭和 4 年	『支那革命史論』
⑶	昭和14年	『朝陽門外』
⑷	昭和14年	『姑娘の父母』
⑸	昭和15年	『開拓者の精神』
⑹	昭和16年	『支那の人々』
⑺	昭和16年	『支那の心』
⑻	昭和18年	『支那人の魂を掴む』
⑼	昭和23年	『のぞみを失わず』
⑽	昭和23年	『中江藤樹の研究』
⑾	昭和34年	『中江藤樹はキリシタンであった』
⑿	昭和46年	『桜美林物語』
⒀	昭和50年	『北京清譚』
⒁	昭和52年	『石ころの生涯』

Ⅱ　清水安三の中国における活動

では、なぜ清水安三は中国へ渡ったのであろうか。次にあるような徳富蘇峰の檄文に開眼したと言うことである。

惟ふに、我が邦の宗教家にして、果して一生の歳月を支那伝道のために投没する決心あるものあるか。予は、英米その他の宣教師の随喜者にはあらざるも、彼らの中にかくのごとき献身的努力ある事実は、たとひ、暁天の星のごとく少なきも、猶暁天の星としてその光を認めざるを得ざる也[1]。

〔3〕 北京崇貞学園

　また、エール大学の手になるYale-in-China設立のきっかけとなった牧師ペトキンの、義和団事変におけるその死などにも刺激されたという。

　中国に渡った清水安三は、学校の経費を稼ぎだすため、『北京週報』やその他の日本の雑誌、新聞に多くの中国評論を寄せていた。その評論は、本人の言う如く「ラジカルの三羽烏」の一人として、公平な見解から、中国革命の新しい動きを日本に伝えるものであった。次の吉野作造による高い評価の中にあるように、無名の新人ながらよく健筆を振ったのである。

　第一に清水君の本は非常にいい本だ。清水君は支那の事物に対して極めて公平な見識を持っている。今日は親友の交わりを為しているが、予が氏を知るに至ったのは、実は大正九年の春同氏が某新聞に寄せた論文に感激して我から教を乞うたのに始まる。爾来同氏は色々の雑誌新聞に意見を公にされているが、一として吾人を啓発せぬものはない。最も正しい見解の抱持者として今日の支那通中蓋し君の右に出るものはあるまいと信じる[2]。

　それらの中国評論は、北京の思想家との親密な交流から生まれたものであった。例えば、魯迅を日本に最初に紹介したのは彼であったし、胡適や李大釗、陳独秀などを日本のジャーナリズムに紹介したが、これは、魯迅、周作人、李大釗、胡適、さらには中国滞在中のデューイらの自宅をしばしば訪問するなど、彼が中国の知識人と親しくつきあっていた結果に外ならない。下の文は、1924年、魯迅を初めて日本に紹介したものである。当時は、周作人の方が有名であったが、日本の一流総合雑誌が掲載するようになってから、中国でも魯迅が認められるようになったという。

　周三人といったのは、周樹人、周作人、周建人と一括して呼んだに外ならぬ。三人揃ひも揃って皆支那新人である。盲人詩人エロシェンコは周樹人を支那創家の第一人者であると推称した。私もさう思うものの一人である。上

— 235 —

第 1 部　キリスト教宣教会の在華教育活動

海の文士青社の面々の誰もが、聊斎の出来損をだらしなく書きなぐっている間に、一人創作らしいものを発表しているものは、実の周樹人である[3]。

次の表3は『北京週報』中の関連記事を列挙したものであるが、中国の学生運動、婦人運動、平民教育運動もまた早くから日本に伝えていることが分か

表3　『北京週報』にみられる清水安三の中国報道記事

1	支那基督教の新傾向	（大正11．1．29）
2	反宗教運動の基督教会に及ぼしたる影響	（大正11．6．11）
3	支那学生運動の功過	（大正12．4．1）
4	汪榮寶論	（大正12．12．16）
5	基督教伝道者は国家を超越せよ	（大正12．12．28）
6	支那基督教史論	（大正13．1．13）
7	支那婦人運動	（大正13．1．27）
8	支那婦人運動　続	（大正13．2．3）
9	支那教育事情	（大正13．2．10）
10	最近の支那思想界	（大正13．2．17）
11	最近の支那思想変遷	（大正13．4．13）
12	梁啓超の思想及人物	（大正13．4．27）
13	梁啓超の思想及び人物　続	（大正13．5．11）
14	梁啓超の思想及び人物　続	（大正13．5．18）
15	米国留学	（大正13．10．19）
16	支那は赤化するか	（大正15．2．21）
17	一支那人教育者の述懐	（大正15．11．7）
18	北京をしばし去るに臨んで	（同上）
19	南方の国民革命軍を援助しよう	（大正15．11．28）
20	米国の建設する北京図書館と、日本東方文化研究所の使命	（昭和2．1．16）
21	支那の反基督教運動の一考察	（昭和2．2．6）
22	治外法権、租界を放棄せよ	（昭和2．2．20）
23	北伐途上の蔣介石総司令を訪ねて	（昭和2．3．13）
24	李大釗の死	（昭和2．5．7）
25	支那人は更正するか	（昭和2．5．8）
26	南京事件と日本出兵	（昭和2．6．5）
27	国賊と国際精神	（昭和2．7．31）

〔3〕 北京崇貞学園

る。1919年5月4日、いわゆる五・四運動が点火されたとき、清水安三は、北京にいて日貨排斥の声を聞いていたわけであり、的確な判断力でもって、中国の新しい将来を見通そうとしたのである。支那は赤化するといい、租界を放棄せよといい、済南への日本出兵を非難する彼の論調は、まさにラディカルなものであったのである。

この様な中で、中国理解を深めた彼は、かつての日本人教習のやり方に強い不満を持ち、次のように表明している。

それ等の裕福なる傭聘教員は、その後何處へ行ったであろうか。支那に骨を埋めたものは一人も半人もなく、不幸にして病没したる妻女の骨すらも、持ち帰って支那には残って居らないのである。(中略)今日内地の人々は、よく支那の抗日教育を疵気に病むが、30年この方、彼の傭聘教員がずっと続けて、骨を大陸に埋める覚悟で以て支那に働いて居られたならば、抗日教育など始まりもせねば、行はれもしなかったであらう[4]。

この傭聘教員、つまり日本人教習は、表4によれば、1909年、教育及び教育

表4 清末民初に於ける日本人教習・顧問数の推移

(1903-1918年)

年次 区分	1903年 (光緒29年)	1904年 (光緒30年)	1909年 (宣統元年)	1912年 (民国元年)	1913年 (民国2年)	1918年 (民国7年)
教習および 教育関係顧問	99名	163名	424名	63名	84名	36名
その他の 顧問・技師	49名	71名	125名	96名	93名	394名
合　　計	148名	234名 (2)	549名 (17)	159名	177名	430名

備考：( )内は兼任を示す。
〈出典〉 蔭山雅博「清末における教育近代化過程と日本人教習」阿部洋編『日中教育文化交流と摩擦』1983年、p.9

第1部　キリスト教宣教会の在華教育活動

関係顧問として、424名が上がっているのである。

　日本人教習は、小銭を貯めると引き上げてしまうと非難した彼が、中国に骨を埋める覚悟と、西洋人宣教師のように一生支那に居着く積もりで始めたのが、北京崇貞学園であった。当時富めるものの子弟は西洋人のつくる王宮の如きキリスト教学校へ行き、中産階級の頭のよい子弟は官立の学校へ行くと言われた中で、中国に最も必要にして、最も中国人が喜ぶことを考えて、貧民女子のための学校を興したのであった。貧民女子教育は、西洋人宣教師の手の及ばないところであったからである。

Ⅲ　北京崇貞学園の歴史

　1917年、日本組合教会から中国への最初の宣教師として、奉天に派遣された清水安三は、日華実業協会の災童収容所を任されたのをきっかけとして、1921年、北京朝陽門外に「崇貞女子工読学校」を開設した。災童収容所というのは、1919年、華北地方を襲った干ばつの被害から子どもを守るため、被災地の子どもを北京へ疎開させ、預かって養育したものである。翌年、豊作だったため、災童収容所の子どもは村へ帰ったが、そのとき使用した机・黒板・椅子などをもらいうけて、崇貞学園が誕生したのである。

　崇貞の名の由来について、彼が語っているのは次の通りであるが、また、別のところで恩人の名を取ったとも言っているので、真偽の程はわからない。当時、朝陽門外はまったくの貧民街であった。

　一方私はわずかに十二銭や二十銭で貞操が売買されていることを知って非常に喜んだ。それは、私たちが彼らに十銭、二十銭のお金を儲けさせることができれば、彼らをどん底生活から救い上げることができるからである。私たちが朝陽門外の女性教育に目をつけた最初の動機は実にこれであった。わずか十銭という安っぽい貞操を思い、高い貞操、不二の貞操という意味で「崇貞」の二字を用いたのである[5]。

　　　　　　〔3〕　北京崇貞学園
　生徒は24名であり、年齢のちぐはぐな女子が集まったと言う。なぜ、貧民街の朝陽門外において女子教育を展開したかというと、清水安三は、排日の声が激しい時代に、日本人が中国人生徒を集めるには、貧民街の女子教育しかなかったからである、と後年次のように述べている。

　なにしろその頃は、五・四運動など排日の声が喧々豪々たる時代で、日本人の私が学校を建てても、決して有産階級の子女たちは来てくれまいと思ったから、仕方なしに貧民街に飛びこんだだけであった[6]。

　前述したような、中国に最も必要として最も中国人が喜ぶこと、そして西洋人宣教師の手すらもまだ届いていないことを考えてみれば、まさに、恵まれぬ女子達への教育こそ、それであったに違いない。何故なら、女子教育は中国教育全体の発達の中で、最も遅れており、手をつける人が少なかったからであった。当然のことながら、学費は生徒の誰もが免除されていた。午前中、小学校程度の学習内容を指導し、午後は手工をやり、それらの製品は売りに出され、利益が上がると、生徒に還元された。働きながら学ぶ「工読」学校は、当時、北京の特に文盲の多い域外に、北京大学の学生たちにより幾つも開設されていたが、崇貞もその工読主義の教育を行わざるを得なかったのである。
　間もなく1917年以来、熱心な組合派信徒として、三名の大阪人が、毎年援助を送り続けていたが、同年末彼らにより、校舎・校地の購入費が与えられ、約1,800坪、校舎3棟を建設できた。手工は刺繍であったが、何時の間にか生徒たちが家に帰って技術を教えるようになり、学園外の住民達もこの仕事に手を出し始めた。その様子は次のように述べられている。

　しかしながら、今日では、朝陽門外と言えば、美術手工品の産地の如くなり、一ヶ年四百萬圓位生産して南米、北米、英、佛の諸国に輸出している。
　（中略）

第1部　キリスト教宣教会の在華教育活動

朝陽門外の猫も杓子も女という女が、誰でも刺繡ができるようになっては、崇貞学園の学生達はもう仕事がない。学問を半日やり、残る半日で相当儲けようといふのであるから、町の人々のやっていることを、同じようにやってゐてはお金にならう道理がない。（中略）そこで崇貞学園は、夏布といふ四川の麻の傷のないのを選ぶために、極上品をのみもちひることにした[7]。

このようにして貧しい家の少女達に刺繡の技術を教え、自立できる生活能力をつけさせようとした崇貞学園は、朝陽門外に定着し、次第に生徒を増やし、校舎も整備されて行った。昭和7年に中学部が設置されている。しかし、キリスト教学校と異なり、強力な支持団体のなかった崇貞女子工読学校は財政的には常に困難に直面していた。外務省の援助や日本人有志からの寄付金が集まり出したのは、昭和12年日華事変以後のことであった。『外務省記録』には、5,000円と、「体育館建設費昭和十三年度ニ於テ総工費三万五千圓ノ約三分ノ一補助」として、12,000円の補助金という記録が見られ、興亜院からも助成金をもらっていたことが分かる[8]。

この時、日華事変を機に崇貞学園はいわば転機を迎えたと言えるであろう。学校の一層の拡大を目指し、積極的に、日本・アメリカへの募金旅行も始められ、校舎の改築も進んだ。昭和14年度の崇貞学園の概況は表5のとおりである。

生徒数は291名に増えており、学科課程は、一般普通教育が中心で、すでに昔の面影はない。もはや貧民子女のための学校とは言えない。翌年には校名を「崇貞学園」と改め、日本人女子、中国人男子をも集めていた。

その後も、中国の国公・私立学校、ミッション系の学校が日本の占領地を離れて奥地に移動するにつれ、生徒数はますます増加して行った。昭和20年には、約500名の中国人と、約200名の日本人（大部分は朝鮮人）生徒をもつ規模にまで発展していたが、敗戦により、中国側に接収されて、その役割を終えたのである。

〔3〕 北京崇貞学園

表5 崇貞学園概況（昭和14年度）

一、経 営 者　清水安三（園主）、清水郁子（園長）
一、地　　点　北京朝陽門外芳革地（電話東局2969）
一、程　　度　崇貞小学6ヶ年　崇貞女子中学3ヶ年
　　　　　　　崇貞日本女子中学部3ヶ年（日満支学生共学日語班）
　　　　　　　崇貞女子中学補習科1ヶ年
一、校　　地　約8千坪
一、校　　舎　支那式建築3棟、洋式講堂1、2階建中学部教室（体育館、図書館、小学部教室「現在建築中」）
　　　　　　　寄宿舎（A）7棟、寄宿舎（B）7棟
一、現在生徒数

　　崇貞小学　　　　　崇貞女子中学
　　1年　80名　　　　1年　35名
　　2年　40名　　　　2年　15名
　　3年　28名　　　　3年　 4名
　　4年　25名　　　　補習科　1名
　　5年　25名　　　　崇貞日本女子中学
　　6年　15名　　　　1年　23名
　　小学部生徒数　213名
　　中学部　〃　 55名　　合計　291名
　　日本女子中学部　23名

一、現在職員数　日本人8名、中国人14名、米国人1人

姓　名	年齢	国籍	学　　歴	職　　務	俸　給
清水 安三	49	日本	京都同志社大学卒業 米国オベリン大学B，D	園主、学　科 支那事情	──
清水 郁子	48	同	東京女子高等師範学校 米国オベリン大学B，D 米国ミシガン大学M，A	園長、修身英語 日本語	──
長尾 貞子	29	同	東京体育舎専門学校卒業	舎監、体育主任 体操舞踊	毎月40円
関 和子	22	同	東京家政専門学校卒業	舎監、家事、裁縫 料理、日語	──
伊藤 榮一	35	同	神戸関西学院神学部卒業	聖書	──
田口 敏三	33	同	東京商科大学卒業	算術	──
池永 英子	33	同	東京女子医学専門学校卒業	家庭医学校医	──
林 浪子	43	同	京都平安女学院卒業	洋裁	講師1時間 円、70ノ割
羅 俊英	47	河北省	京師公立第一女子中学卒業 （師範学院前身）	国語数学、小学5、6年担任	毎月30円
呉 秀敏	35	河北省 北　京	河北聖道学校卒業	聖書、小学3、4年担任	26円
孫 金馨	26	河北省	北京（6ヶ月）高級 慕貞女子中学卒業	中学部主任1年担任 地理、博物、習字	28円
李 慧德	30	河北省	保定信心中学卒業 北京神学院卒業	宗教々育主任 聖書、英語、音楽	30円

（次頁につづく）

— 241 —

第1部　キリスト教宣教会の在華教育活動

劉淑静	28	河北省 北　京	北京崇徳女子中学校（6ヶ年）高級	小学部主任 国語、算術	28円
馬淑秀	32	河北省 北　京	北京貝満女子学卒業（6ヶ年）高級	歴史、算術	30円
張月明	24	河北省 北　京	北京貝満女子学卒業（6ヶ年）高級	国語　中学2年担任	25円
姜淑貞	21	河北省	北京崇貞女子中学校卒業	手工主任	16円
王夢傑	19	河北省	同	小学1年担任手工	15円
郭文生	38	河北省 北　京	北京清華大学卒業	国語、英語	講師1時間 1円、00
厳美文	24	河北省 北　京	北京女子文理学院	物理、化学	講師1時間 円、70
劉榮夫	32	満洲国	東京美術学校卒業	図書、図案	講師1時間 1円、00
ミセス ディーン	46	米国人	ミシガン州カレッジ卒業	英語、会話	――
白克毅	26	河北省	天津女子師範学校	小学2年担任 音楽、支那語	毎月22円
董慧芳	19	河北省 北　京	北京崇貞学園中学卒業	事務	毎月12円

一、学科課程

崇貞小学（民国9年―大正10年5月28日創始）

学科目 時間数 学年	1年	2年	3年	4年	5年	6年
聖　書	1	1	1	1	1	1
修　身	1	1	1	1	1	1
国　語	9	11	10	10	10	10
算　術	4	4	5	5	5	5
日　語	1	2	2	2	2	2
英　語	―	―	―	―	2	2
歴　史	―	―	―	―	2	2
地　理	―	―	―	―	2	2
自然理科	―	―	―	―	2	2
常　識	3	3	3	3	―	―
唱　歌	1	1	1	1	1	1
体　操	1	2	2	2	2	2
図書 手工労作	2	2	3	3	4	4
合　計	23	28	28	28	34	34

〔3〕 北京崇貞学園

崇貞女子中学（民国22年—昭和7年創始）

学科目 時間数 学年	1 年	2 年	3 年	補 習 科
聖　書	1	1	1	
修　身	1	1	1	
国　語	5	5	5	
日　語	5	5	5	
数　学	算術 4	代数 4	幾何 4	
地　理	2	2	2	
歴　史	2	2	2	
理　科	動物 1 植物 1	物理 2	化学 2	
体育 衛生	2 1	2	2	
音　楽	1	2	2	
洋　裁	2	2	2	
図　書	1	1	1	
習　字	1	1	1	
労　作	2	2	2	
合　計	36	36	36	

崇貞日本女子中学（昭和14年4月創始）

学科目 時間数 学年	1 年	2 年	3 年	備考　本年度ハ一年生ノミ
修　身 聖　書	2	2	2	
国　語	2	2	2	
算　術	2	2		
英　語	2	2	—	
支 那 語	6	4	4	
支那事情	4	2	2	
家庭科学	—	3	4	
洗濯染色	2	2	—	
和　　服 支那料理	2	4	8	
和洋裁 手芸図案	3	4	4	
音　楽	2	2	2	
体　操 舞　踊	2	2	2	
家庭医学	2	2	3	
特別作業	土曜午後 3	同上 3	同上 3	
合　計	34	36	36	

〈出典〉 外務省文化事業部「文化事業部関係民間団体ニ関スル調査」
　　　　日本外務省記録『東方文化事業関係雑件　一巻』所収

第1部 キリスト教宣教会の在華教育活動

Ⅳ 崇貞学園と中国キリスト教学校

　崇貞学園はミッションスクールではなかったが、清水安三は中国キリスト教学校に大いに刺激されていた。貧民女子のための教育から、中流の女子のための教育を目指して行ったのも、キリスト教学校の歴史と同じである。西洋人宣教師については、彼らの横暴が義和団事変を引き起こし、そのための賠償金が中国の財政難をもたらしたのであり、中国の混乱を招いたとして断罪する。そして、やがて彼らが中国を出て行く日が来ると予想していた。しかし、日本人教習と比較して、彼らは日本人教習には思いもよらぬ仕事をして来たと高く評価する。中国人から乞われる前に、みずから金も心も投げ出しているとして宣教師を賞賛し、その教育事業をモデルに、この学園から将来、中国婦人界をリードする女性を送り出したいと願っていたのであった。

　崇貞学園と欧米系キリスト教学校を簡単に比較することは出来ない。崇貞女子中学校が設立された当時、キリスト教中学校は259校あり、生徒数26,189名を集めていた。そのうち、女子中学校は98校もあったのである[9]。これらのキリスト教学校は、半植民地的・半封建的状況の中国教育において、重要な一部分を占めていたことは言うまでもない。しかし、それ故に起こった、中国の主権としての教育権の回収を主張する激しい運動のさなかでも、この学園には学生ストライキがなく、学校を閉鎖することもなかったのである。勿論、排日の嵐が続く中で、学校の看板を取られるようなことはあった。土地の購入や校舎建築は日本人であるがため、非常な困難を伴うものであった。しかし、崇貞学園の教育事業は継続され、20年以上にわたって活動し続けることが出来たのである。

　また、キリスト教学校には就学出来ないような中国民衆の女子に、手工などの実業教育を授けたことも大きな違いであろう。これらのことから分かるように、北京崇貞学園は、中国キリスト教学校の課題であった中国化をまさに地で行くものとして、更に、ミッション系女子教育が遂に手を出さなかった民衆の

― 244 ―

〔3〕 北京崇貞学園

ための実業教育に力を入れた点において、中国キリスト教学校と比較して、やはり特筆に値する存在であったと言わねばならない。

注
1) 清水安三『朝陽門外』p. 58
2) 清水安三『支那新人と黎明運動』『支那當代新人物』序文
3) 清水安三『支那當代新人物』p. 192
4) 清水安三「対支文化事業の半生」『教育』昭和13年1月号 p. 71
5) 清水安三『石ころの生涯』p. 57
6) 清水安三「北京の聖者健在なり」『文芸春秋』43-5、昭和40年5月号
7) 清水安三『朝陽門外』p. 156-157
8) 「文化事業諸団体関係事務現地引継ニ関スル件」昭和14年3月10日付 日本外務省記録『東方文化事業関係雑件』第三巻所収。
9) E.H. Cressy, 'Christian Middle Schools 1934-35', *China Christian Educational Association Bulletin*, NO. 36

第 1 部　キリスト教宣教会の在華教育活動

〔4〕 キリスト教学校に関する日中比較教育史

概要：日本と中国のキリスト教学校は、宗教教育をめぐって大きな違いがあった。日本のキリスト教学校は学校教育を補助する役割にあり、正規の学校教育とは距離を取りながら、色彩の濃い宗教教育を展開した。公的に認められておらず、狭い領域でしか活動を許されなかった日本の状況とは異なり、中国のキリスト教学校は、中国の近代化の需要にもとづいて広範な領域で教育活動を展開した。中国のキリスト教学校は、宗教的情操教育はキリスト教教育の極めて大きな役割であると見なしたためであったからである。

キーワード：キリスト教学校、宗教教育、民族主義

はじめに

　19世紀初め、対外貿易や政治干渉の活発化に伴い、工業化のすすんだ英米両国を中心に、プロテスタント系宣教会のアジア進出が始まった。鎖国下にあった日本への宣教師の入国は、中国に比べて遅れることになった。日本への伝道は、開国と同時に中国で伝道活動を行っていた宣教師たちによって広大なアジア伝道計画の一環として着手された。欧米キリスト教宣教会は、アジアにおいて宣教事業の傍ら、教育・出版・医療事業に進出したが、この中で教育事業の影響が最も大きかったと言える。日本や中国において、宣教会により多数のキリスト教諸学校が設立されたからである。

　このように、ほぼ同時に欧米宣教会の教育活動が展開された日中両国であるが、両国のキリスト教学校の歴史には、宗教教育をめぐって大きな違いが見られる。近代日本のキリスト教学校では宗教教育が許されず、そのため少数の学校を除いては、正規の学校として認められていなかった。一方、中国でもナショナリズムの高揚のもとでキリスト教学校は変革を強いられた。しかし、最終的には正規の学校として合法的な地位を認められるとともに、校内で堂々と

〔4〕 キリスト教学校に関する日中比較教育史

宗教教育を行うことが出来たのである。本稿は、このような日中両国のキリスト教学校における宗教教育の違いを比較し、それにより両国の教育近代化過程におけるキリスト教学校の果たした役割の相違を明らかにしようとするものである。

Ⅰ　キリスト教の日中両国における教育活動

1．日本における教育活動

キリスト教学校教育同盟編『日本におけるキリスト教学校教育の現状』[1] (1961年) によると、その活動は5期に分けられる。

①創業期（1870-1889年）

　　明治の初め、新時代の建設を夢見る日本の若者達が、西洋の新知識、特に英語力の修得を求めて宣教師の開く家塾に集まった。キリスト教学校の多くは、このような家塾から学校へと発展した。現在日本にある94のキリスト教学校のなかで、創業期に設立されたものは36校である。

②受難期（1890-1900年）

　　教育勅語の発布（1890年）から文部省訓令第12号の公布（1899年）に至る時期である。この時期はキリスト教学校発展史上の受難期である。政府が欧化主義に反対し、社会に国粋主義の雰囲気が高まったことにより、キリスト教学校の存立が危うくなった。こうした中で公布された訓令第12というのは、次のような規定であった。

　　　一般ノ教育ヲシテ宗教ノ外ニ特立セシムルハ学政上最必要トス依テ官立公立学校及学科課程ニ関シ法令ノ規定アル学校ニ於テハ課程外タリトモ宗教上ノ教育ヲ施シ又ハ宗教上ノ儀式ヲ行フコトヲ許ササルヘシ[2]

　　これにより、「中学校令」「高等女学校令」にもとづいて設置されたキリスト教学校においては、宗教教育が全面的に禁止された。「同志社中学校」

第 1 部　キリスト教宣教会の在華教育活動

などいくつかの学校は、正規の学校としての地位を維持するために、学校での宗教教育を廃止したが、ほとんどの学校は宗教教育の存続を堅持したため、各種学校とならざるを得なかった。その後間もなく、文部省は各種学校に対する政策を緩和し、専門学校進学資格を無試験検定により認める措置をとった。しかし、これらの学校は正規の学校ではなかったため、生徒募集などで大きな打撃を受けた。

③確立期（1901-1930年）

　この時期の日本では、政治と経済の面において大きな発展があったため、キリスト教学校に対する社会の態度も比較的寛容であった。このような社会状況の下で、キリスト教学校は一定の拡大と充実が図られた。この時期に新しく設立されたキリスト教学校の数は20校を超えた。1930年までにキリスト教学校数は、中学校17校、高等女学校38校、男子専門学校9校、女子専門学校23校、男子神学校15校、女子神学校10校、大学2校の計114校に達した。

④移行期（1931-1945年）

　この時期のキリスト教学校は、第二の受難期を迎えたと言われている。天皇制思想が強調される社会背景の下で、キリスト教学校は再び非難された。戦時体制が強化されるにつれ、文部省によるキリスト教学校への干渉と統制が次第に強まった。

⑤発展期（1946年-現在）

2．中国における教育活動

1839年にマカオ（澳門）の地にモリソン学校が設立されて以来、欧米宣教会の経営するキリスト教学校は、近代化をめざす中国の需要と合致し、各地にその数を増やして行った。中国のキリスト教学校は、中国近代教育の全体的な遅れの中で、初等教育から高等教育まで、その影響力を拡大して行き、その勢力は中華民国成立後も衰えることがなかった。中国の歴代政府はキリスト教学校の合法的な地位を認めていなかったが、治外法権の保護の下で、キリスト教学

〔4〕 キリスト教学校に関する日中比較教育史

校は中国の主権の及ばない聖域となっていた。しかし、1919年の五・四運動を契機とする中国ナショナリズムの高揚を背景として、キリスト教学校への反発の声が日増しに高まった。キリスト教学校は欧米列強の中国侵略の手先であるとして、激しい糾弾を浴びることになり、反キリスト教運動や教育権回収運動が各地に頻発した。

　教育権回収運動とは、外国勢力によって奪われた中国主権としての教育権を回復し、キリスト教学校などの外国人経営の学校を政府の統制下に置こうとする運動である。この運動の主な方法としては、キリスト教学校に中国政府への登録を要求し、キリスト教学校を「外国人が取り仕切っているキリスト教学校」から「中国政府が管理する私立学校」へと転換を図ることであった。登録の過程で、キリスト教学校における宗教教育も大きく変わったのは言うまでもない。こうして1930年代には、多くのキリスト教学校が中国公教育の一翼を担って再出発し、教育活動を行うこととなった。しかし、1949年の社会主義革命後の変化には適応することが出来ず、解体消滅してしまうのである。

　では、当時どのくらいのキリスト教学校があったのか。その数は次の表に示すとおりである。

第1部 キリスト教宣教会の在華教育活動

表 中国キリスト教学校概況（1921年）

種　　　別	学　校　数	生　徒　数 男	女	計
幼　稚　園	139	不明	不明	4,324
初 等 小 学 校	5,637	103,232	48,350	151,582
高 等 小 学 校	962	23,490	9,402	32,899
中　学　校	291	12,644	2,569	15,213
師 範 学 校	48	360	262	622
大 学 ・ 専 門	16	1,858	159	2,017
法　学　校	1	27	0	27
医　学　校	10	485	78	563
看 護 学 校	106	不明	不明	1,380
盲　学　校	29	286	508	794
聾 唖 学 校	5	不明	不明	*60
総　　　計	7,244	*142,382	*61,328	*209,481

（注）　1）中国基督教調査会『中国基督教教育事業』商務印書館、1922年、p.378より作成。同頁には聖書学校100校、神学校13校、孤児院25校が記載されているが、省略した。
　　　2）＊は概数を示す。

Ⅱ　両国におけるキリスト教学校の歴史的展開の相違

　キリスト教学校は新中国において消滅したが、日本では依然と発展し続けている。上述したように、欧米宣教会はほぼ同じように日中両国で教育活動を展開し、また同様に両国の強い民族主義運動から批判を受けた。この点から、両国におけるキリスト教学校の歴史について比較する必要があると思われる。両国におけるキリスト教学校の相違は、主に次の三点にまとめられる。①中国のキリスト教学校の数とその規模は、日本よりも圧倒的に優勢であった、②両国のキリスト教学校は、政府との関係において大きな違いがあった、③宗教教育などの面において、相違点が多かった。

　一方、両国のキリスト教学校には共通点もあった。たとえば、両国のキリスト教学校は、同じように①欧米文化を紹介した、②女子教育の先駆となった、③医学や英語教育の面で貢献した、④当地の民族主義と衝突や摩擦があった、などである。

〔4〕 キリスト教学校に関する日中比較教育史

　ところで、本稿で両国のキリスト教学校における宗教教育について比較する理由は、この問題が中国におけるキリスト教学校に対する歴史的評価と関わりがあるためである。

　過去の中国では、キリスト教学校は欧米列強の中国侵略の手先として批判されていた。例えば、1979年に出版された『中国近代教育史』によれば、「第二次アヘン戦争後、諸外国の侵略者はキリスト教学校を利用して中国への文化侵略を行った。列強諸国は、清朝売国政府と調印した不平等条約にもとづいて、数多くの宣教師を中国に派遣し、中国各地で開設したキリスト教学校で奴隷化教育を実施し、欧米列強の政治、軍事、経済的侵略と呼応して、中国新教育の発展を支配しようとするものであった」と断罪されている[3]。また、1983年に出版された『中国近現代教育史』においても、「キリスト教学校は最終的に中国を欧米列強の植民地に変えようとするものであった」という指摘がある[4]。

　しかしながら、改革開放以後、過去のような階級闘争の立場から行われてきたキリスト教学校に対する評価は変わった。例えば、1994年に公刊された『中国教会学校史』では、キリスト教学校の功績は次の五点にあったとして評価されている[5]。①西洋との文化交流を促した、②中国に新しい科学技術の知識と技能を輸入した、③女子教育の先駆となった、④近代学校教育のモデルを導入した、⑤効率の高い学校管理体制を作り出した。

　また、『基督教教育与中国社会叢書』の序文にも次のような指摘がある[6]。

　…キリスト教教育事業は、中国教育体系において重要な部分である。宣教師は、中国で幼稚園、初等中等学校、師範学校、および大学、研究院を設立し、100年以上にわたって中国の教育、文化、医療、科学技術、政治、経済などの領域に多大な影響を及ぼした。キリスト教教育の関係資料は、中国近現代史研究の重要参考資料として、近代研究の学者たちにますます重要視されている。

第1部　キリスト教宣教会の在華教育活動

　ここからも分かるように、キリスト教教育は中国の近代教育において重要な一部分であることが中国人研究者によって認識されている。キリスト教学校に対する評価が変わった理由は、政治的観点から問題を分析しなくなったためと言うことだけでなく、むしろ宗教教育においてキリスト教学校の果たした役割が再評価され、肯定されたことによる。以下、両国のキリスト教学校で行われた宗教教育の相違について比較する。

Ⅲ　両国のキリスト教学校の宗教教育

1．日本のキリスト教学校の宗教教育

　上述したように文部省訓令第12号の公布により、宗教教育を行うキリスト教学校は、日本の正規の教育制度から排除された。言い換えれば、非正規の学校としてのみ存続することが出来た。キリスト教学校は、私的な存在に甘んじさえすれば、濃密な宗教教育を展開することが出来たのである。しかし、宗教教育の内在的価値が社会的に認められて来ると、キリスト教学校は指導者に体制維持や国民教育普及の道具として利用されることになった。具体的に言えば、日本政府は、国民の道徳教育の強化に宗教教育が積極的役割を果たして行くことに期待したわけである。1912年2月に行われた「三教会同」会議により、宗教による社会教化の役割が認められた。その会議は内務省が主催した仏教、キリスト教、神道の関係者の連合会議であった。無政府主義の発展に不安を感じた政府は、宗教を利用して国民の思想の統一を図ろうとした。これ以後、宗教による国民教化が広く論じられるようになったのは、決して偶然ではない。第一次世界大戦後の1923年、大正天皇によって「国民精神作興ニ関スル詔書」が発布された。翌年、清浦内閣は再び三教連合会議を開催し、宗教と教育が提携をして国民に対する教化活動を行うことを求めた。1925年の秋に開かれた高等女学校校長会議では、宗教教育の教化の役割がいっそう強調された。さらに、昭和時代に入ってからは、文部省は訓令第12号の適用範囲について広義の解釈を行うようになった。1928年7月に行われた全国都道府県学務部長ならびに視

〔4〕 キリスト教学校に関する日中比較教育史

学官会議において、文部省参事官の安藤純正は、訓令12号解釈の緩和を次のように明言した。宗教的情操の涵養を目的とする宗教教育は行って構わない、学生に特定宗教の信仰の強要さえしなければ干渉はしない[7]。宗教的情操教育では、宗教の社会的教化の役割が強調され、国民教育および体制の維持が目的とされた。こうした教育が特定宗教の宣伝を目的としなかったために、広義の意味で語られる場合は、教育の範疇に含まれていた。

日本の宗教学校関係者は、こうした情操教育を担う宗教の積極的な役割を国民教育に取り入れて行くという主張を明るい兆しとして歓迎した。しかしキリスト教学校では、上述したような情操教育を実施しておらず、キリスト教教義の伝授が依然として主要な任務であった。

2．中国のキリスト教学校の宗教教育

1）教育目的

1925年、北京政府は「外人捐資設立学校請求認可弁法」を公布し、キリスト教学校に登録許可を求めた。しかし、多くのキリスト教学校が政府への登録を拒否し続けた。その理由は、登録規定の中にある宗教教育に関する条項が、キリスト教学校の宗教教育の自由を脅かすことになりかねなかったからであった。第一の問題は、同弁法第五条に「学校は宗教の宣伝を宗旨としてはならない」との規定があり、これがキリスト教伝道を使命とするキリスト教学校の存在意義そのものを否定しかねないと見なされたことにある。この第五条の規定の解釈をめぐって、キリスト教学校側は、教育部総長あてに質問状を提出したが、1926年7月の教育部の第188号文書による回答はあいまいなものであった。教育目的は教育部設定のものに限るとしか書かれておらず、キリスト教関係の特別な目的を追加することが許されるかどうかは不明であった[8]。

学校の登録・立案の問題に対しては、全国統一を一応実現した南京国民政府が、以前の政府よりも厳しくキリスト教学校に対して登録規定の遵守を要求して来た。そのため1930年春、いくつかの宣教会がまとまって教育部に対して宗教条項の緩和請願を行なった。これに対して、教育部は次のような理由を以

第 1 部　キリスト教宣教会の在華教育活動

て、その請願を却下した[9]。

① 　宗教の学説は人生を陶冶する。この説を分かりやすく言えば、それぞれの教えの精神を引き受けることである。…一つの宗教に限ることも認めない。また、いたずらに形式を重んじることも、宗教のための科目を設けることも認めない。一宗教に限ってしまうと、宗教的儀式は形式に属してしまい、教育でいうところの陶冶ではなくなる。

② 　私立学校規程における宗教の制限に対しては、別に一つの宗教に限ることではない。もし何らかの宗教を認め、初級中学以下の未成年者に独自の教義だけを教えこむことを許せば、それによって彼らに先入観を与えてしまい、後年成長した際に自己の宗教を選択する能力を失わせることになる。また、人生における思想の自由を束縛することにもなる。

③ 　キリスト教学校の第一目的は、教育を広く一般に享受させることにある。学校を借りて学生をキリスト教に勧誘し、あるいは強制してはならない。すなわち「宗教の宣伝をしてはならないという制限」であり、キリスト教学校を設立した際の初志に背いてはならない。(後略)

④ 　…宗教というものは抽象的な想像の世界に属する事柄であって、教育の理論ではなく、…初級中学に宗教の選択科目を設け、小学校で宗教的儀式を行うという要求に、それぞれ応じることは難しい。(後略)

こうして、宗教関連の書籍、雑誌、新聞・絵画の陳列も禁止されるようになった。学校の教育目的に関しては、上海明麦倫両級中学の場合で見ると、1928年に新董事会を結成したときの教育宗旨は、次のようであった[10]。

① 　教育能率ノ最高標準ニ合致スルノ教育ヲ施ス。
② 　新興支那共和国国民トシテ最高ノ理想ト一致セル社会善化ノ為ニ貢献シ得ル教育ヲ施ス。

〔4〕 キリスト教学校に関する日中比較教育史
③ 学校創立者ノ素志タル基督教ノ布教ト合致スル宗教目的ノ為ニ貢献スル教育ヲ施ス。

ところが、1931年春、教育部に登録したときの教育宗旨には、三番目のキリスト教学校の項目が欠落しているのである[11]。

中国政府が公布した登録規定のいずれにおいても、教育目的の「世俗化」は登録規定の最も基本的な条件であり、キリスト教学校の前に立ちはだかった。キリスト教学校が登録するためには、この問題を克服しなければならなかったのである。そのため、キリスト教学校は当時盛んにキリスト教教育の目的を広義に解釈し、キリスト教学校の教育目的の再定義を行うことで、キリスト教学校自身の教育の使命と、中国政府の公布した登録規定における要求との間に妥協点を探し求めていた。1919年当時の調査によれば、149のキリスト教系中学で掲げられていた教育目的は、キリスト教の教義の伝播、教会指導者の訓練と育成、中国社会におけるキリスト教の影響の拡大など、基本的に極めて宗教色の濃いものであった。ところが、1920年代の後半に入ると、キリスト教学校の教育目的の設定に当たっては、中国の国民教育に留意した目的規定に変更すべきだという意見が優勢を占めるようになった。例えば、①中国の国情を尊重し、中国独自の方向にそってその国民性を発達させる、②社会とのかかわりの中で、生徒の自然にもつ力を十分かつ効果的に発現させる、③キリスト教民主主義を発展させる、などがキリスト教学校の教育目的の主な内容となった[12]。こうした意見のほかに、教育目的として掲示される言葉に必ずしも縛られる必要はないとの意見もあった。そこでは、キリスト教教育の目的はキリスト教精神の陶冶にあると考えられていた。したがって学校でも、キリスト教的な雰囲気や特色を持たせることが強調されていた。

2）宗教科目の選択科目化

宗教に関する条項における第二の問題は、第六条の「学校の教育課程は教育部が定めた基準に照らし、宗教科目を必修科とすることはできない」という後

第1部　キリスト教宣教会の在華教育活動

半部分の規定にあった。宗教科目の必修科が禁じられ、選択科目とすることだけがかろうじて許されていた。こうした規定は、欧米ではまったく想像もつかないことであった。したがって宣教会本部から猛烈な反対を受けた。宗教教育はキリスト教学校の究極の使命であり、それに関する教科目は必修でなければならないと考えられていたためである。

しかし、現地のキリスト教学校の中には、選択制の方がかえって生徒の信仰に対する思考を深められるとして、実践に乗り出した学校もあった。安徽省安慶市の聖保羅中学や、江西省九江市の南偉烈中学の場合がそれである。両校ともに、宗教科を選択する生徒は多数であったと報告されている。1926年当時の中学校で選択制を採用したのはこの2校のみであったが、キリスト教大学では同時期すでに8大学が選択性を実施していたことが別の研究で明らかになっている。この点からして、この問題に関する中学校レベルでの問題の解決が如何に困難であったかがうかがわれる。

しかしながら、登録を迫られた各中学校は、様々な方法で宗教教育の機会を供給することで、この問題の克服を目指した。多数の生徒に宗教科を選択するよう勧めたのは勿論のこと、全校集会における宗教演説、歴史や文学の授業における宗教史や宗教観の教授、社会科で取り上げる宗教問題など、様々な場面で宗教教育を展開するようになったのである。さらには、生徒にレポートの課題を出し、また、課外活動における教師と生徒の触れ合いの中で、あるいは図書館の宗教関連の書籍・雑誌を通じて、生徒の生活をできるだけキリスト教的雰囲気の中に置くようにした。このようにして選択制の問題については、その影響を出来るだけ少なくする努力が続けられたのである。

元来キリスト教学校は、それ自身決して全般的な国民教育制度の構築を意図するものでなく、その地におけるキリスト教伝道を使命とするものである。この特殊な教育目的を否定する登録規定は、キリスト教学校の存在理由を根底から否定しかねないものであった。したがって、キリスト教教育の特色をあくまで守ろうとする宣教会本部としては、登録に消極的態度をとるのは当然であっ

〔4〕 キリスト教学校に関する日中比較教育史

た。これに対しキリスト教学校の中国人教職員は、学校の存続こそがキリスト教を中国で普及させる唯一の道であると考え、宣教会本部に対して、登録問題に柔軟に対処するよう精力的な説得を試みたのである。その結果、例えば、華南女子大学では、支配的な雰囲気が愛であるところの学校こそがキリスト教主義の学校であるとし[13]、福建協和大学では、キリスト教教育の形式を用いずとも、キリスト教の真に意味するところを教える、すなわち、大学の性格はmore Chinese、大学の精神はmore Christianとして[14]、宣教会本部との一定の妥協を図っていた。こうして、ほとんどのキリスト教学校は登録を経て自らの役割を再定義した。広い意味でのキリスト教育を行う、すなわち、キリスト教の雰囲気の中で学生を薫陶するという方法が、多数のキリスト教学校で選択された道であった。ここでは、真の意味での宗教的情操教育が行われていたと言える。

おわりに

以上のことから、日中両国のキリスト教学校における宗教教育をめぐって大きな違いがあったことが分かった。日本では、キリスト教学校を公教育の補完として位置づけており、キリスト教学校は正規の学校教育制度から排除されながら宗教教育を展開していた。それに対し中国では、キリスト教学校は補完的ではあるものの、正式に中国教育制度の中で一翼を担う地位を獲得するに至った。中国のキリスト教学校に勤めるアメリカ人と中国人の教職員は、宗教教育を放棄することは考えなかった。彼らは、宗教的情操教育に着目し、宗教的情操教育がもつ大きな活力を重視した。つまり、彼らは、合法的な地位を放棄して自由に宗教教育を行う位ならば、一定の制限を受けたとしても、堂々と正規の教育体系の中で教育活動を行ったほうがよい、と考えたのである。こうしたことから、中国のキリスト教学校は、学校を通して教会の影響力を拡大して行くことの可能性について、日本のそれよりも深く認識していたと言えよう。登録規定が発布されてからは、中国のキリスト教宣教会は、宗教的情操教育の実

第1部　キリスト教宣教会の在華教育活動

施を通して中国社会との結合点を模索し、キリスト教学校の発展を図ったのである。彼らはキリスト教学校の発展を通じて、中国社会のキリスト教化の理想を実現しようとしたのである。（丁健訳・日暮トモ子補正）

注

1) 基督教学校教育同盟編『日本におけるキリスト教学校教育の現状』1961年
2) 教育史編纂会編『明治以後教育制度発達史』第四巻、1964年、p. 662
3) 陳景磐『中国近代教育史』人民教育出版社、1979年
4) 華東師範大学『中国近現代教育史』華東師範大学出版社、1983年
5) 高時良『中国教会学校史』湖南教育出版社、1994年
6) 呉梓明『基督教教育与中国社会変遷・総序一』福建教育出版社、1961年
7) 鈴木美南子他『日本近代教育史再考』昭和堂、1986年、p. 238
8) Editorial Notes. *Educational Review*. 1926, (7)
9) 「反宗教教育運動勢力之増長」『教育雑誌』1930年、22-8、p. 134
10) 外務省文化事業部「欧米人ノ支那ニ於ケル主ナル文化事業」1929年、p. 35
11) 外務省文化事業部「満洲及支那ニ於ケル欧米人ノ文化事業」1938年、p. 386
12) C.S. Miao, F.W. Price. *Religion and Character in Christian Middle Schools*, 1929, pp. 53-60
13) E. Wallace. *Hua Nan College*, 1956, p. 39
14) R. Scott. *Fukien Christian University*, 1954, pp. 42-50

第2部　資料的考察

〔1〕　戦前期日本における代表的著作

Ⅰ　キリスト教宣教会の在華教育活動

　周知のとおり、日本と中国は、中国近代教育の実施をめぐって関係を深めて行った。それは、欧米諸国と中国の場合も同様であった。ここではキリスト教宣教会の中国における教育事業を取りあげて解説とする。

　それは、当然のことながらキリスト教の世界宣教の歴史と結びついている。19世紀欧米諸国における主要な社会運動として、大衆伝道の新しい様式を目指す信仰復興運動があった。この運動の影響によって外国宣教会の設立が盛んとなったのである。例えば、1810年には、超教派的な宣教会としてアメリカンボード（American Board of Commissioners for Foreign Missions）、1819年にはメソジスト派の宣教会が、1837年には長老派の宣教会が、それぞれ設立されている。いずれもアジア各地からアフリカに至るまで盛んに海外伝道を行った。

　中国におけるキリスト教伝道の歴史については、佐伯好郎『清朝基督教の研究』（昭和24年、春秋社刊）に詳しいが、プロテスタントとして最初のキリスト教伝道を行ったのは、ロバート・モリソン（Robert Morrison, 1782～1834）である。山本澄子『中国キリスト教史研究—プロテスタントの「土着化」を中心として—』（昭和47年、東大出版会刊）によれば、モリソンの渡来から100年を経た1907年、中国では50余の宣教会がそれぞれ活動を行っていたという（同書p. 25）。

その活動は、布教伝道の活動は勿論であったが、出版や医療・教育分野も含まれていた。その中で宣教会による教育活動は、公教育の発達が日本と比べて遅れがちであった中国において、重要な位置を占めていた。特に、欧米諸国の新しい近代科学の導入にあたって、キリスト教高等教育機関の果たした役割は大きい。また、著しく停滞していた女子教育の振興についても、先駆的指導的な役割を果たした。日本の場合と同様、独身の女性宣教師が多数渡来し、彼女たちの手で、女学校が相次いで設立されるからである。

では、欧米諸国のうち、どのような国が活発に中国伝道を行ったのであろうか。19世紀末から、米国のプロテスタント諸宣教会が米国の国力増大とともに中国進出を拡大していった。日中両国全面衝突の前年における欧米諸国の教育事業に関する調査結果が、『諸外国の対支投資』下巻（昭和18年、東亜研究所刊）に記載されている。それによれば、教育事業はほとんどがキリスト教宣教会によるもので、初等・中等教育機関は次の表1のとおりであった。高等教育の分野について整理したのが表2である。表1、表2から、米国系宣教会が各分野でいかに活発に活動を展開したかが分かる（次頁参照）。

Ⅱ　キリスト教学校と教育権回収運動

キリスト教宣教会の手になる教育機関の数が最も多かったのは、1922年頃のことである。各派宣教会により中国に派遣された中国基督教教育調査会の編纂になる『中国基督教教育事業』（上海商務印書館、1922年刊）によれば、当時プロテスタント系の教育機関だけでも7,382校が数えられた（同書付録）。それが以後減少に転じている。その理由として、中国公教育の普及が上げられるが、それにもまして大きな影響があったのは、中国政府の取締まりや学生会などによる激しい教育権回収運動であった。

1920年代に入って間もなく発生した教育権回収運動は、宣教会や満鉄など、欧米や日本の勢力によって奪われた中国の主権としての教育権を回復しようとするナショナリズムの運動であった。それは、外国人経営学校が有していた治

〔1〕 戦前期日本における代表的著作

表1 欧米諸国の在華教育事業―初等・中等教育―

	英国	米国	ドイツ	スウェーデン	ノルウェー	フィンランド	スイス	計
宣教会数	25	68	15	11	9	4	1	133
小学校数	793	1,468	98	127	25	3	0	2,514
中等学校数	32	187	9	14	0	0	1	243

〈出典〉 『諸外国の対支投資』下巻、昭和18年、東亜研究所刊、pp. 23-25

表2 欧米諸国の在華教育事業―高等教育―

	大学・独立学院名	設置者	所在地
英　国	雷氏徳工芸学院	私人	上海
米　国	嶺南大学	宣教会	広東
	東呉大学	宣教会	蘇州
	之江文理学院	宣教会	杭州
	滬江大学	宣教会	上海
	武昌文華図書館学専門学校	宣教会	武昌
	輔仁大学女子文理学院	宣教会	北京
	華南女子文理学院	宣教会	福州
	聖約翰大学	宣教会	上海
	金陵大学	宣教会	南京
	湘南雅医学院	宣教会	長沙
	上海女子医学院	宣教会	上海
	輔仁大学	宣教会	北京
	北平協和医学院	ロックフェラー財団	北京
英・米	武昌華中大学	宣教会	武昌
	燕京大学	宣教会	北京
	福建協和大学	宣教会	福州
	夏葛医学院	宣教会	広州
	斉魯大学	宣教会	済南
	金陵女子文理学院	宣教会	南京
	華西協合大学	宣教会	成都
仏・中	中法大学	私立	北京
仏　国	震旦大学	宣教会	上海
	天津工商学院	私人	天津
	震旦女子文理学院	宣教会	上海
独　国	同徳医学院	中特医学会	北京

〈出典〉 同上書、pp. 18-23

外法権的性格や学校行政、教科内容面での問題点をめぐって、学生や知識人、一般市民から起こった反発にもとづいていた。その主張するところは、これら外国勢力により経営される学校を中国政府の統制下に置くべきだとするもので、領事裁判権の撤廃や関税自主権を求める利権回収運動と同じく、半植民地状況にあった当時の中国が直面せざるを得なかった問題をよく示すものであった。

そして、この運動は1925年以後、反帝国主義の思想と運動を形成する重要な要素となり、軍閥打倒の国民革命の進行とともに最高潮に達したのであった。ついには暴力事件も発生した。1927年3月、南京市では金陵大学副校長を含む六名の欧米人が殺害されている。このため、キリスト教学校の外国人宣教師と教師はほとんど全員が国外に避難し、事実上キリスト教学校は閉鎖の状態になったのである。この教育権回収運動の成果は、1928年以降、南京国民政府の外国人学校に対する規制策として結実することとなる。

なお、満洲事変以後、南京国民政府は外国人学校に対する規制策を緩和する。日本の対華侵略政策に対抗して、キリスト教学校と南京国民政府との間には一種の信頼関係さえも生れたのである。それは、日中戦争の終結を経て社会主義中国の出現時まで続いた。

文 献 解 題

『近代支那教育文化史―第三国対支教育活動を中心として―』
[著者] 平塚益徳
[発行年月・発行所] 昭和17年5月、東京目黒書店

1985年、平塚博士記念事業会実行委員会より、『平塚益徳著作集』全5巻が復刻出版（教育開発研究所刊）された。『近代支那教育文化史』はその第2巻「中国近代教育史」の中に「近代中国教育文化史」とタイトルを変えて収録さ

〔1〕 戦前期日本における代表的著作

れている。同書解題によれば、「…編集にあたっては、原文を忠実に再現することを原則としたが、本文中の支那、対支、渡支、在支等はそれぞれ中国、対華、渡華、在華等と改めた」とあり、原書出版当時の雰囲気を伝えていない。本シリーズに収録する『近代支那教育文化史』は影印版であるので、出版当時の状況をより正確に反映したものとなっていよう。なお、『近代支那教育文化史』は、同書奥付によれば、1943年5月に初版2,000部が目黒書店から発行され、翌年7月にはさらに3,000部が同書店から再版されている。

平塚益徳（1907～1981）は、1939年から1943年にかけて現広島大学の前身の一つである広島高等師範学校の教授を務めていた。平塚は、この時期に近代中国教育史に関する研究成果を相次いで公にしている。その中で、最も輝かしい研究業績が本書なのである。本書冒頭に掲げられた吉田熊次の序に、

　本書の如く組織的に近代支那の教育文化の発達を叙述せるものは未だ嘗て存在しなかったと思ふ。殊に「第三国対支教育活動を中心として」の調査研究は、当面の時局に関心を有するものの等しく愛読に値するものでなければならぬ。

とあり、1942年という日中戦争下の出版にあっては、「敵国」英米による在華教育活動への関心が強かったことを表している。第三国とは、当事国日本と中国以外の国々、つまり英米を指す言葉である。また、同じく平塚益徳の自序にも、

　本書は副題目が示すやうに近代支那の教育文化の変遷の跡を、第三国側の対支教育活動の面に重点を置きつゝ、論攷したものであって、（中略）英米側の対支教育活動に就いて正確なる認識を有つことが、（中略）広く我が国文化指導者一般にとっての正に時務たるべき事…。

とあり、やはり、時勢の影響を感じるが、「僅少なりと雖も之に依って学術奉公の誠を尽くしたき微意に外ならぬ」と書いてあり、時勢を超えた学術の探究を明確に志している。この書は、その点で欧米諸国の在華教育事業の全体像を当時として可能な限り的確に描こうとした研究書であるとともに、日本人による最初の優れた中国近代教育史の通史ともなっている。

日本との比較

　本書は、近代中国教育史を五期に分けて、教育一般と欧米諸国の教育活動とをセットにして各時期を考察している。考察の視点は、今読み返してみても新しい。平塚の教育史研究には日本を対象にしたものも多い。そのため、随所に日本との比較が出てきて興味深い。例えば、第一期アヘン戦争以前における第三国の教育活動では、「当時の支那にあっては我が国に於いて見出されたごとき英語教授を表看板とした私塾が殆んど絶無に近かったことである」(同書p. 36) と述べていることなどである。いわゆるミッションスクールが、その活動当初から、英語教育の需要と合致した日本の場合と、日本より早く学校が開設されながら、容易に社会的需要を見い出し得なかった中国とでは、異なった道を歩んだのである。

日米間の中国教育をめぐる競争

　欧米諸国の在華教育活動が活発になるのは、第三期の義和団事件以後清朝滅亡に至る時期である。ここでは、宣教師アーサー・スミスの「現下の支那の青年を教育することに成功する国は将来その捧げた努力に対し、道徳的、知的及び経済的影響に於いて最大の報いを得る国となるであろう」との提言を紹介し、当時の日米間の中国をめぐるライバル意識が教育活動に現れていたという視点を提供している (同書p. 196)。1901年の西太后新政より約10年間は、日本モデルの時代であった。それに刺激された米国は、義和団事件賠償金を投入して中国人の米国留学経費に充てたのである。その結果、中華民国の成立以降、続々と米国より帰国した留学生が米国にモデルをとった新中国建設に邁進したのである。それは一言で言えば、ジョン・デューイの唱えた教育による社会改

〔1〕 戦前期日本における代表的著作

造理論の実践であった。1922年に公布された壬戌学制は、六・三・三制や男女共学制、社会科カリキュラムを導入し、戦後日本の新学制と同じアメリカ型の学制であった。

教育権回収運動への対応

　本書は、分析の視点が新しいだけではなく、その実証にも力を入れている。第五期の壬戌学制より日華事変に至る第三国の教育活動においては特に顕著である。この時期、さまざまな資料、ことに欧文資料を多用して欧米諸国のキリスト教宣教会の動きが詳細に分析されているのである。前述した基督教教育調査会報告書『中国基督教教育事業』、1931年に渡華した平信徒調査団報告書類、あるいは『教育季報』、『教育季刊』、『教育叢刊』、『教育公報』などの雑誌がそれである。これらの雑誌はいずれもミッションスクールの連合体である中国基督教教育会が発行したものであった。政府の教育権回収政策に対応していく宣教会の姿勢の変化に関する考察も詳しい。中国基督教教育会の声明書を取り上げて、次のように述べている（同書p. 310）。

　以上の声明文と、前述の『中国基督教教育事業』中の目的規定とを比較考察する時、我々は僅々三、四年の間に驚くべき変化が行われたことに注目せしめられるのである。嘗つては、支那の一般教育組織に「対立」するものとして規定された教会学校は今や全くそれと協調し、否それの補足的なものとして新たに位置づけられたのである。

　そこには中国のキリスト教学校が、その主体的な選択として、国民政府による公教育体系の下での私立学校としての道を選び、国民政府との協調関係に入ったことが示されている。
　中国キリスト教学校の歴史に関心をもち、研究を続けている筆者がいつも参考にし、新しい示唆を与えられるのが本書であることを最後に付け加えておきたい。

第2部　資料的考察

『支那の反帝国主義運動』

[著者] 長野朗

[発行年月・発行所] 昭和2年4月、行地社出版部

　1926年7月に満鉄東亜経済調査局の経済資料として出版された『支那の興国運動』と全く同じ内容である。しかし、これには著者名がない。東亜経済調査局とは、初代の満鉄総裁後藤新平の発想から、世界的視野のもとで、中国の政治経済や社会文化を科学的に調査研究する目的をもって1908年設立されたものである。しかし、次第に国策実現の一翼を担って調査活動を展開した。この満鉄調査資料が、長野朗著『支那の反帝国主義運動』として、行地社出版部から1927年4月に復刻出版されたのである。ちなみに行地社とは、日本ファシズム運動の指導者の一人である大川周明が創立した国家主義団体であった。

　長野朗（1881～1975）は福岡県三池出身で、当時は中国問題評論家として、国民新聞社で論説を担当していた。『支那三十年』自序によれば、「民国元年に初めて武漢に行って、一ケ年民国革命を眺めていたが…」とある。また、1914年には山東省に住み、1919年から1921年までは北京、1923年から1924年までは天津に住んだと言う。『国史大辞典』には農本主義者として解説されているが、当時の中国で勃興してきた反帝国主義の民族主義運動を逸早く捉えるなど、ジャーナリストとしての眼光が鋭い人であった。長野朗の中国関連著作としては、他に次のようなものがある。

『支那の社会運動』（大正15年、行地社出版部刊）

『支那は何処へ行く？』（昭和2年、支那問題研究所刊）

『支那国民運動の指導原理』（昭和2年、ジャパンタイムズ社刊）

『支那革命史』（昭和5年、改造社刊）

『支那三十年』（昭和17年、大和書店刊）

〔1〕 戦前期日本における代表的著作
反帝国主義運動としての教育権回収運動
　本書は、欧米諸国の教育事業が直面した教育権回収運動の発生と展開を、分析的に描いている貴重な図書として収録した。本書凡例1で、

　　此の興国運動は以前は漫然たる状態に於て行はれて居たが、最近では国民党殊に共産派の手に依って統一的に指導されて居る。

と述べ、1924年第一次国共合作以来、共産党が社会主義運動や労働運動ではなく、興国運動を組織していることを指摘している。本書は、その運動として2章で反文化侵略、3章で反経済侵略、4章で反政治侵略、5章で反帝国主義運動を述べている。その中で、以下のような多数の運動が列挙され、解説されている。

　　反文化侵略運動　反基督教運動　教育権回収運動　反帝国主義運動
　　学生運動　国家主義運動　労働運動　利権回収運動

　つまり、これらは一言で言えば、いずれも中国ナショナリズムの運動であった。「一部の学生と政客の手で始められた運動は今や全民衆の運動に変わって行った。（中略）廃頽の支那には若く新しい血が漲り始めたのである」（本書p.3）と述べ、中国全土にわき起こった反帝国主義運動を紹介し、その中で教育権回収運動を捉えている。
　平塚は、前述したとおりに、主として宣教会側から教育権回収運動をながめ、キリスト教学校の対応を明らかにした。これに対し、長野は、運動の担い手を明らかにし、教育権回収運動が反文化侵略運動、そして反帝国主義運動として成長していく過程を明らかにしている。特に共産党の参加に着目し、反帝国主義運動が共産党の参加により組織的に行われるようになったと考察している。中国共産党は、結成初期の活動において教育権回収運動に積極的に取り組

— 267 —

み、その勢力を伸ばして行ったのである。

民族運動と学生運動

ところで、上述したような教育権回収運動は、主に、学生たちにより組織的な運動として展開された。本書第8章は「学生と対外運動」と題し、当時の学生運動を分析している。そこには国民党系の学生運動もあれば、共産党系の学生運動もあった。政治的傾向は異なっていたが、両者の運動は民族運動という点で、一致していた。学生運動は民族運動として盛況を極めたと言えよう。ではどのような学生団体があったのであろうか。本書は次のように書いている（本書p. 264）。

全国的には全国学生総会があって各地の学生会を総括して居る。全国学生総会の下に各地の学生連合会がある。即ち北京学生連合会とか上海学生連合会とかゞ之れで、其の土地の中学以上の学校が皆含まれて居る為め、北京、上海、広東等では百以上の学校が加入し、其の数も夥しいものである。

中学以上の各学校で学生会が作られ、それはキリスト教学校においても例外ではなかった。学校内に非キリスト教的な組織が作られ、宗教教育に反対するだけではなく、校務と財政の公開を要求し、西洋人の横暴に反対したのである。このような学生運動に対して、長野は「支那の学生運動と民族運動の発展とは正比例する」と、鋭く指摘する（p. 270）。上海で五・三〇事件が起きて数日後には、上海の市民運動は学生連合会の手に握られていたという（p. 273）。

こうした状況のもと、欧米諸国の在華教育事業は、学生、労働者、国民党、商人団体、共産主義青年団などによる国民運動の前に停滞を余儀なくされ、その外国風を非難され、新しい道を模索し始めたことが分かる。

〔1〕 戦前期日本における代表的著作

『支那ニ於ケル外国人経営ノ教育施設』
[編者] 南満洲鉄道株式会社総務部交渉局
[発行年・発行所] 昭和4年、満洲日日新聞社

　本書「例言」によれば、この書は1915年の*Educational Directory of China*と*Directory of China and Manila*を主な資料としていると言う。この二つの資料の詳細については、現在のところ不明である。そのほか、満鉄地方課飯河道雄の収集資料と伝聞を交えて編纂したとある。と書くと、資料としての正確さに問題があるように聞こえる。しかし、当時の諸外国の在華教育活動に関する同種資料は大体このようなものであった。つまり、英文資料と個人の収集資料とを主要な源としている。外務省発行のものであっても、英文資料と現地公館スタッフが収集した資料を編纂しているのである。このような資料のなかで、本書は、(1)地域別の構成をとっており、諸外国教育事業の中国全体への拡がりがよく分かる。(2)1915年は諸外国の在華教育活動が活発に展開された時期であったと思われる。(3)欧米諸国の在華教育事業全体に関わる報告書としては初期のものである。このような理由から、本書を収録したわけである。なお、本書は満鉄総務部交渉局の「交渉資料第一七編」となっており、交渉資料11編が満州篇として先に発行されている。

日本のモデルとしての欧米諸国の教育事業

　日本が諸外国の在華教育事業に並々ならぬ関心を寄せるのは、明治後期における日中の親密な教育関係を見れば当然のことであった。本書例言は、外国人が中国人子弟の教育のため、清潔整頓に力をいれ、また、暗記の弊害を正そうとして数学を利用していると書いている。そして、「大ニ吾人ノ猛省ニ値スヘキモノナキニアラサルニ似タリ」と結んでいる。つまり、中国の教育をめぐって、日本は諸外国に対する強いライバル意識を持つとともに、それらの活動を見習うべきモデルとしても捉えていたことがよく分かる。

　前述したように、1915年当時は諸外国の在華教育活動が活発であった。それは、本書で取り上げられている外国人経営の教育施設の多種多様さにも現れて

いる。大学教育から始まり、工学教育、女子教育、農業教育、盲人教育、医学教育に及んでいる。これらは、欧米諸国の教育事業が進出しやすかった分野であったとも言えるが、それだけではない。施設整備の経費を必要とする大学教育や医学教育、新しい技術の導入が必要な工学教育などは、欧米諸国の教育事業が得意としていたと思われる。しかし、農業教育もあり、盲人教育もあり、女子教育もあった。欧米諸国の教育事業には、目的は布教であっても中国人子弟のための教育という側面があったのである。日本がモデルとしたのは、このような精神と実践であったに違いない。

中国各地への普及

本書は、下編で欧米諸国の教育事業が中国各地で見られることを報告している。その地域数は、次のようであった。

安徽省	5 地域	江蘇省	12 地域	福建省	11 地域
浙江省	8 地域	河南省	4 地域	湖南省	10 地域
湖北省	10 地域	甘粛省	2 地域	江西省	3 地域
広西省	2 地域	広東省	16 地域	山西省	3 地域
山東省	17 地域	陝西省	1 地域	四川省	9 地域
雲南省	3 地域	直隷省	5 地域		

したがって、欧米諸国の教育事業は中国奥地まで拡がってはいたが、その中心はやはり沿岸地方の江蘇・浙江・福建・広東省にあったことが分かる。

なお、中国各地における欧米諸国の教育事業の展開状況を報告した出版物は他にもある。彼らの在華教育事業が成果を上げて行くにしたがい、日本側としても、その全貌を明らかにしようと必死であったと思われる。

〈未所収の関連主要資料目録〉

『欧米人の支那に於ける文化事業』（山口昇編、大正10年、上海日本堂刊）

『欧米人ノ支那ニ於ケル主ナル文化事業』（昭和4年、外務省文化事業部刊）

『満洲及支那ニ於ケル欧米人ノ文化事業』（昭和13年、外務省文化事業部刊）

〔1〕 戦前期日本における代表的著作

『基督教徒ノ活動』（昭和14年、興亜院政務部刊）

『諸外国の対支投資　下巻』（杉村廣蔵編、昭和18年、東亜研究所刊）

『西洋文化の支那侵略史』（E.R. ヒューズ著、魚返善雄訳、昭和19年、大阪屋号書店刊）

第2部　資料的考察

〔2〕　明治期教育雑誌所収関連記事

Ⅰ　清末中国の教育をめぐる国際競争

(1) 日本の教育界が中国の教育問題に目を向け始めるのは、日清戦争以後のことである。日清戦争における清国の敗北を契機に、欧米列強は中国に対する政治的・経済的支配を一段と進めるようになった。その中で、後発国日本は相対的劣勢を挽回する努力をしなければならなかった。折しも清末中国では変法自強運動を経て西太后新政時期を迎えていた。中国は変革の季節に入ったのである。近代国家を支える行政制度、司法制度、軍事制度、警察制度などと並んで、教育制度の改革が必要であった。

　中国の改革担当の官僚たちは、先進日本に目を向け始めていた。このような思潮は日本でもいち早く捉えられ、積極的に全面的に協力しようとする人々が現れることになる。明治教育界でも、開発社の『教育時論』などが清国の教育問題に熱心に取り組み、教育界の世論形成に大きな役割を果たした。清国の教育問題は、日本が劣勢を挽回するための格好の機会であった。資料(1)の次のような言葉はその認識を示すものである。

　　支那問題は即ち帝国の問題なり、日本国民が将来の運命を決すべき大問題なり、宜しく国民を挙げて、慎重に解釈せざるべからず、教育者亦何ぞ、之と無関係なることを得むやと。

(2) 『教育時論』の編集主任辻武雄は、視察員として1898年8月に中国を訪問した。主要都市を訪ねて教育の現状を調査し、『教育時論』に盛んに通信を送っている。資料(2)は1901年、辻が清国要路者に配布した原文中国語の「清国教育改革案」の翻訳である。近代国家の「国家一日も教育なかる可からず、人民亦一日も教育なかる可からず」という原則を示し、学校教授の原理を11

〔2〕 明治期教育雑誌所収関連記事

項目にして示した。その内、第8番目の項目には次のようにある。

　厳に宗教の学校に入るを禁ず、仏及天主耶蘇等の如き、均しく宜しく入るべからず、蓋し宗教と教育とは両立せず、教育に妨あり、且つ修身立行は、孔教を以て足る矣。宗教の教育に害あることは、他日再び之を詳述すべし。

　近代国家における政教分離の原理、宗教と教育との関係を示したかと思われる。しかし、辻は、同じ誌面でこうも言う。

　外人を聘して顧問と為し、教習と為すの一事の若き、日本人と欧米人と、孰れか不利なるかに至りては、即ち余尚ほ意見あり、請ふ他日を待ちて之を論ぜん。

　ここで辻の言う欧米人教習はほとんどが当時のキリスト教宣教師であった。西太后新政改革は日本をモデルに改革が進んだ。しかし、その前からキリスト教宣教師を通じた欧米諸国の影響があった。中国の教育視察中、辻はこの事をはっきり認識したに違いない。前述の「厳に宗教の学校に入るを禁ず」という辻の言葉の背景に、欧米諸国の影響を排除しようとする国際競争の意識を感じることが出来る。

(3) 『教育時論』は1902年に社説「対清教育策」を6回にわたって掲載している。その中で、同年4月の資料(3)「対清教育策（其六）」では、欧米諸国の活動を取り上げて、次のように言っている。

　夫の上海に於ける英人設立の『広学会』の出版事業が、如何に清国の開発に密接の関係を有し、如何に英人の勢力扶植、重大の関係を有するかを知らば…。

第2部　資料的考察

　清末中国の教育をめぐる国際競争においては、日本は欧米諸国の中国における活動を真似しつつ、それを乗り越えて行かなければならなかった。広学会（The Society for the Diffusion of Christian and General Knowledge among the Chinese）とは、英米の宣教師を中心に作られた啓蒙団体である。多数多様な翻訳・出版物を残している。これに対抗して、日本も出版活動を行う結社を作ろうというのであった。アヘン戦争以後、ようやく新知識を求めだした中国読書人階級に向けて、広学会は西洋の図書や雑誌の翻訳と刊行とを行った。成立は1887年であり、1891年に英国人ティモシー・リチャードが主宰するようになって、活発に教育活動をするようになった。中国知識層への影響が大きかったと言われる[1]。広学会については資料(4)の東亜同文会報告「広学会の清国教育事業」もある。ティモシー・リチャードについては資料(5)、資料(6)が山西省に大学を設立する計画を伝えている。資料(7)～(11)はティモシー・リチャードの思想と行動とを5回シリーズで紹介したものである。資料(12)はティモシー・リチャード夫人に関する記事である。

(4)　19世紀アヘン戦争以後には他にも多くのキリスト教宣教師が中国教育文化界で活躍した。特に在華20年に及んだウイリアム・マーチンが有名である。1869年にマーチンは京師同文館の総教習となり、その整備に力を尽くした。資料(13)は、ウィリアム・マーチンとティモシー・リチャードが、1910年に日本から招待され、4月12日、演説を行なったと報告している。

(5)　資料(14)の「対清教育策（其二）」でも、調査すべき事項として「（十一）外国人設立の学校及其教育方法成績」を挙げている。外国人設立の学校とは何か。中国で教会学校と呼ばれたいわゆるミッションスクールを指している。19世紀初めから、対外貿易や国際政治の活発化に伴い、工業化の進んだ英米両国を中心にしてプロテスタント系宣教会の中国進出が開始された。しかし、アヘン戦争前のキリスト教禁令のもとでは布教はほとんど出来なかった。宣

〔2〕 明治期教育雑誌所収関連記事

教会が活発に活動を開始するのは、清朝がアヘン戦争に敗北を喫してからである。開港場には教会堂が建設されるようになったが、キリスト教伝道は極めて困難であった。そのため、宣教師たちは啓蒙活動や教育活動に力を入れることから始めた。20世紀初めまでにキリスト教宣教会は、中国の教育・出版・医療事業に進出したが、この中で教育事業の影響が最も大きかった。

(6) プロテスタント系宣教会による教育事業の歴史は、1839年、米国人ブラウンが澳門にモリソン学校を創設したことを以て嚆矢とする。その後、1844年ロンドン会の英華男塾が厦門に、1845年に寧波男塾が設立された。しかし、アヘン戦争後の20年間はキリスト教学校は遅々とした歩みしか見せなかった。開港された五港内のキリスト教学校は極めて小規模で初等教育を施す程度であった。これらの学校は学費を徴収せず、衣食などを支給して貧困な信徒の子弟や孤児を集めていた。1860年のキリスト教学校は、カソリック宣教会経営の学校と合わせて約50校、生徒数1,000名位であった。

やがて、アロー号事件以後内地伝道が許可された。1860年代になると宣教師の数が増大し、雨後の筍のようにキリスト教学校が増えて行った。欧米諸国の各派宣教会は争って教育事業に進出した。キリスト教学校は学費を取るようになり、1875年頃には約350校、生徒数6,000名に増加していた。そのうち約7％の学校が中等教育にまで進出していた。日本が清国教育に関心を持ち始めた頃、このように中国教育をめぐって、各国の思惑による国際競争が展開していたのであった。そこに日本が参入してさらに競争が激化したと思われる。後発国日本が劣勢を挽回するための格好の機会であるとした中国教育については、すでに欧米諸国も同様の関心から事業を展開していたのである。

(7) したがって、清末中国の教育をめぐる国際競争の相手はきわめて手強いものであったが、新政改革のモデルとなった日本はこの競争で相対的に有利と

第2部　資料的考察

なった。清国における日本の進出ぶりを伝える外国雑誌・新聞の記事が散見される。資料(15)は清国における日本の進出ぶりを伝える『仏領印度雑誌』の記事を紹介したものであるが、かなり事実を誇大に紹介している。資料(16)は1905年、サンフランシスコで発行されたものを掲載したもので、日露戦争の勝利は清国人を日本化せしめるであろうという記事である。1906年の資料(17)には、次のように書かれていた。

　要するに清国は、其の先進国たる日本が西洋文明国の実力的影響を受くること無くして巧みに能く其の発達を遂げたる如く、己も亦た日本の優越的勢力を利用しつつ自己の独立的精神を涵養せんことを計れり。

著者は「支那通」の英国人らしいが、中国における日本の優越的勢力が明確に認識されていたことが分かる。他に同じような記事に資料(18)、資料(19)がある。

(8)　このような清国における日本の進出は、欧米諸国における従来の日本観を変えるものとなった。資料(20)は次のように語っている。

　露国の陸海軍を覆滅したる日本軍の勇武と其士官の戦術とに対して、東洋の全新聞界は歓喜的狂呼を禁ずる能わず。(中略) 又日本が短日月の間に近世式文明を消化し、西人の武器を以て西人を膺懲したる奇蹟に対しては、感嘆して止まる所を知らざりき。然れども今日に在りては事態は一変せり、昔日の賞賛は罵詈の声と為せり…。

これはインドの記者が書いたものを紹介しているのであるが、日本の帝国主義的姿勢によって、アジアの希望の星であった日本に対する失望が生まれたことを表現したものである。

〔2〕 明治期教育雑誌所収関連記事

(9) このように優勢な位置にある日本は、中国教育に関してどこまで欧米諸国を追い上げることが出来るのであろうか。清末中国に対する明治教育界の主要な関心と議論は、ここに集中したと思われる。例えば、1904年の資料(21)のようなものもある。同資料は欧米諸国と日本とを比べて、次のように述べている。

　　日本人は清国に於ける大学や師範学校や兵学校の教育を其手に収めぬ。しかして、未だ幼稚園の邦人の手に成るものを聞かず、また以て彼我着眼点の異なれるを見るに足る。

　　欧米人が幼稚園事業に着眼したことに感心している。何故かと言えば、同資料によれば「不知不識の中に彼等に基督教の精神を入れんとす」ることが出来るからである。彼等とは、福州にあるキリスト教系幼稚園の幼児のことである。

(10) 明治日本人の中で中国問題に対する一番の論客は、早稲田大学清国留学生部講師の青柳篤恒であった。青柳は資料(22)で、日本人独特の見地で中国研究を行うべしと主張している。資料(23)では、中国人留学生は「国際間の親誼に関し、東亜保全の大局に関し、支那に於ける列国勢力の消長に関し、将来早晩必らず来るべき支那問題に就ての列国会議に於ける発言権の大小」に関するという認識を示した。資料(24)は、日本人教習の盛況は欧米の垂涎するところとして、米国誌の記事を記載したもので、青柳はアジアの将来に志あるものへの警告としたいと述べている。資料(25)は、中国教育の現状を、中国青年の教育権をめぐる日独米の争いととらえ、日本に対する「教育上の挑み」があると指摘し、警告している。

(11) 青柳篤恒以外の人によっても議論が起こされている。資料(26)は、日本の対

— 277 —

第2部　資料的考察

清政策を「老熟を欠き人後に落つる」と批判するもの。資料(27)は早稲田大学学監の高田早苗のもので、日本人教習が誠心誠意中国のために図れば、自然に日本のためになるとして、そのあり方に注文をつけたものである。高田は資料(28)で、「支那人教育に対する米国人の活動は豈必ずしも単純なる宗教的慈善的将又人道的の意味のみ」ではない、国際競争であると警告している。青柳と同じ論調である。資料(29)は、留学生の減少の原因を考察し、日本の失敗としている。また、そのことは国語輸出の国際競争に負けたという事であると指摘した。「世人は唯商業や政治にばかり目をつけて騒ぎまはっているけれども、国語の競争がその本源であることを知らない」と嘆いている。資料(30)は服部宇之吉のもので、日本における清国留学生教育の充実を主張している。資料(31)は樋口龍峡のものであるが、中国人留学生の革命運動に理解を示し、過激なものではなく、政治改革や立憲政体を要求するに過ぎないという。留学生の減少は中国教育における欧米の影響を強化するだけだと、危機感を示している。

Ⅱ　欧米諸国の在華教育文化事業

(1)　日本も欧米諸国も、中国人の「教育に意を注げるは決して政略上より企画されたるものに非ず善隣の交誼上茲に至りしものなるが」（資料32）と言いながら、各国の対清教育が進行した。日本の雑誌には外人設立の学校が具体的に紹介されるようになる。資料(33)、資料(34)には、北京のメソディスト系学校の校長名や創立年月日を始め授業料、学生数、教師数、入学期まで載っている。資料(35)、資料(36)は天津における外人の勢力を検討したもので、学校が外人勢力の重要な構成要素であったことが分かる。

(2)　各国別にみてみよう。イギリスは下記のとおりであるが、資料(37)以外は計画段階である。計画時から注目し報道していたことが分かる。他の各国のものについても、計画段階の報道が多い。

〔2〕 明治期教育雑誌所収関連記事

　　厦門英華学堂（資料37）
　　南清大学（資料38）
　　香港大学（資料39〜資料43、資料51、資料52）
　　漢口大学（資料44、資料45、）
　　北京医科大学（資料46、資料47）

(3)　ドイツ
　　ドイツ学校、独清高等宗教学校、ヘーベル養育院、独清師範学校（資料48）
　　済南商務学堂（資料49）
　　独逸医学堂（資料50）
　　青島大学（青島特別高等専門学堂）（資料51〜資料67）

(4)　ロシア
　　ハルピン東洋語学校（資料51、資料52、資料68）
　　ウラジオストック東洋学校（資料69）
　　漢口俄文学堂（資料70）
　　牛荘小学堂（資料71）
　　満洲大学（資料72〜資料75）

(5)　アメリカ合衆国
　　厦門同文書院（資料76）
　　湖南エール大学（資料77、資料78）
　　北京協和医学堂（資料79〜資料81）
　　上海の医学校（資料82〜資料84）
　　山東省灘県の大学（資料85）

— 279 —

第2部　資料的考察

(6) 共同事業
　　漢口大学（資料86、資料87）
　　四川大学（資料88、資料89）
　　中清大学（資料90）

(7) 特に宣教会の医学教育を報じたものもある。資料(91)～資料(93)参照。このような活発な欧米諸国の対華教育活動の結果、資料(94)によれば、プロテスタント系教会学校は1906年現在で、校数824、生徒15万人になった。それでは、欧米諸国の国際競争の勝ち組はどこであろうか。資料(95)の日本人は次のように述べて、

　　現在各国の支那教育に於て最も著はれたるものは米国なり、米人の支那学界に対する熱心と忍耐とは実に人をして驚嘆せしむべきものあり、其の支那教育権の牛耳を取る又宜なりと云ふべし…

と、アメリカの努力を高く評価した。次の資料(96)は、英国人の言葉を紹介している。

　　支那に於ける教育上の成功は、今や実際の事実と為れり。而して此成功は米国人の尽力に因れるものにして、米国は其努力の報償として奏功の名誉を享有すべきものなりと。

やはりアメリカが先頭を切ったのであった。
当然のことながら、中国自体は各国の中国教育事業進出を喜んでいたわけではない。1906年、「外国人ニ内地ニ在ツテ学堂ヲ開設スルノ資格ヲ與ヘズ」という訓諭を学部が発したことが分かる（資料97）。しかし、資料(98)によると、1907年、学部の考えとして「子細ニ其学校ノ組織性質ヲ調査ノ上適当ト

— 280 —

〔2〕 明治期教育雑誌所収関連記事

認ムル場合ハ其学校出身ノ生徒ニ官立学校ト同様ノ恩恵ヲ輿ヘ」る旨が報じられている。時代の趨勢か、学部の考えの変化を示したものである。

このようにキリスト教宣教会の経営する学校は長い間公認されることはなかった。しかし、公認を得なくてもキリスト教学校は存続し続けてきた。この意味では、キリスト教学校は中国の学校とは言えない。キリスト教学校は、1920年代後半のナショナリズム高揚の時期に至って初めて、中国公教育の中に位置づけられるのであった。

注

1) 平塚博士記念事業会編『平塚益徳著作集Ⅱ 中国近代教育史』1985年、教育開発研究所、pp. 92-93参照。

資 料

(1) 教育者は如何に支那問題を見るべきか（豊岡茂夫）、教育時論、550、明治33.7.25、学説政務〔101096〕
(2) 清国教育改革案〔辻武雄〕、教育時論、571、明治34.2.25、学説政務〔101109〕
(3) 対清教育策（其六）、教育時論、612、明治35.4.15、社説〔101152〕
(4) 広学会の清国教育事業、東亜同文会報告、27、明治35.2.1、時報〔131061〕
(5) 山西の中西大学堂、東亜同文会報告、27、明治35.2.1、時報〔131065〕
(6) 清英大学設の計画、教育学術界、4-4、明治35.2.5、海外教育〔107024〕
(7) テモシー・リチャード博士（緒言）（丸山生）、燕塵、3-8、明治43.8.1、――〔139023〕
(8) テモシー・リチャード博士（二）（丸山生）、燕塵、3-9、明治43.9.1、――〔139024〕
(9) テモシー・リチャード博士（三）（丸山生）、燕塵、3-10、明治43.10.1、――

第2部　資料的考察

⑽　テモシー・リチャード博士（四）（丸山生）、燕塵、3-11、明治43.11.1、──〔139025〕

⑾　テモシー・リチャード博士（五完）（丸山生）、燕塵、3-12、明治43.12.1、──〔139026〕

⑿　リチャード博士故令夫人（丸山生）、燕塵、4-1、明治44.1.1、──〔139027〕

⒀　ウィリアム・マーテン博士（丸山生）、燕塵、3-5、明治43.5.1、──〔139028〕〔139020〕

⒁　対清教育策（其二）、教育時論、608、明治35.3.5、社説〔101147〕

⒂　清国に於ける日本人に関する「仏領印度雑誌」の記事、外交時報、74、明治37.2.20、雑報〔153009〕

⒃　清国人の日本化（桑港クロニクル）、中央公論、20-6、明治38.6.1、海外新潮〔149029〕

⒄　日本と清韓（アーチバルド・コルクハウン）、中央公論、21-5、明治39.5.1、海外新潮〔149035〕

⒅　支那の日本化と東洋の黄色団（ゴーリオス紙）、中央公論、18-11、明治36.11.1、海外新潮〔149024〕

⒆　黄色対白色の戦争（ブロード、アロー、紙）、中央公論、18-11、明治36.11.1、海外新潮〔149025〕

⒇　亜細亜に対する日本の野心、慶應義塾学報、161、明治43.12.15、世界大鑑〔124029〕

㉑　清国福州に於ける幼稚園、新人、5-1、明治37.1、内外雑事〔154017〕

㉒　対清企業熱とチャイナ、ソサイエテー（青柳篤恒）、早稲田学報、145、明治40.3.1、論説〔123019〕

㉓　支那留学生教育と列国（青柳篤恒）、外交時報、113、明治40.4.10、記事〔153016〕

㉔　米紙「支那人の日本教師排斥」論（青柳篤恒）、同仁、16、明治40.9.10、論説〔134075〕

㉕　日米独に於ける支那学生教育の国際観（青柳篤恒）、東邦協会会報、161、明治41.7.20、論説〔136093〕

〔2〕 明治期教育雑誌所収関連記事

(26) 我対清政策の欠点、中央公論、18-10、明治36.10.1、公論〔149023〕
(27) 支那人教育に就て（高田早苗）、太陽、12-9、明治39.6.15、論説〔147054〕
(28) 清人教育と米国大統領の教書（高田早苗）、早稲田学報、155、明治41.1.1、論壇〔123029〕
(29) 国語拡張の一頓挫、国学院雑誌、13-9、明治40.9.15、彙報〔129039〕
(30) 支那人教育に対する所見（服部宇之吉）、中央公論、24-3、明治42.3.1、海外〔149040〕
(31) 対清教育政策の今昔（樋口龍峡）、中央公論、23-3、明治41.3.1、公論〔149038〕
(32) 英米独の対清教育、東邦協会会報、167、明治42.1.20、時報〔136097〕
(33) 北京に於ける外人設立の学校（伊知生）、燕塵、1-8、明治41.8.31、──〔139002〕
(34) 北京に於ける外人設立の学校（承前）（伊知生）、燕塵、1-10、明治41.10.2、──〔139004〕
(35) 天津ニ於ケル外人ノ勢力、東亜同文会報告、107、明治41.10.26、──〔131415〕
(36) 天津ニ於ケル外人ノ勢力（承前）（上海東亜同文書院調査）、東亜同文会報告、110、明治42.1.26、──〔131430〕
(37) 清国唯一の専門学校（吉川生）、東洋時報、121、明治41.10.20、雑俎〔138027〕
(38) 南清大学ノ計画、東亜同文会報告、90、明治40.5.26、時報〔131297〕
(39) 香港雑観、同仁、39、明治42.8.1、雑報〔134141〕
(40) 香港大学設立、同仁、38、明治42.7.1、雑報〔134138〕
(41) 香港大学、教育時論、918、明治43.10.15、時事彙報〔101466〕
(42) 香港大学の設立、東邦協会会報、188、明治43.10.20、海外評論〔136111〕
(43) 英国と支那大学、東邦協会会報、180、明治43.2.20、時報〔136108〕
(44) 英国ノ北京医科大学、東亜同文会報告、115、明治42.6.26、時報〔131472〕
(45) 香港大学、東亜同文会報告、115、明治42.6.26、時報〔131473〕
(46) 英国の清国人に対する医育、同仁、35、明治42.4.1、医界紀要〔134131〕
(47) 漢口の清国大学、東洋時報、138、明治43.3.20、彙報〔138082〕
(48) 青島の発達（承前）、東亜同文会報告、47、明治36.10.10、──〔131119〕

— 283 —

第2部　資料的考察

⑷9　独人ノ商務学堂設立、東亜同文会報告、85、明治39.12.26、時報〔131260〕

⑸0　独逸医学校の開校、同仁、17、明治40.10.10、雑報〔134085〕

⑸1　清国人教育と列国、東邦協会会報、171、明治42.5.20、時報〔136101〕

⑸2　清国教育と列国、同仁、36、明治42.5.1、雑報〔134135〕

⑸3　独逸ノ清人教育、東亜同文会報告、99、明治41.2.26、時報〔131369〕

⑸4　独逸ノ清国大学計画、東亜同文会報告、100、明治41.3.26、時報〔131379〕

⑸5　清国青島の大学、同仁、23、明治41.4.10、医界紀要〔134101〕

⑸6　独逸の清人教育、東洋時報、122、明治41.11.20、彙報〔138030〕

⑸7　青島大学堂、東亜同文会報告、108、明治41.11.26、時報〔131424〕

⑸8　清国の独米大学、新人、9-12、明治41.12.1、彙報〔154028〕

⑸9　清国山東に於ける大学の創設、同仁、32、明治42.1.1、医界紀要〔134126〕

⑹0　膠州湾大学の計画、東邦協会会報、168、明治42.2.20、時報〔136098〕

⑹1　青島大学堂開校期、東亜同文会報告、112、明治42.3.26、時報〔131446〕

⑹2　独逸の対清教育策（塵客燕人）、燕塵、2-4、明治42.4.1、──〔139001〕

⑹3　青島大学開校期、東亜同文会報告、117、明治42.8.26、時報〔131479〕

⑹4　青島特別高等専門学堂、東亜同文会報告、118、明治42.9.26、時報〔131482〕

⑹5　清国の大学、同仁、46、明治43.3.1、雑報〔134150〕

⑹6　独清高等学校内容、教育時論、899、明治43.4.5、時事彙報〔101452〕

⑹7　青島の独逸学堂、東邦協会会報、191、明治44.1.20、清国時報〔136119〕

⑹8　東洋語学校の設立、教育界、10-4、明治44.2.1、内国彙報〔109181〕

⑹9　露国の東洋学校、東亜時論、19、明治32.9.10、中外時事〔130034〕

⑺0　露国の支那人教育、教育時論、646、明治36.3.25、時事彙報〔101210〕

⑺1　露国の牛荘小学堂開設、教育時論、673、明治36.12.25、時事彙報〔101229〕

⑺2　露国の満洲大学、教育時論、861、明治42.3.15、時事寓感〔101430〕

⑺3　露国ト清国大学、東亜同文会報告、111、明治42.2.26、時報〔131437〕

⑺4　露国と清国大学、東洋時報、125、明治42.2.20、彙報〔138036〕

⑺5　露国の満洲大学、教育時論、861、明治42.3.15、時事彙報〔101429〕

〔2〕 明治期教育雑誌所収関連記事

(76) 米人ノ学校経営、東亜同文会報告、75、明治39.2.26、時報〔131177〕

(77) 湖南ノ「エール」大学、東亜同文会報告、85、明治39.12.26、時報〔131258〕

(78) 湖南ノ現況：長沙府雅礼医院ノ現状、東亜同文会報告、125、明治43.2.28、時報〔131517〕

(79) 北京協和医学堂の事を記す（峡籟生）、燕塵、2-2、明治42.2.1、——〔139008〕

(80) 北京協和医学堂の事を記す（承前）（峡籟生）、燕塵、2-3、明治42.3.1、——〔139009〕

(81) 北京協和医学堂の事を記す(完)(峡籟生)、燕塵、2-4、明治42.4.1、——〔139010〕

(82) 医学校設立計画、同仁、61、明治44.6.1、雑報〔134176〕

(83) 上海の米国医学校、同仁、63、明治44.8.1、雑報〔134184〕

(84) 米国の清国大学、同仁、37、明治42.6.1、雑報〔134137〕

(85) 米国大学、東亜同文会報告、108、明治41.11.26、時報〔131423〕

(86) 英美漢口大学堂計画、支那調査報告書、2-21、明治44.11.5、時報〔132060〕

(87) 清国の武漢大学、同仁、65、明治44.10.1、雑報〔134193〕

(88) 外人の四川大学設立、支那調査報告書、1-1、明治43.7.19、時報〔132001〕

(89) 清国四川大学、同仁、50、明治43.7.1、雑報〔134158〕

(90) 中清大学拠金、東邦協会会報、201、明治44.11.20、時報〔136125〕

(91) 清国に於ける各国宣教師の医学宣伝の現況（下瀬謙太郎）、同仁、29、明治41.10.1、論説〔134117〕

(92) 清国に於ける各国宣教師の医学宣伝の現況（承前）（下瀬謙太郎）、同仁、30、明治41.11.1、論説〔134119〕

(93) 在清国各国宣教師の医学宣伝現況（峡籟生）、燕塵、1-11、明治41.11.10、——〔139005〕

(94) 外人経営の清国学校数、教育界、5-5、明治39.3.3、内外彙報〔109107〕

(95) 倫敦支那協会（森不二若）、同仁、58、明治44.3.1、同仁会録事〔134167〕

(96) 支那の教育改革、慶応義塾学報、162、明治44.1.15、世界大観〔124030〕

(97) 外人設立ノ学堂ニ対スル方針、東亜同文会報告、85、明治39.12.26、時報〔131256〕

第 2 部　資料的考察

(98)　外人設立学校の特典、東亜同文会報告、91、明治40.6.26、時報〔131307〕

〈備考〉各記事タイトル末尾のカッコ内の数字は、近代アジア教育史研究会編『近代日本のアジア教育認識・資料編』中国の部（2002年龍溪書舎刊）所収の資料番号を示す。

解　説

阿　部　　　洋

I

　本書は、故佐藤尚子（1943—2009年）の遺著『米中教育交流史研究序説―中国ミッションスクールの研究―』（龍溪書舎、1990年刊）を増補・改訂したものである。志半ばで逝った著者の意を汲み、改訂にあたっては書名を改め、旧著の副題「中国ミッションスクールの研究」を以てこれにあてることとした。

　本書の内容は、上掲の旧著を主とし、これに著者が1990年以降執筆した論攷の中から関連のある6編を選んで付け加えたもので、補篇は「欧米諸国の在華教育事業」と題し、以下の二部構成とした。すなわち、第1部はキリスト教宣教会の在華教育活動を女子教育の問題を中心にまとめたもの、そして第2部は関連資料の書誌的考察である。

第1部　キリスト教宣教会の在華教育活動
(1)　東方女子教育協進社による中国女子教育の開発（広島大学大学院教育学研究科『教育科学』26、2006年刊）
(2)　呉貽芳―中国教会大学女性校長の一生―（『論集　中国女性史』中国女性史研究会編、吉川弘文館、2000年刊）
(3)　北京崇貞学園（活水女子大学『活水論文集』一般教育・音楽科編　35、1990年刊）
(4)　キリスト教学校に関する日中比較教育史（原題「関于日中教会学校的比較教育史」『教育交流与教育現代化』田正平等編、浙江大学出版社、2005年刊）

解　説

第2部　資料的考察

(1) 戦前期日本における代表的著作（原題「欧米諸国の在華教育事業」解題、『中国近現代教育文献資料集』監修阿部洋、編集佐藤尚子・蔭山雅博・一見真理子・橋本学、日本図書センター、2005年刊）

(2) 明治期教育雑誌所収関連記事（原題「欧米諸国の在華教育事業」解題、『近代日本のアジア教育認識・中国篇』近代アジア教育史研究会（代表阿部洋）編、龍溪書舎、2002年刊）

これら各種遺稿の収録に際し、誤字脱字の訂正、および書式統一のための補正など、若干の加筆を行った。

本書の編集にあたり、永年にわたり彼女とともに中国教育史の研究に従事して来た蔭山雅博、一見真理子および日暮トモ子の三氏が校正作業を分担、広島大学時代の教え子今井航、丁健の両君がこれに協力した。

Ⅱ

遺著『米中教育交流史研究序説―中国ミッションスクールの研究―』は、もともと著者が1988年5月国際基督教大学に提出・受理された博士学位論文『20世紀前半の中国におけるキリスト教学校とナショナリズム―高等教育を中心に―』をもとに、1990年1月文部省から刊行助成金の交付を受けて、龍溪書舎から公刊されたものである。

学位論文の審査には、筆者も外部委員として参画したが、審査委員会では、この論文が19世紀中葉以後の中国教育の近代化過程においてキリスト教学校が果たした役割を、高等教育の分野を中心に実証的に解明しようとした力作であるとして、高い評価を受けた。

周知のとおり、近代中国キリスト教教育史に関するこれまでの研究としては、平塚益徳博士による名著『近代支那教育文化史―第三国対支教育活動を中心として―』（1942年刊）以下、一連のすぐれた研究成果が遺産として残されている。その後、欧米ことにアメリカでは、A.H. GreggやJ.G. Lutz あるいは

W. Fennなどによって注目すべき研究成果が公にされているが、我が国ではこれまで本格的研究は出されていなかった。

著者は、上掲のような戦前戦後における平塚博士の業績や、欧米でのこの分野に関する最新の研究蓄積をふまえ、近年における中国での研究成果をも参照しながら、新に発掘した多くの第一次史料を駆使し、日本の場合との比較的視点に立って、近代中国におけるキリスト教学校に関する研究を深化発展させた。

研究を進めるにあたり、彼女は日本国内の関係機関は勿論のこと、アメリカ、中国、台湾など各地の大学・研究機関、図書館を歴訪して各種史料を精力的に収集した。それらの中には、『日本外務省記録』や『アメリカ国務省記録』、更には各派宣教会教育関係報告書や燕京大学、金陵大学、聖約翰大学などの在華キリスト教大学の沿革史や、*Chinese Recorder*（教務雑誌）、『教育雑誌』『中国青年』などが含まれている。

これら多くの史料を駆使することによって、彼女は中国近代教育史上におけるキリスト教学校のあり方を、中国側との対応関係において具体的かつ詳細に描いた。その中心テーマはキリスト教学校とナショナリズムとの関係である。ことに1920年代の中国ナショナリズム高揚期における教育権回収運動の成立と展開、およびその成果としての中国政府による私立学校規制策の進展、その下でのキリスト教学校の変容状況についての考察は、平塚博士が取り扱い得なかった日中戦争期、およびその後における激動する中国の政治社会状況の下でのキリスト教学校の変容・消滅過程にまで及んでおり、その手堅い実証的な研究手法には説得力があった。

それと同時に、審査委員会では、彼女が当初企図した「中国近代教育の展開過程においてキリスト教学校が果たした貢献と限界について全面的に解明する」という研究課題に関して、なお解明を要する点が多々残されているとの指摘もなされ、それを今後とも研究課題として継続して追究するよう期待が表明された。この問題点に関しては、彼女自身よく認識していたところで、旧著の公刊にあたり、書名にあえて「序説」を付したのは、中国キリスト教教育史の

解　　説
研究を自らの課題として生涯かけて追究したいとの真摯な思いから出ていた。

　　　　　　　　　　　　　Ⅲ

　実は、学位論文公刊直後の1990年春、彼女が厳しい競争を勝ち抜いて、長崎・活水女子短期大学から専任講師（翌年助教授に昇格）に抜擢・招聘されたのは、この中国キリスト教教育史研究の成果が高く評価されたためであった。同大学就任後、早速補篇に収録した「北京崇貞学園」が同大学紀要に掲載されている。その後彼女は大分大学教育学部教授を経て、1997年には広島大学教育学部教授となり、日本東洋教育史講座を担当して、院生の指導に精力を傾ける傍ら、中国近代教育史の研究を中心に、豊かな成果を生み出して行った。2006年広島大学を定年退官、その後神戸山手大学で教鞭をとっていた。
　この時期、彼女は各種の共同研究に参画し、筆者らとともに資料集『近代日本のアジア教育認識』全46巻（1999-2004年）の編纂事業の推進にあたり、また自らも文部省科学研究費などによる共同研究を主宰して、その成果を報告書『教育交渉史における日本教育観の形成と展開』2冊（2001-2002年）や『日中比較教育史研究』（2002年）、さらには『中国近現代教育文献資料集』全13巻（2005-2006年）などの形でまとめている。文部科学省科学研究費の助成を得て、データベース「近代中国における日本留学帰国者の社会的活動」の構築を試みたのも、この頃のことである。他に女子教育や教員養成問題についての研究成果も少なくない。
　この間、彼女は学会活動にも熱心に取り組んだ。永らく教育史学会の理事を務め、またアジア教育史学会やアジア教育学会の組織化を推進して会長を歴任し、シンポジウムの共同開催など、中国や台湾との研究交流にもエネルギーを注いでいた。その矢先の2008年春思いもかけず病魔に襲われ、それから1年足らずで帰らぬ人となった。享年66歳。やるべき仕事を多く残してのあまりにも早い逝去であった。
　ちなみに、アジア教育学会機関誌『アジア教育』第3号（2009年11月）、お

よび日本キリスト教教育学会ニューズレター第47号（2009年7月）には、彼女の逝去を悼む文章が寄せられている。

著者紹介

(故) 佐藤尚子 (さとうひさこ)

1943年福島県生まれ。1965年東京学芸大学を卒業。小学校教員を経て1972年国際基督教大学大学院に学び、1988年博士学位（教育学）を取得。活水女子短期大学助教授および大分大学教育学部教授を経て、1997年広島大学教育学部・同大学院教授となり、日本東洋教育史講座を担当。2006年定年退職の後、神戸山手大学教授に就任。その間、アジア教育史学会会長、アジア教育学会会長などを歴任。2009年4月逝去（享年66歳）。

主要著作

『日中比較教育史』2002年、春風社（編著）・『中国近現代教育文献資料集』（全13巻）2005年、日本図書センター（編著）・『日中教育文化交流と摩擦』1983年、第一書房（共著）・『米中教育交流の軌跡』1985年、霞山会（共著）・『近代日本のアジア教育認識（中国篇）』（全22巻）2002年、龍渓書舎（共編著）・『社会科教育の新研究』1986年、明石書房（共著）・『教員養成史の二重構造的特質に関する実証的研究』2001年、淡水社（共著）・『はじめて学ぶ教育の原理』2008年、学文社（共著）など

編者紹介

阿部 洋 (あべひろし)

1931年生まれ。九州大学大学院卒、教育学博士。
国立教育政策研究所名誉所員。福岡県立大学名誉教授。南京師範大学名誉教授。日本大学大学院非常勤講師。

中国ミッションスクールの研究
――増補改訂 米中教育交流史研究序説――

1990年2月28日 第1刷		税込価格 **8,800** 円			
2010年6月30日 増補改訂版 第1刷		(本体価格 8,000 円)			
	著 者	佐 藤 尚 子			
	編 者	阿 部 洋			
	発 行 者	北 村 正 光			
検印廃止	発 行 所	龍 溪 書 舎 東京都練馬区早宮 2 － 2 － 17			
	印 刷 所	勝 美 印 刷			
	製 本 所	高 橋 製 本 所			

Ⓒ Hisako Satoh, 2010 printed in Japan
ISBN978-4-8447-0228-3